职业教育汽车诊断思维技能创新教材

汽车发动机电控系统故障检修

主　编　高吕和　侯　勇　弋国鹏
参　编　鲍晓东　杨　梅　王　昀
　　　　郭　凯　陆亚灵　周克媛

扫一扫

二维码总码

机械工业出版社

本书核心内容源自高职院校汽车故障检修大赛，详细分析了汽油发动机起动控制原理和发动机运行控制原理，包括起动机不运转的故障诊断、发动机无法起动的故障诊断、发动机运行不良的故障诊断三项任务，并列举了大量详实的案例辅助教学实施。

本书规范了汽车诊断思维，细化了技术细节，引导学生在具体的诊断过程中进一步掌握汽车发动机的结构和控制逻辑，指导学生学会使用各种诊断设备，培养学生将扎实的基础知识和实际车型相结合，更有效地掌握排除汽车故障的流程和技能。

本书可作为高职院校汽车检测与维修专业教材，也可作为汽车维修技能竞赛的指导性教材或汽车技术培训教材。

图书在版编目（CIP）数据

汽车发动机电控系统故障检修 / 高吕和，侯勇，弋国鹏主编. -- 北京：机械工业出版社，2025.5. （职业教育汽车诊断思维技能创新教材）. -- ISBN 978-7-111-78286-5

Ⅰ. U472.43

中国国家版本馆CIP数据核字第2025H56G40号

机械工业出版社（北京市百万庄大街22号　邮政编码100037）
策划编辑：李　军　　　　　　　责任编辑：李　军　丁　锋
责任校对：卢文迪　杨　霞　景　飞　封面设计：马精明
责任印制：张　博
北京建宏印刷有限公司印刷
2025年6月第1版第1次印刷
184mm×260mm・11.25印张・250千字
标准书号：ISBN 978-7-111-78286-5
定价：59.90元

电话服务　　　　　　　　　网络服务
客服电话：010-88361066　　机 工 官 网：www.cmpbook.com
　　　　　010-88379833　　机 工 官 博：weibo.com/cmp1952
　　　　　010-68326294　　金 书 网：www.golden-book.com
封底无防伪标均为盗版　　　机工教育服务网：www.cmpedu.com

前 言

为促进赛课融合，引领专业建设发展，加快三教改革创新的步伐，助推具有工匠精神的复合型技术技能人才的培养，我们将汽车故障检修大赛资源转化为本系列教材，供职业院校汽车相关专业教学或培训使用。

本书依据全国职业院校汽车故障检修（高职组）赛项中发动机电控系统故障检修的内容和要求，基于工作过程系统化的汽车故障诊断流程进行编写，将历年汽车故障检修技能竞赛的技术规范与日常教学活动紧密结合，培养学生在汽车故障诊断过程中的诊断思维和规范性操作，将理论知识和实际维修案例相结合，编写故障诊断和检测技术文件的能力，以提升学生的专业素养及竞赛能力。

本书符合国家对技术技能型紧缺人才培养培训工作的要求，注重以就业为导向，以能力为本位，面向市场，面向社会，体现了职业教育的特色，满足了高素质人才培养的需求。

本书的编写以"创新职业教育理念、改革教育教学模式、提升学生职业素质、适应经济社会发展"为指导思想，采用职教专家、行业一线企业和出版社相结合的编写模式。在组织编写过程中，认真总结了历年技能竞赛的相关技术文件，通过大量的验证性试验总结原车的结构特点和控制流程，并基于此制定了规范的诊断流程，同时还注意吸收发达国家先进的职业教育理念和方法，形成以下特色：

1）打破传统的教材体例，以典型工作情境为单元确定知识目标和能力目标，以详实故障诊断案例引领教学实施，使培养过程实现"知行合一"。

2）以工作过程为导向，细化作业流程，规范诊断思维和操作过程，对必要的理论知识进行了详细的解释，真正将技能竞赛的要求和日常教学活动有机结合。

3）内容选择注重汽车后市场职业岗位对人才的知识、能力要求，力求与相应的职业资格标准衔接，并较多地反映了新知识、新技术、新工艺、新方法和新材料等内容。

本书由北京工业职业技术学院与北京中汽恒泰教育科技有限公司合作编写，在编写过程中，得到了全国智能交通控制行业产教融合共同体的大力支持和悉心指导。此外，魏建平、贺贵栋、何文收、刘超也参与了本书的资料收集、数据采集、文稿整理及其他相关工作。在此表示衷心的感谢。

由于编者经验有限，书中诊断流程、测试数据等可能存在疏漏，请使用本书的师生和广大读者们提出宝贵意见，以便在今后进行补充和改进。

编者

目 录

前 言

任务 1
起动机不运转的故障诊断

任务描述 …………………………………………………………………………………… 001
学习目标 …………………………………………………………………………………… 001
建议学时 …………………………………………………………………………………… 001
学习准备 …………………………………………………………………………………… 002
1.1 起动机控制原理认知 …………………………………………………………………… 002
1.2 起动机不能运转的测试与诊断 ………………………………………………………… 006
1.3 CAN 总线的测试与诊断 ………………………………………………………………… 014
计划与实施 ………………………………………………………………………………… 023
评价与反馈 ………………………………………………………………………………… 027
能力与拓展 ………………………………………………………………………………… 029
案例 1 一键起动按钮 E378 信号故障检修 …………………………………………… 029
案例 2 一键起动按钮 E378 接地线路断路故障检修 ………………………………… 031
案例 3 一键起动按钮 E378 接地线路虚接 400Ω 电阻故障检修 …………………… 032
案例 4 J965 与 J519 信号传输故障检修 ……………………………………………… 032
案例 5 车内前部天线 1 故障检修 ……………………………………………………… 035
案例 6 驱动 CAN 总线故障检修 ………………………………………………………… 036
案例 7 J623 端驱动 CAN 总线故障检修 ……………………………………………… 041
案例 8 J533 端驱动 CAN 总线故障检修 ……………………………………………… 045
案例 9 J743 端驱动 CAN 总线通信故障检修 ………………………………………… 048
案例 10 J623 供电线路故障检修 ……………………………………………………… 051
案例 11 J623 的 15# 电源线路故障检修 ……………………………………………… 054
案例 12 制动开关 F 信号线路断路及电源电路断路故障检修 ……………………… 056
案例 13 仪表控制单元 J285 供电熔丝 SC17 断路故障检修 ………………………… 057

案例 14　起动许可信号线路故障检修 ·········· 058
案例 15　起动继电器线圈端供电熔丝 SC49 故障检修 ·········· 059
案例 16　起动机控制线路故障检修 ·········· 060
案例 17　起动继电器反馈线路断路故障检修 ·········· 063
案例 18　起动机 30# 电源线路断路故障检修 ·········· 064

任务 2
发动机无法起动的故障诊断

任务描述 ·········· 065
学习目标 ·········· 065
建议学时 ·········· 065
学习准备 ·········· 066
2.1　发动机起动控制原理 ·········· 066
2.2　起动机运转发动机无法起动的测试与诊断 ·········· 067
计划与实施 ·········· 073
评价与反馈 ·········· 077
能力与拓展 ·········· 079
案例 1　J271 主继电器故障检修 ·········· 079
案例 2　J623 模块大功率供电线路故障检修 ·········· 081
案例 3　点火线圈供电线路故障检修 ·········· 082
案例 4　燃油泵控制单元 J538 及线路故障检修 ·········· 086
案例 5　燃油泵电动机控制线路反接故障检修 ·········· 090
案例 6　CKP 与排气侧 CMP 信号线路短路故障检修 ·········· 091
案例 7　CKP 及 CMP 信号线路故障检修 ·········· 092
案例 8　点火线圈公共接地线路断路故障检修 ·········· 094

任务 3
发动机运行不良的故障诊断

任务描述 ·········· 096
学习目标 ·········· 096

建议学时 · · · · · · 097
学习准备 · · · · · · 097
  3.1 发动机运行控制原理认知 · · · · · · 098
  3.2 发动机燃烧系统的测试与诊断 · · · · · · 121
计划与实施 · · · · · · 126
评价与反馈 · · · · · · 134
能力与拓展 · · · · · · 136
  案例 1 一缸喷油器正负极之间虚接 10Ω 电阻故障检修 · · · · · · 136
  案例 2 一缸喷油器线路故障检修 · · · · · · 137
  案例 3 一缸失火故障检修 · · · · · · 140
  案例 4 节气门位置传感器信号线路反接故障检修 · · · · · · 143
  案例 5 节气门位置传感器 5V 线路断路故障检修 · · · · · · 144
  案例 6 节气门位置传感器信号线路故障检修 · · · · · · 145
  案例 7 节气门位置传感器供电线路故障检修 · · · · · · 147
  案例 8 节气门位置传感器 0V 线路断路故障检修 · · · · · · 148
  案例 9 节气门电动机控制线路故障检修 · · · · · · 149
  案例 10 燃油压力传感器线路故障检修 · · · · · · 153
  案例 11 燃油压力调节阀线路故障检修 · · · · · · 155
  案例 12 加速踏板位置传感器信号线路短路故障检修 · · · · · · 160
  案例 13 加速踏板位置传感器信号线路反接故障检修 · · · · · · 161
  案例 14 加速踏板位置传感器信号线路故障检修 · · · · · · 163
  案例 15 进气歧管风门电磁阀 N180 控制线路故障检修 · · · · · · 165
  案例 16 进气歧管风门电磁阀 N180 真空管路反接故障检修 · · · · · · 166

附录

任务单 1 汽车维修服务接车单 · · · · · · 167
任务单 2 故障树 · · · · · · 168
任务单 3 诊断报告 · · · · · · 169
任务单 4 完工单 · · · · · · 174

任务 1　起动机不运转的故障诊断

任务描述

　　一辆迈腾汽车,被送到修理厂进行修理,客户向业务员主诉发动机无法起动。服务顾问试车后发现起动机不能正常运转。请你在约定的时间内对车辆进行检修,完成诊断报告单,将修好的车辆返还业务部门,并给客户提供用车建议。

学习目标

1. 知识目标

1)能描述起动系统的基本组成、工作原理。
2)能描述起动系统的系统或部件结构、工作原理。
3)能描述起动系统工作过程。

2. 能力目标

1)可以借助原厂资料(维修手册)准确描述起动系统的构造和工作原理。
2)能编制起动机不能运转的故障树(诊断流程)。
3)能借助原厂资料和诊断设备,按照编制的故障树(诊断流程)进行系统诊断,以确定故障所在。
4)能正确排除诊断出的故障,并对车辆进行试验,以确保车辆运行正常。
5)能正确完成诊断报告,并给客户提供用车建议。

3. 素质目标

1)能够按照企业 5S 要求和安全生产规范进行操作。
2)具有一定的沟通能力和团队合作能力。

4. 拓展目标

1)能对同一车型的起动机不运转故障进行诊断与排除。
2)能对速腾汽车或其他车型的同类故障进行诊断和排除。

建议学时

20 学时

学习准备

一、知识准备

起动机控制原理认知，详见 1.1 节。

二、技能准备

起动机不能运转的测试与诊断，详见 1.2 节。
CAN 总线的测试与诊断，详见 1.3 节。

三、教学准备

1）车辆或发动机实验台。
2）发动机综合分析仪、诊断仪、示波器、万用表等。
3）常用工具。
4）原厂维修手册。
5）笔以及用于数据记录和计算的纸、任务单。
6）参考教材和工作页。

1.1 起动机控制原理认知

图 1-1 所示为迈腾汽车起动机的控制原理图，从中可以看出，起动机主要受控于两个起动继电器，而起动继电器又受控于发动机控制单元（J623），因此要想让起动机正常工作，除了起动机本身及其电源线路正常以外，还要保证起动机的控制线路工作正常，即 J623 能正常控制两个继电器电磁线圈的接地（搭铁），从而向起动机发出正常的控制信号。而要想让 J623 能发出正常的继电器控制信号，除了系统通过钥匙和模块认证外，还需要

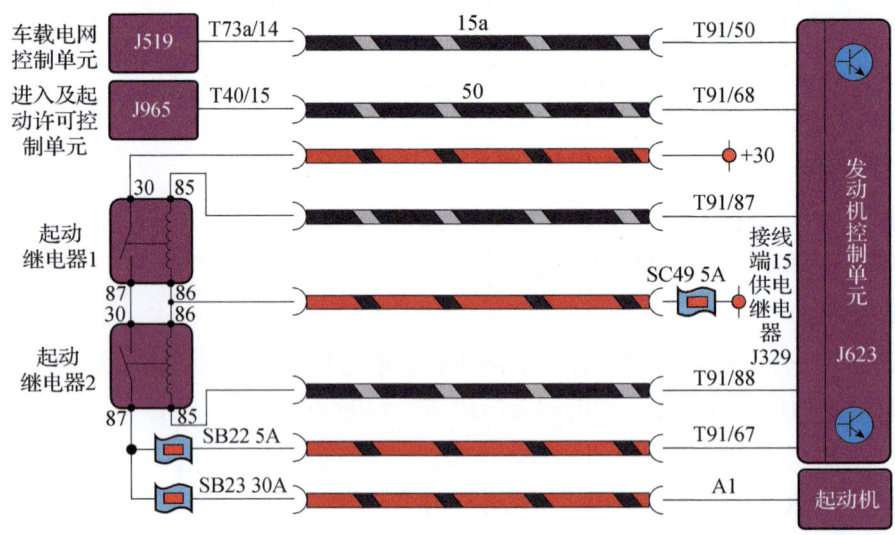

图 1-1　起动机控制原理图

J623 能接收到起动信号指令，这些指令包括起动许可信号、制动踏板信号、空档起动开关信号等。

1. 钥匙认证过程

图 1-2 所示为迈腾汽车起动控制系统原理图。当按下一键起动按钮（E378）时，E378 信号输送给进入及起动许可控制单元（J965），后者瞬间唤醒舒适总线并问询总线系统中的组合仪表（J285）是否需要 15# 信号，J285 接收到该信号后会回问系统车内是否有合法钥匙，此时 J965 一方面通过车内天线发出低频信号（125kHz），另一方面通过专线向车载电网控制单元（J519）发出唤醒信号，提示 J519 准备接收钥匙信号；钥匙接收到低频信号后，指示灯会闪烁，接着对接收到的信号进行甄别，符合约定则以高频信号（433MHz）发送给 J519，以传送钥匙 ID 信息。J519 甄别后将结果传递给 J285,J285 会执行以下工作。

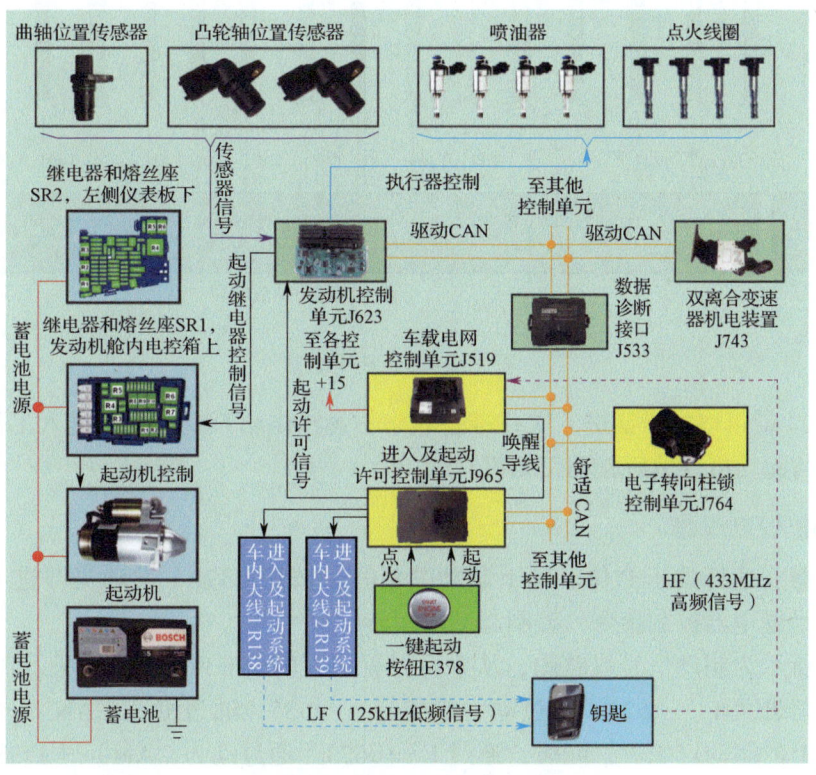

图 1-2 起动控制系统原理图

1）传送验证结果给电子转向柱锁控制单元（J764），让方向盘解锁。
2）通过总线通知 J965 可以上电。

2. 驱动系统模块认证过程

图 1-3 所示为 E378 线路图。当 J965 接收到上电指令后，发出 15#（1）、15#（2）、S 信号给 J519，J519 接收到以上三个信号中的至少两个时，即启动整车低压上电过程，主要包括：

1）通过专线激活 J623，以促使 J623 等动力系统控制模块与 J285 彼此进行身份验证，让主继电器 J271 及燃油泵控制单元（J538）激活燃油泵运转一定的时间，以再次蓄压。

2）通过总线点亮 J285，进行系统自检，并正确显示故障和系统状态信息。

3）提供电源给 J329，驱动 J329 继电器电磁线圈，使继电器工作。

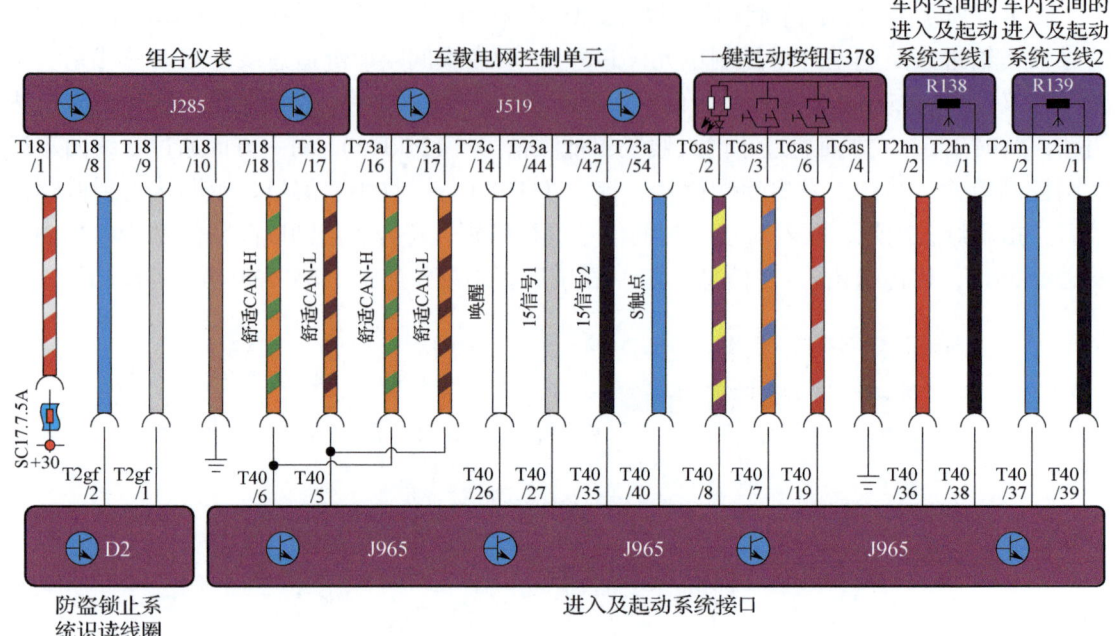

图 1-3　E378 线路图

这样 J623 就可以被激活进入工作准备状态，燃油供给系统也同样进入工作准备状态，等待驾驶员的起动指令然后起动发动机。

3. 起动机控制过程

当变速器变速杆处于 P 位、踩下制动踏板时，按住 E378，发动机即进入起动状态，J623 发出起动继电器控制指令，控制起动机运转。

图 1-4 所示为制动信号线路图，从中可以看出，由于 E378 打开，踩下制动踏板，通过制动信号灯开关 F → J623（通过动力 CAN）→ J533（通过舒适 CAN）→ J285 路径，可以使仪表上的制动灯熄灭；同时，通过 F → J623（通过动力 CAN）→ J533（通过舒适 CAN）→ J519- 制动灯路径，或者 F → J519- 制动灯路径，点亮车辆后部的制动灯。

同时 E313 通过双离合变速器机电装置（J743）及驱动总线将档位信息传递给 J623、J285，以识别车辆是否处于 P/N 位；当打开 E378 时，J965 会向 J623 发出起动许可信号。在 J623 接收到制动踏板、P/N 位、起动许可信号时，就认为驾驶员需要起动车辆，会同时给起动继电器 1、起动继电器 2 的控制线圈提供接地信号，使两个继电器同时闭合，这样起动机就会接收到控制信号，从而使起动机运转，同时 J623 可以通过 T91/37 得到有关起动机控制的反馈信号。

任务 1　起动机不运转的故障诊断

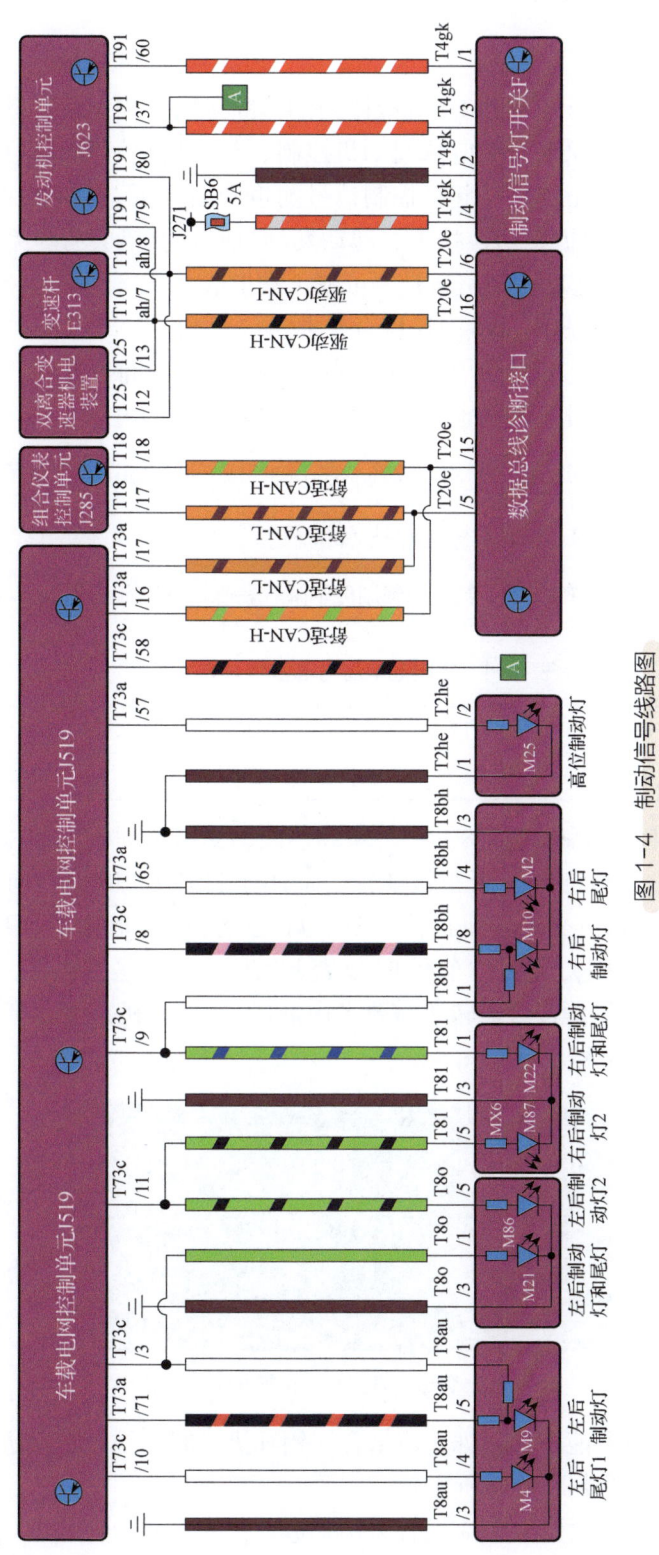

图 1-4　制动信号线路图

1.2 起动机不能运转的测试与诊断

1. 初步分析

基于起动机的控制原理（图 1-1）和故障树的诊断逻辑，当出现起动发动机时起动机不转的故障时，具体故障原因一般应从起动机控制、起动机电源和起动机本身进行诊断。实际维修过程中的诊断思路也是从起动控制信号测量开始分析。当然也要结合实际车辆，在打开 E378、踩下制动踏板、切换档位、起动发动机时，车辆会有一系列的反应，所以可以根据这些现象来判断起动控制信号是否可以正常形成。

1）用正确的方法检测 +B，确保 +B 符合要求。

①将前照灯打开 3min，以去除蓄电池的浮电，获得真实的测试结果。

②用汽车专用万用表测试蓄电池正、负电极接线柱之间的电压。

注意：测试时需要用正确的方法进行万用表校验，并正确连接万用表的正、负表笔。

③参考表 1-1 的数据来判断蓄电池的技术状态。

注意：这些参数是在 10℃时的技术参数。随着温度下降，蓄电池的电压会稍微下降。

表 1-1 蓄电池电压与电容量对应关系

电压 /V	12.60	12.40	12.20	12.00	11.80
电容量（%）	100	75	50	25	0

2）在打开一键起动按钮（E378）时，须观察或感受与发动机起动相关的信息，包括钥匙指示灯是否正常、方向盘是否正常解锁（适用于打开 E378 后方向盘方能解锁的车型）；仪表显示是否正常点亮并完成自检、EPC 灯是否点亮（适用于打开 E378、J623 与 J285 彼此认证通过后 EPC 灯点亮的车型）；仪表上的档位显示是否正常、变速杆背景指示灯是否正常点亮、燃油泵是否会运转（需要考虑油压）、起动机是否正常运转。图 1-5 所示为组合仪表打开后正常显示状态图。

图 1-5　组合仪表打开后正常显示状态图

①如果钥匙指示灯不能正常闪烁，应结合无钥匙进入时、拉开车门进入车内时钥匙指示灯是否正常闪烁来综合判断故障所在。

②如果方向盘不能正常解锁，应结合无钥匙进入是否正常、打开车门后仪表是否点亮等现象来综合判断故障所在。

③如果仪表不能正常点亮,可结合无钥匙进入时、拉开车门时仪表是否有相应显示综合判断故障所在。根据组合仪表工作原理(图 1-3)判断,仪表无任何显示的故障可能原因有:

a. J285 供电或本身异常。

b. 至 J285 的数据通信故障。

④如果仪表上 EPC 灯一直熄灭(别的仪表指示灯正常),说明 J285 与 J623 之间通信异常,也就是 J285 没有接收到来自 J623 的通信信号。

图 1-6 所示为组合仪表与 J623 之间线路图,由于 J285 可以正常点亮,说明其通信正常,所以造成两个模块之间认证失败的故障原因可能为:

a. J533 局部故障。

b. J623 自身或其常电源线路存在故障。

c. J623 没有接收到来自 J519 的 15# 信号。

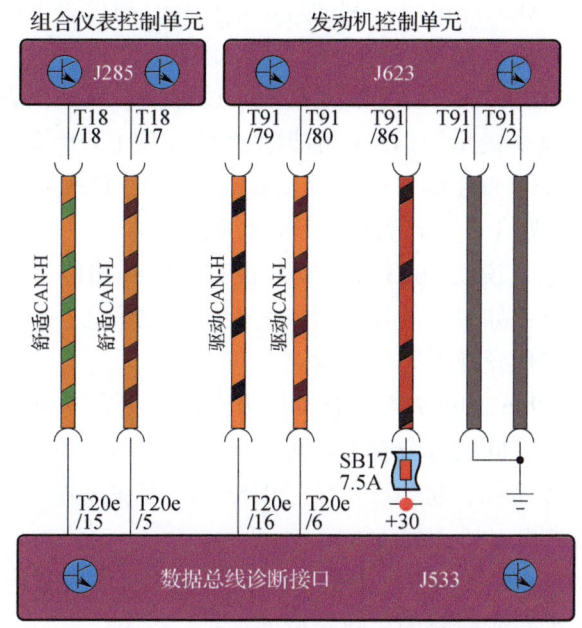

图 1-6　组合仪表与 J623 之间线路图

⑤如果仪表上档位显示异常,说明 J285 与变速杆(E313)通信异常,结合档位信号传输原理(图 1-4),说明"E313 → J743 → J533 → J285"工作异常,由于仪表能正常点亮,可排除 J285 通信故障,造成仪表上档位显示异常的原因为:

a. E313 自身、电源或通信线路的故障。

b. J743 自身、电源或通信线路的故障。

c. J533 局部故障。

⑥如果 E313 背景灯闪烁,说明变速杆(E313)与驱动总线通信异常,结合档位信号传输原理(图 1-4),说明"E313 → J743 →驱动总线"工作异常,可能原因为:

a. E313 自身或通信线路的故障。

b. J743自身、电源或通信线路的故障。

　　⑦如果燃油泵没有运转，应结合拉开车门时燃油泵是否运转进行综合考虑。

　　⑧如果起动机直接运转（未踩下制动踏板），则说明制动踏板信号异常，应检查J623端的制动踏板信号输入是否正常。

　　3）接着踩下制动踏板（E378保持打开状态，不需要长按），观察车辆尾部的制动灯是否正常点亮，以及仪表上的制动踏板指示灯是否正常熄灭。

　　①如果车辆后部的制动灯均不能正常点亮，结合制动灯控制原理图，说明"制动踏板→J519→制动灯"，以及"制动踏板→J623→J519→制动灯"存在故障，根据故障概率，很有可能是制动踏板自身存在故障。

　　②如果仪表上的制动踏板指示灯不能正常熄灭，结合该信号灯的控制过程，说明"制动踏板→J623→J533→J285"存在故障，此时考虑到仪表正常点亮，说明J285及其电源、通信线路正常。

　　综合以上两种情况，如果车辆尾部制动灯正常点亮，而仪表上的制动踏板指示灯不能正常熄灭，说明故障主要在于J623、J533及其相关线路。

　　4）起动发动机（按住E378、踩下制动踏板）过程中，观察仪表上是否有"踩下制动踏板"的提示（注意：仪表提示该信息的前提是系统发现E378长按，但没有接收到制动踏板的信号；如果上一步检查正确，则不会出现该提示），仪表是否异常熄灭，起动继电器J906和J907是否发出吸合声，起动机内是否有吸合声。

　　①如果仪表异常熄灭，说明J623在起动时没有接收到档位、制动踏板信号，但接收到了起动许可信号。注意：如果之前检查过仪表上的档位信息、制动踏板状态指示灯并确保正常，此时仪表不会出现异常熄灭的问题。

　　②如果起动继电器J906、J907均没有发出吸合声，结合继电器控制原理图和故障概率考虑，说明两个继电器共同的部分存在故障，包括继电器电源、J623、起动条件（空档起动开关信号、制动踏板信号、起动许可信号中任一）存在故障。注意，此时可以结合仪表是否异常熄灭来辅助判断。

　　③如果起动继电器J906、J907发出吸合声，而起动机没有吸合声，则故障在起动控制信号线路上，结合起动信号线路图，故障可能在：

　　a. 起动继电器J906触点或其线路故障。

　　b. 起动继电器J907触点或其线路故障。

　　c. SB23自身或其线路故障。

　　d. 起动机自身故障。

2. DTC分析

　　现代汽车一般都具有自诊断功能，即使通过故障现象可以明确故障范围，但也最好首先读取故障记忆，因为这有利于验证之前的分析是否正确，或者还可以帮着缩小故障范围。

　　车辆运行过程中，系统控制模块会实时监测特定的电压信号，如果受监测的元器件、数据通信以及线路的电压出现波动或异常，在设定时间内控制模块将确认此元器件、数据通信以及线路是否出现故障，随即在 ROM 中调取一个与电压以及信号异常相对应的代码，存储于控制模块 RAM 中，这就是故障码，即 DTC。

如果有故障码，应清楚故障码的定义和生成的条件，验证故障码的真实性，并基于此展开诊断和故障检修；如果没有故障码，则基于系统的结构和工作原理进行系统诊断。

连接故障诊断仪器，扫描网关列表，读取故障码，实测过程中会遇到三种情况。

1）诊断仪器可以正常和 J623 通信，但系统没有故障记忆，这种情况下只能根据故障现象，按照无故障码的诊断方法进行诊断。

2）诊断仪器可以正常和 J623 通信，并可以读取到系统中所存储的故障码，此时应结合故障码信息进行维修。

3）诊断仪器不能正常和 J623 通信。根据图 1-7 所示的诊断通信线路图，从中可以看出，诊断仪器通过连接线（或无线、蓝牙通信）、OBD-Ⅱ诊断接口、CAN 总线与 J623 或其他控制模块进行通信。

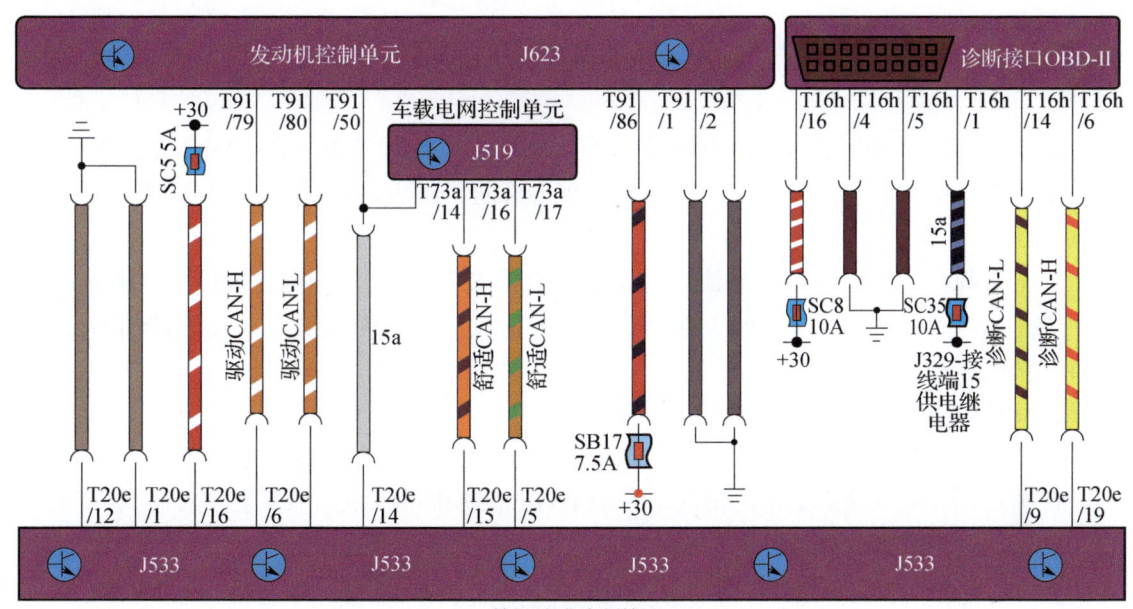

图 1-7　诊断通信线路图

如果诊断仪器无法进入车辆所有系统，则可能是故障诊断仪器、诊断连接线、无线或蓝牙通信、OBD-Ⅱ诊断接口、CAN 总线中的一个或多个系统出现故障；如果只是某个控制模块无法到达，则可能是该控制模块或其电源线路、相邻的 CAN 总线区间出现故障。

如果只是 J623 无法进入，而其他系统可以进入，则可能的故障原因：

1）J623 记忆（30#）电源、15# 电源线路故障。

结合发动机电源供给线路（图 1-8），可以看出 J623 电源主要由记忆（30#）电源、主电源和 15# 信号电源三条线路供给。

①记忆（30#）电源。记忆（30#）电源由熔丝 SB17（7.5A）提供，如果该线路出现故障，将导致 J623 内部 RAM 存储的信息消失，如故障码、节气门的匹配参数、发动

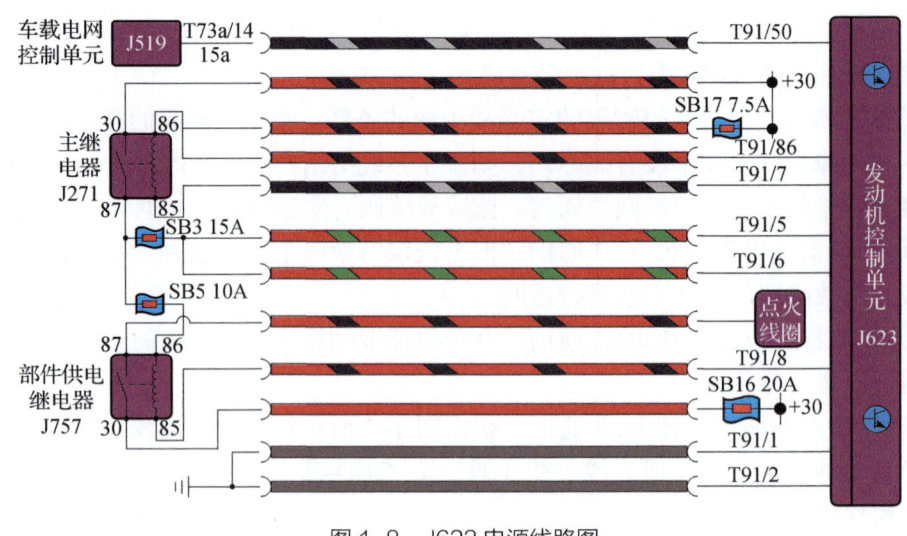

图 1-8　J623 电源线路图

机和变速器的匹配参数等,从而造成发动机运行出现异常;同时还会造成起动机不能运转等。

② 15# 信号电源。通过车载电网控制单元(J519)端子 T73a/14 向 J623 提供 E378 电源,如果出现故障,将导致 J623 无法被 E378(长期)激活,动力总线系统会长时间进入休眠状态。

③ 主电源。主电源通过蓄电池正极到主继电器 J271 触点,再经过 SB3 15A 熔丝来提供。如果出现异常,将造成 J623 电源功率丧失,无法执行内部设定的传感器信号分析、执行器功能控制等操作。

2)J623 端的 CAN 总线系统局部故障。

3)J623 自身故障。

在确定元件或线路都正常的情况下,只能通过更换匹配后的 J623 进行试验。

利用故障码进行故障诊断时,通常按以下步骤进行。

1)读取故障码,查阅资料了解故障码的定义和生成条件。

2)验证故障码的真实性,验证的方法也分两步。

① 通过清除故障码、模仿故障工况运行车辆、再次读取故障码,依然存在的故障码就代表真实存在的故障。

② 通过数据流或在线测量值来判定故障真实性,并由此展开系统测量。

注意： 要充分理解故障码的生成逻辑和原车设计者思维可能存在的偏见性,充分认识到故障未必就在故障码指定的元器件上,也可能存在于逻辑判断中的另外一个参照元件上。

3. 无码分析

如果没有故障码显示,那就需要技术人员结合故障现象和系统的控制逻辑,分析系统线路图,利用故障树诊断理论,列举故障可能,并按照正确的流程,利用合适的测试设备进行正确的测量,从而发现故障所在。

基于起动机的控制原理（图 1-1），当出现起动发动机时起动机不转的故障时，具体故障原因应从起动机控制、起动机电源和起动机本身进行诊断。

对于起动机控制系统无法正常工作的故障，一般重点考虑四大影响因素：一是围绕 J623 及其电源线路；二是围绕 J623 是否被激活；三是围绕起动条件；四是围绕起动继电器及其线路。

> **注意：** 按照故障树应该从起动机的 A1 端子对地测量电压开始，测量可能结果见表 1-2。但有时为了测量方便，也可以从 SB23 处进行测量，但因为步骤有跳跃，所以需要进行必要的思路说明。

表 1-2　诊断测试

测试标准：在按下起动按钮时，测试信号应从 0 切换到 +B（+B）			
可能性	实测结果	可能原因	操作
1	0 → +B	控制信号正常，起动机及其供电系统可能存在故障	检查起动机供电、接地，正常后考虑更换起动机
2	始终为 0	控制信号异常	检查 SB23 及其相关线路
3	空电压 → +B	起动机及其接地线路故障	检查起动机接地线路，正常后考虑更换起动机
4	0 → 0~+B 间的某个值	测试点以前线路虚接	检查 SB23 及其相关线路

> **注意：** 空载电压是指万用表正负表笔没有形成回路的情况下屏幕上显示的电压值，这个和真正的零电压有本质的区别，测试时要特别注意，不同的读数所反映的故障可能完全不同。

4. 诊断流程

起动系统所发生的各种故障，诊断及处理失误将给企业和个人造成相当大的损失。正确的诊断及处理，不可能来自于盲目的主观臆断，而应该建立在获取与故障有关信息的基础上，依据起动系统的工作原理以及控制结构，运用科学的分析方法，按照合理的步骤进行综合分析，去伪存真，排除故障可能原因，找出故障"肇事者"，这才是提高故障诊断准确性的关键所在。为了便于分析，不至于被众多杂乱无章的信息扰乱思路，需要结合线路图，遵从表 1-3 流程进行诊断维修。

表 1-3　诊断流程

序号	操作	结果		备注
1	检查 +B 是否符合要求，注意 +B 检查的正确方法	正常转 2	不正常时给蓄电池充电或更换蓄电池	确保蓄电池正负极插头连接牢靠，不脏污
2	打开 E378，仪表应正常点亮，EPC 灯点亮后熄灭	正常转 3	仪表显示不正常时结合线路图、维修手册排除仪表、EPC 灯异常故障，转 5	先排除仪表显示异常故障，再排除 EPC 灯异常故障

（续）

序号	操作	结果		备注
3	踩制动踏板，制动灯应点亮，起动时，仪表没有提示踩制动踏板	正常转 4	不正常时结合线路图、维修手册检测制动灯开关、信号及线路故障，转 5	该车有两个传感器可监测制动踏板动作，两个信号均异常时故障才会出现
4	确认变速器变速杆处于 P 位或 N 位，仪表上档位显示和换档位置应一致，并且显示正常	正常转 5	不正常时结合线路图、维修手册检查变速器档位、仪表显示异常故障，转 5	可以利用故障诊断仪器读取变速杆位置信息，从而确定故障所在
5	连接故障诊断仪器，读取故障码	有故障码转 6	若故障诊断仪器无法建立通信，则转 7 若无故障码，转 15	—
6	根据故障码实施诊断、维修		排除相关故障后转 24	—
7	检测 OBD-Ⅱ诊断接口电源及 CAN 总线	正常更换诊断设备转 5	执行"OBD-Ⅱ诊断接口"诊断，转 8	使用连线或无线模块时，如果故障诊断仪器不亮或者无线模块不能通信时进行该诊断
8	检查 J623 主电源	正常转 12	测试结果异常时转 9	检测前检查接插件、紧固件是否连接可靠、无锈蚀
9	检查熔丝 SB3 及相关线路	正常则检修相关线路转 13	测试结果异常时转 10	
10	检查主继电器 J271 及相关线路		如果 J271 的 85# 电压异常，转 11 如果 J271 的 86# 电压异常，转 12	
11	检查熔丝 SB17 及相关线路		测试结果异常时更换熔丝或检修线路，转 5	
12	检查 J623 的 E378 电源		测试结果异常时检修相关线路，转 5	
13	结合维修手册和线路图检查 CAN 通信系统	正常转 14	异常则检修 CAN 总线线路，转 5	
14	更换 J623	正常转 5	异常则转 5，重新进行检测	
15	起动机 A1 端子信号测量	正常转 24	异常转 16	需要按下起动按钮时观察端子电压变化

（续）

序号	操作	结果		备注
16	检查熔丝 SB23 及相关线路	正常则检修相关线路	异常转 17	需要按下起动按钮时观察端子电压变化
17	检查起动继电器 2 及相关线路	^	如果 1# 端子电压异常，转 18 如果 3# 端子电压异常，转 19 如果 2# 端子电压异常，转 20	需要按下起动按钮时观察端子电压变化
18	检查熔丝 SC49 及相关线路	^	异常则转 22	观察由 J329 供电的元器件是否正常工作
19	检查起动继电器 1 及相关线路	^	如果 2# 端子电压异常，转 21	需要按下起动按钮时观察端子电压变化
20	检查 J623 的 T91/88 信号电压	正常则检修相关线路	如果一个端子电压异常则更换 J623，如果两个端子电压均异常则转 23	需要按下起动按钮时观察端子电压变化
21	检查 J623 的 T91/87 信号电压	^	^	需要按下起动按钮时观察端子电压变化
22	检查供电继电器 J329 及相关线路	^	异常则进行相关维修，注意故障现象，如果由 J329 供电的元器件均不工作，则说明系统供电异常，应首先检查 J329 供电	
23	与起动相关的关键信号是否正常输入 J623	正常转 23	异常则进行相应维修	包括 D9、制动踏板、空档起动开关信号
24	检查起动机供电和接地	正常转 14	^	注意测量位置、测量方法
25	更换起动机	正常转 15	更换后故障未彻底排除，转 5	
26	维修完成			

5. 实施维修

（1）根据故障码提示进行维修

利用解码器读取故障码，按照针对每个故障码制定的诊断流程进行故障诊断。

（2）线路检测

根据系统的结构原理，对起动继电器 1、起动继电器 2、起动允许控制模块、J623、起动机等线路进行检测，检测方法参照本书的相关内容。

（3）部件检测

根据系统的结构原理，对起动继电器 1、起动继电器 2、起动允许控制模块、J623、起动机等元器件进行检测，检测方法参照本书的相关内容。

1.3 CAN 总线的测试与诊断

CAN 总线系统常见的故障有 CAN-H 或 CAN-L 断路、虚接、对正极短路、对正极虚接、对负极短路、对负极虚接、彼此互短、彼此之间虚接，不同的虚接电阻对系统的影响不同。

> **注意：** 系统对 CAN-L 对地短路故障有容错功能，在这种情况下还可以正常通信，而对 CAN-H 对地短路故障没有容错功能；系统对 CAN-H 对正极短路故障有容错作用，对 CAN-L 则没有。

当总线出现故障的时候，最好利用示波器同时测量 CAN-H、CAN-L 信号波形，借助信号的形成原理分析故障部位和故障原因，舒适系统 CAN 总线的诊断方法相同。

1. CAN-H 断路的波形分析

1）隐性电平不变。正常情况下，因为在隐性电平时，所有模块中的晶体管均处于截止状态，所以 CAN-H、CAN-L 的电平实质上就是两个 470Ω 电阻之间的电平，即为 5V 的一半；当 CAN-H 断路时，并没有改变原有电路任何电流的大小，CAN-H、CAN-L 的电平不变，如图 1-9 所示。

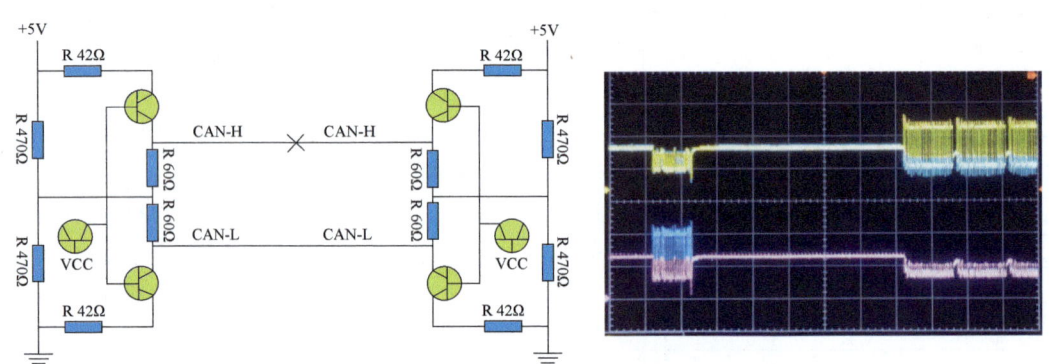

图 1-9 CAN-H 断路（从左侧模块端测得）

2）在正常情况下，当左侧模块发送信息时，左侧模块中的晶体管均导通，CAN-H 的电平被 42Ω 电阻拉升到 3.5V，CAN-H 上的电流从左往右流动；此时如果 CAN-H 断路，左侧模块内 CAN-H 对应的晶体管上方的 42Ω 电阻内的电流和电压降将会减小，从而使得左侧模块端 CAN-H 电平在正常上升的基础上进一步增大，因而 CAN-H 的波形从 2.5V 的隐性电平切换到 3.95V 左右，相对 3.5V 有了约 0.45V 的提高。

3）在正常情况下，当左侧模块发送信息时，左侧 CAN-L 电势因为晶体管导通，使得晶体管上下游的电路导通，造成左侧模块端的 CAN-L 总线上的电平被下拉到 1.5V，CAN-L 上的电流从右往左流动；此时如果 CAN-H 断路，CAN-L 总线内的电流会减小，从而使得 CAN-L 对应的 42Ω 电阻内的电流及电压降同时减小，从而使得左侧模块端 CAN-L 电平在正常下降的基础上进一步减小，所以 CAN-L 的显性电平从 2.5V 切换到 1.22V 左右，相对 1.5V 也有了约 0.28V 的降低。

4）当左侧模块发送信息时，右侧模块的 CAN-L 显性电平和左侧模块相同，CAN-H

的显性电平在 CAN-L 的基础上，被 60Ω 及 470Ω 两个电阻形成的串联电路上拉到约 1.48V，但明显低于 2.5V 的隐形电平，即显性电平在隐形电平的基础上明显降低。

5）这种情况下，右侧的控制模块不会对左侧模块的信号做出反应。

2. CAN-L 断路的波形分析

1）隐性电平不变。正常情况下，因为在隐性电平时，所有模块中的晶体管均处于截止状态，所以 CAN-H、CAN-L 的电平实质上就是两个 470Ω 电阻之间的电平，即为 5V 的一半；当 CAN-L 断路时，并没有改变原有电路任何电流的大小，CAN-H、CAN-L 的电平不变，如图 1-10 所示。

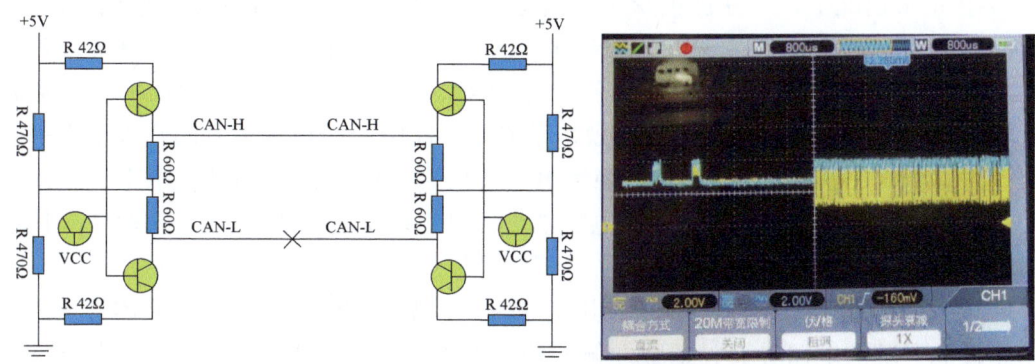

图 1-10　CAN-L 断路（从左侧模块端测得）

2）在正常情况下，当左侧模块发送信息时，左侧模块中的晶体管均导通，CAN-L 的电平被 42Ω 电阻拉升到 3.5V，CAN-H 上的电流从左往右流动；此时如果 CAN-L 断路，左侧模块内 CAN-H 对应的晶体管上方的 42Ω 电阻内的电流和电压降将会减小，从而使得左侧模块端 CAN-H 电平在正常上升的基础上进一步增大，因而 CAN-H 的波形从 2.5V 的隐性电平切换到 3.8V 左右，相对 3.5V 有了约 0.3V 的提高。

3）在正常情况下，当左侧模块发送信息时，左侧 CAN-L 电势因为晶体管导通，使得晶体管上下游的电路导通，造成左侧模块端的 CAN-L 总线上的电平被下拉到 1.5V，CAN-L 上的电流从右往左流动；此时如果 CAN-L 断路，CAN-L 总线内的电流会减小，从而使得 CAN-L 对应的 42Ω 电阻内的电流及电压降同时减小，从而使得左侧模块端 CAN-L 电平在正常下降的基础上进一步减小，所以 CAN-L 的显性电平从 2.5V 切换到 1.0V 左右，相对 1.5V 也有了约 0.5V 的降低。

4）当左侧模块发送信息时，右侧模块的 CAN-H 显性电平和左侧模块的相同，CAN-L 的显性电平在 CAN-H 的基础上，被 60Ω 电阻下拉到约 3.54V，但明显高于 2.5V 的隐形电平，即显性电平在隐形电平的基础上明显升高。

5）这种情况下，右侧的控制模块不会对左侧模块的信号做出反应。

> **注意**：观察这类信号波形时，先观察波形相位和切换方向重叠的部分，只要有这种类似的波形，就说明总线可能有断路（也可能是大电阻虚接）的地方，至于是 CAN-H 还是 CAN-L 故障，可以参照重叠部分波形的显性电平特性来判定。如果 CAN-H "从" 了 CAN-L，说明 CAN-H 故障；如

果 CAN-L "从"了 CAN-H，说明 CAN-L 故障。至于是断路还是虚接，最好进一步测量电阻确定。当然也可以通过记忆出现故障以后的总线显性电平的数值来推断故障。

3. CAN-H 虚接的波形分析

1）隐性电平不变。正常情况下，因为在隐性电平时，所有模块中的晶体管均处于截止状态，所以 CAN-H、CAN-L 的电平实质上就是两个 470Ω 电阻之间的电平，即为 5V 的一半；当 CAN-H 虚接时，并没有改变原有电路任何电流的大小，CAN-H、CAN-L 的电平不变，如图 1-11 所示。

2）在正常情况下，当左侧模块发送信息时，左侧模块中的晶体管均导通，CAN-H 的电平被 42Ω 电阻拉升到 3.5V，CAN-H 上的电流从左往右流动；此时如果 CAN-H 虚接，左侧模块内 CAN-H 对应的晶体管上方的 42Ω 电阻内的电流和电压降将会随着虚接电阻的增大而减小，从而使得左侧模块端 CAN-H 电平在正常上升的基础上进一步增大，因而 CAN-H 的波形从 2.5V 的隐性电平切换到 3.95V 以下的某个电平；虚接电阻越大，显性电平越接近 3.95V；虚接电阻越小，显性电平越接近 3.5V；实验中虚接电阻为 1kΩ，显性电平为 3.88V。

3）在正常情况下，当左侧模块发送信息时，左侧 CAN-L 电势因为晶体管导通，使得晶体管上下游的电路导通，造成左侧模块端的 CAN-L 总线上的电平被下拉到 1.5V，CAN-L 上的电流从右往左流动；此时如果 CAN-H 虚接，CAN-L 总线内的电流也会减小，从而使得 CAN-L 对应的 42Ω 电阻内的电流及电压降将会随着虚接电阻的增大而减小，从而使得左侧模块端 CAN-L 电平在正常下降的基础上进一步减小，所以 CAN-L 的波形从 2.5V 切换到最低为 1.22V 的某个电平；虚接电阻越大，显性电平越接近 1.22V；虚接电阻越小，显性电平越接近 1.5V；实验中虚接电阻为 1kΩ，显性电平为 1.26V。

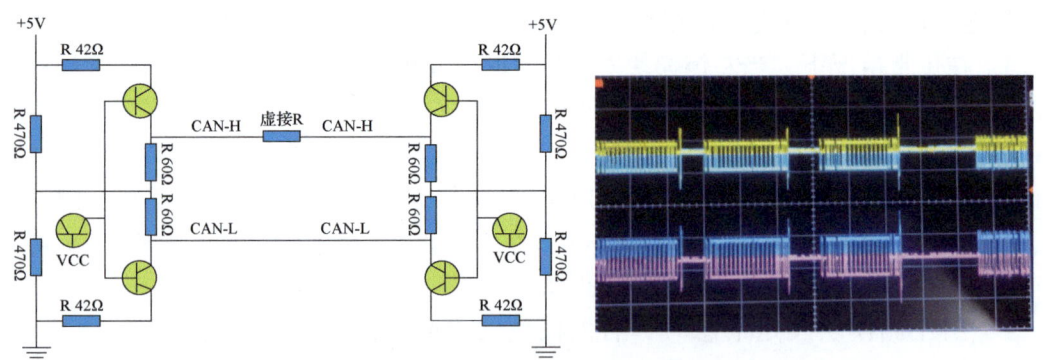

图 1-11　CAN-H 虚接（从左侧模块端测得，虚接电阻 50Ω）

4）当左侧模块发送信息时，由于虚接电阻的分压，右侧控制模块端 CAN-H 的电平相对左侧有了明显的下降；虚接电阻越大，分压效果越明显；当虚接电阻达到某个数值时，右侧控制模块端 CAN-H 的电平开始向 2.5V 以下切换，明显具备了 CAN-L 的信号特点；例如实验中虚接电阻为 1kΩ，信号波形从 2.5V 切换到 1.74V，相对 3.5V 有了 1.76V 的降低，显性电平反方向变化；右侧控制模块端 CAN-L 波形和左侧模块相同。

5）当虚接电阻大于某个数值时，右侧的控制模块不会对左侧模块的信号做出反应。

4. CAN-L 虚接的波形分析

1）隐性电平不变。正常情况下，因为在隐性电平时，所有模块中的晶体管均处于截止状态，所以 CAN-H、CAN-L 的电平实质上就是两个 470Ω 电阻之间的电平，即为 5V 的一半；当 CAN-L 虚接时，并没有改变原有电路任何电流的大小，CAN-H、CAN-L 的电平不变，如图 1-12 所示。

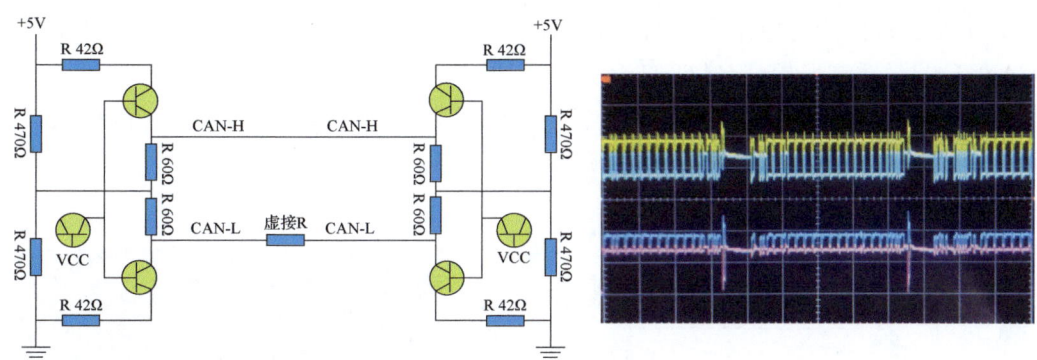

图 1-12　CAN-L 虚接（从左侧模块端测得，虚接电阻 200Ω）

2）在正常情况下，当左侧模块发送信息时，左侧模块中的晶体管均导通，CAN-H 的电平被 42Ω 电阻拉升到 3.5V，CAN-H 上的电流从左往右流动；此时如果 CAN-L 虚接，左侧模块内 CAN-H 对应的晶体管上方的 42Ω 电阻内的电流和电压降将会随着虚接电阻的增大而减小，从而使得左侧模块端 CAN-H 电平在正常上升的基础上进一步增大，因而 CAN-H 的波形从 2.5V 的隐性电平切换到 3.8V 以下的某个电平；虚接电阻越大，显性电平越接近 3.8V；虚接电阻越小，显性电平越接近 3.5V；实验中虚接电阻为 1kΩ，显性电平为 3.75V。

3）在正常情况下，当左侧模块发送信息时，左侧 CAN-L 电势因为晶体管导通，使得晶体管上下游的电路导通，造成左侧模块端的 CAN-L 总线上的电平被下拉到 1.5V，CAN-L 上的电流从右往左流动；此时如果 CAN-L 虚接，CAN-L 总线内的电流也会减小，从而使得 CAN-L 对应的 42Ω 电阻内的电流及电压降将会随着虚接电阻的增大而减小，从而使得左侧模块端 CAN-L 电平在正常下降的基础上进一步减小，所以 CAN-L 的波形从 2.5V 切换到最低为 1.0V 的某个电平；虚接电阻越大，显性电平越接近 1.0V；虚接电阻越小，显性电平越接近 1.5V；实验中虚接电阻为 1kΩ，显性电平为 1.1V。

4）当左侧模块发送信息时，右侧控制模块端 CAN-H 波形和左侧模块相同；由于虚接电阻的分压，右侧控制模块端 CAN-L 的电平相对左侧有了明显的上升；虚接电阻越大，分压效果越明显；当虚接电阻达到某个数值时，右侧控制模块端 CAN-L 的电平开始向 2.5V 以上切换，明显具备了 CAN-H 的信号特点；例如实验中虚接电阻为 1kΩ，信号波形从 2.5V 切换到 3.65V，相对 3.5V 有了 0.15V 的上升，显性电平反方向变化。

5）当虚接电阻大于某个数值时，右侧的控制模块不会对左侧模块的信号做出反应。

> **注意：** 观察此类波形时，主要看某个控制模块的 CAN 信号波形的显性电平在"发"和"收"时是否存在幅值减少甚至方向切换。若存在幅值减少但方向未发生切换，就说明存在虚接；若 CAN-H 幅值减少，则为 CAN-H 虚接；若 CAN-L 幅值减少，则为 CAN-L 虚接；虚接电阻越大，幅值差异越大。如果波形方向也发生变化，则需要测量电阻进一步确认是虚接还是断路。当然也可以通过记忆出现故障以后的总线显性电平的数值来推断故障。

5. CAN-H 对 +B 短路的波形分析

1）CAN-H 的隐性电平为 +B，因为 CAN-H、CAN-L 之间有 60Ω 的电阻存在，所以 CAN-L 的隐性电平相对 CAN-H 会偏低大约 2V，如图 1-13 所示。

2）当模块发送信息时，CAN-H 始终为 +B；CAN-L 的波形会在 10V（隐性电平）的基础上切换到 4.4V，相对正常的 1.5V 有明显的提高。

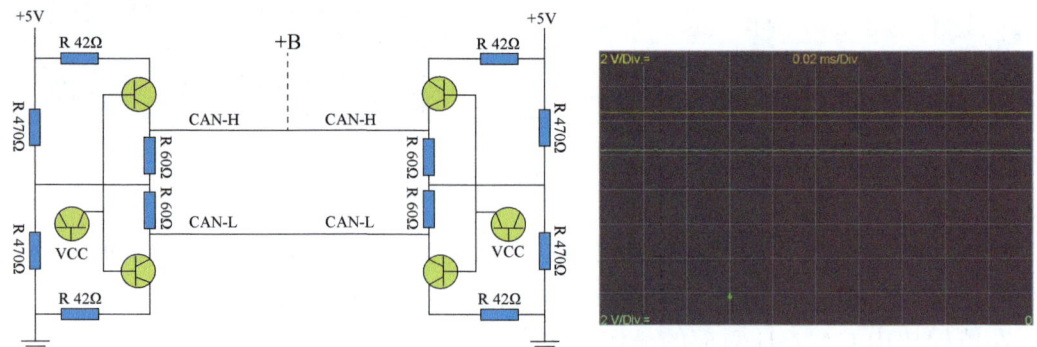

图 1-13 CAN-H 对 +B 短路（从左侧模块端测得）

6. CAN-L 对 +B 短路的波形分析

1）CAN-L 的隐性电平为 +B，因为 CAN-H、CAN-L 之间有 60Ω 的电阻存在，所以 CAN-H 的隐性电平相对 CAN-L 会偏低大约 2V，如图 1-14 所示。

2）当模块发送信息时，CAN-L 始终为 +B；CAN-H 的波形会在 9.72V（隐性电平）的基础上反向切换到 9.12V，相对正常的 3.5V 有明显的提高。

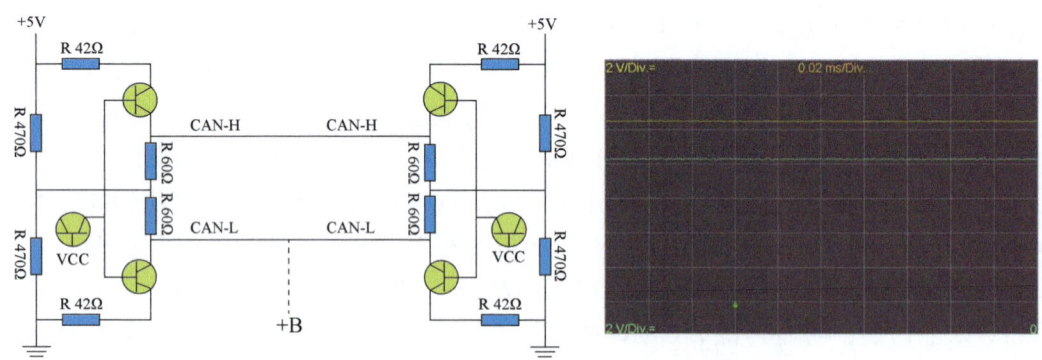

图 1-14 CAN-L 对 +B 短路（从左侧模块端测得）

注意：观察此类波形时，主要看所有控制模块总线波形的隐性电平是否有一根信号线电平始终保持为 +B，而另外一根信号线为 10V，如果有，就说明 CAN 总线对 +B 短路。如果 CAN-H 为 +B，CAN-L 为 10V，说明 CAN-H 对 +B 短路；如果 CAN-L 为 +B，CAN-H 为 10V，说明 CAN-L 对 +B 短路。

7. CAN-H 对 +B 虚接的波形分析

1）与虚接电阻大小有关，电阻越大，对隐性电平的影响越小，隐形电压越接近 2.5V；电阻越小，隐性电平越靠近 +B，同时 CAN-H 的隐性电平会略高于 CAN-L。实验电阻为 200Ω，CAN-H 隐性电平为 6.5V，CAN-L 隐性电平为 5.7V，如图 1-15 所示。

2）当模块发送信息时，CAN-H 波形在被提高的隐性电平（6.5V）和 4.5V 之间反向切换；同样，CAN-L 波形在被提高的隐性电平（5.7V）和 1.8V 之间正向切换。

3）由于 CAN-H、CAN-L 显性电平的差值大于 2V，CAN 总线仍可以正常通信。

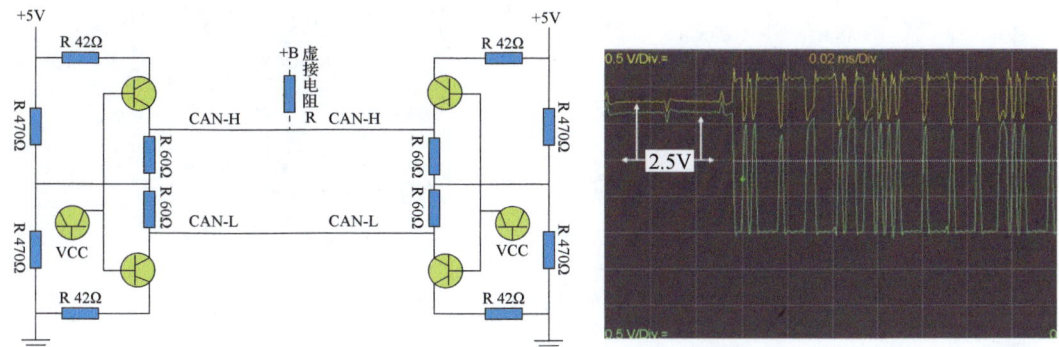

图 1-15 CAN-H 对 +B 虚接（从左侧模块端测得）

8. CAN-L 对 +B 虚接的波形分析

1）与虚接电阻大小有关，电阻越大，对隐性电平的影响越小，隐形电压越接近 2.5V；电阻越小，隐性电平越靠近 +B，同时 CAN-L 的隐性电平会略高于 CAN-H。实验电阻为 200Ω，CAN-L 隐性电平为 6.5V，CAN-H 隐性电平为 5.7V，如图 1-16 所示。

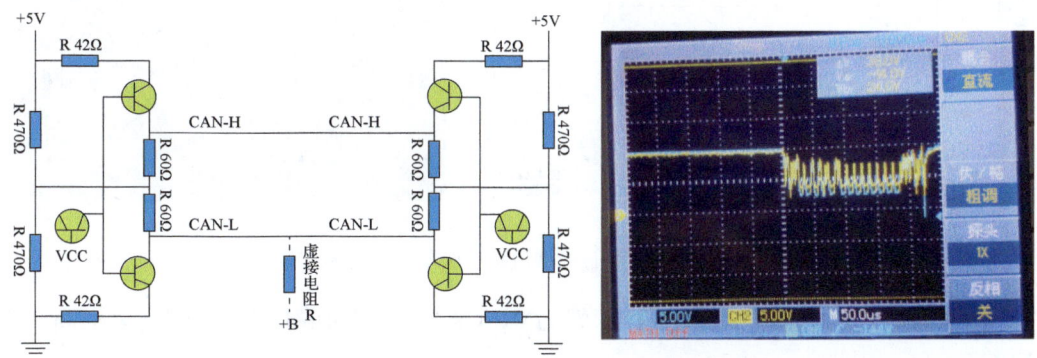

图 1-16 CAN-L 对 +B 虚接（从左侧模块端测得）

2）当模块发送信息时，CAN-H 波形在被提高的隐性电平（5.7V）和 3.96V 之间反向切换；同样，CAN-L 波形在被提高的隐性电平（6.5V）和 2.8V 之间正向切换。

> **注意**：观察此类波形时，主要看所有控制模块总线波形的隐性电平是否同时明显大于 2.5V，如果是，就说明 CAN 总线存在对 +B 虚接。如果 CAN-H 的隐性电平大于 CAN-L，说明 CAN-H 对 +B 虚接；如果 CAN-L 的隐性电平大于 CAN-H，说明 CAN-L 对 +B 虚接。

9. CAN-H 对地短路的波形分析

1）因为 CAN-H 对地短路，所以 CAN-H 的隐性电平变为 0，而 CAN-L 的电平因为终端电阻的存在而比 CAN-H 的隐性电平提高 0.5V，如图 1-17 所示。

2）当某侧模块发送信息时，CAN-H 依然为 0，CAN-L 相对隐性电平 0.5V 会更低一点，大约为 0.23V。

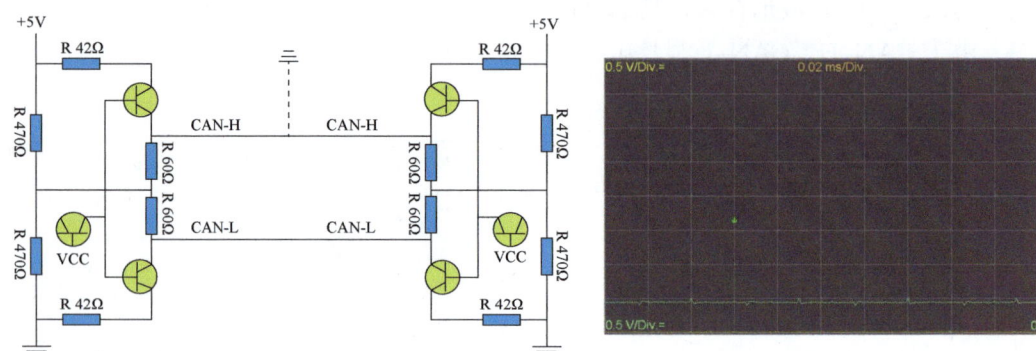

图 1-17　CAN-H 对地短路（从左侧模块端测得）

10. CAN-L 对地短路的波形分析

1）因为 CAN-L 对地短路，所以 CAN-L 的隐性电平变为 0，而 CAN-H 的电平因为终端电阻的存在而比 CAN-L 的隐性电平提高 0.5V，如图 1-18 所示。

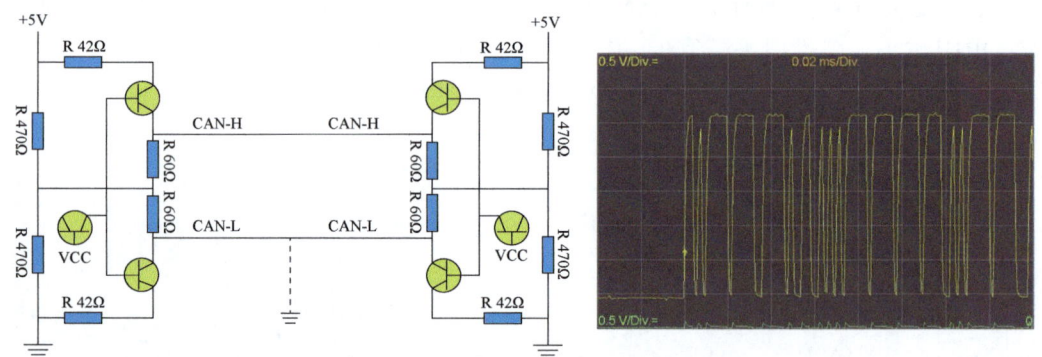

图 1-18　CAN-L 对地短路（从左侧模块端测得）

2）当模块发送信息时，CAN-L 依然为 0，CAN-H 相对隐性电平 0.5V 会提高，大约为 2.96V。

> **注意**：观察此类波形时，主要看所有控制模块总线波形的隐性电平是否有一根信号线电平始终保持

为 0V，而另外一根信号线为 0.5V，如果有，就说明 CAN 总线对地短路。如果 CAN-H 为 0V，CAN-L 为 0.5V，说明 CAN-H 对地短路；如果 CAN-L 为 0V，CAN-H 为 0.5V，说明 CAN-L 对地短路。

11. CAN-H 对地虚接的波形分析

1）与虚接电阻大小有关，虚接电阻越小，对隐性电平的影响越大（0~2.5V），隐性电平越靠近 0V。因为 CAN-H 对地虚接，所以 CAN-H 的隐性电平相对 CAN-L 要低一些，这是因为终端电阻的存在；实验虚接电阻为 200Ω，CAN-H 的隐性电平为 1.43V，CAN-L 的隐性电平为 1.65V，如图 1-19 所示。

2）当模块发送信息时，因为晶体管导通，CAN-H 波形在被拉低的隐性电平（1.43V）与 3.1V 之间切换，相对正常情况下的 3.5V 有所下降；同样 CAN-L 波形在被拉低的隐性电平（1.65V）与 1.31V 之间切换，相对正常的 1.5V 有所下降。

3）CAN-H、CAN-L 显性电平的差值基本保持在 2V，CAN 总线仍可以正常通信。

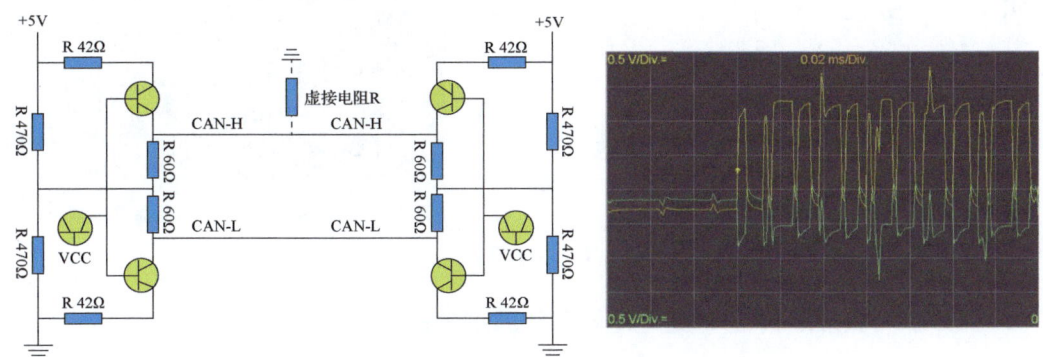

图 1-19　CAN-H 对地虚接（从左侧模块端测得）

12. CAN-L 对地虚接的波形分析

1）与虚接电阻大小有关，虚接电阻越小，对隐性电平的影响越大（0~2.5V），隐性电平越靠近 0V。因为 CAN-L 对地虚接，所以 CAN-L 的隐性电平相对 CAN-H 要低一些，这是因为终端电阻的存在；实验虚接电阻为 200Ω，CAN-L 的隐性电平为 1.43V，CAN-H 的隐性电平为 1.65V，如图 1-20 所示。

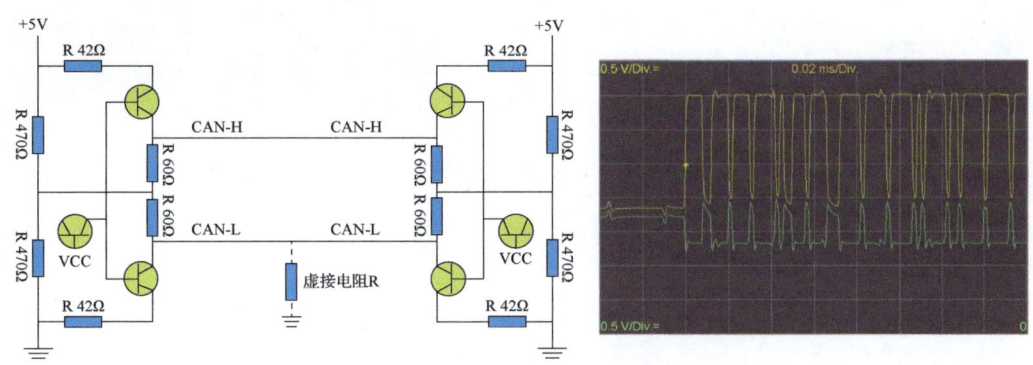

图 1-20　CAN-L 对地虚接（从左侧模块端测得）

2）当模块发送信息时，因为晶体管导通，CAN-H 波形在被拉低的隐性电平（1.65V）与 3.43V 之间切换，相对正常情况下的 3.5V 有所下降；同样 CAN-L 波形在被拉低的隐性电平（1.43V）与 1.31V 之间切换，相对正常的 1.5V 有所下降。

3）CAN-H、CAN-L 显性电平的差值基本保持在 2V，CAN 总线仍可以正常通信。

注意： 观察此类波形时，主要看所有控制模块总线波形的隐性电平是否同时明显低于 2.5V，如果是，就说明 CAN 总线存在对地虚接。如果 CAN-L 的隐性电平大于 CAN-H，说明 CAN-H 对地虚接；如果 CAN-H 的隐性电平大于 CAN-L，说明 CAN-L 对地虚接。

13. CAN-H、CAN-L 互短的波形分析

不管是隐性还是显性，CAN-H、CAN-L 的信号始终维持在 2.5V，如图 1-21 所示。

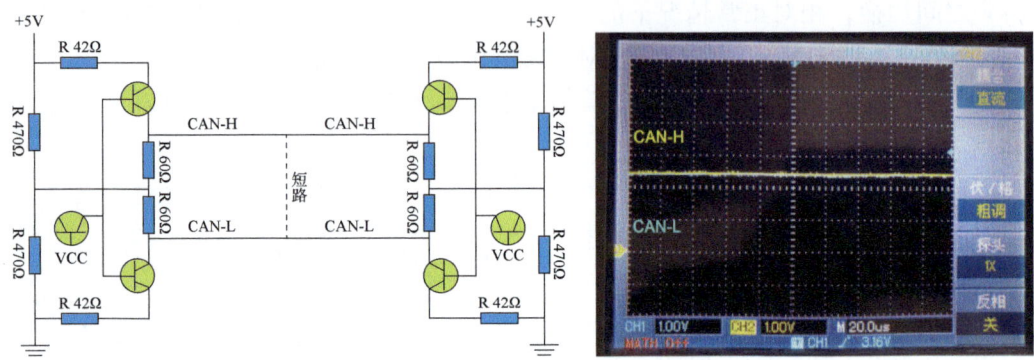

图 1-21　CAN-H、CAN-L 互短（从左侧模块端测得）

14. CAN-H、CAN-L 通过电阻短路的波形分析

隐性电平不会发生变化，但 CAN-H 和 CAN-L 的显性电平之间的差值会因为虚接电阻而等幅值减小，电阻越大，两者之间的差值越接近 2V，如图 1-22 所示。

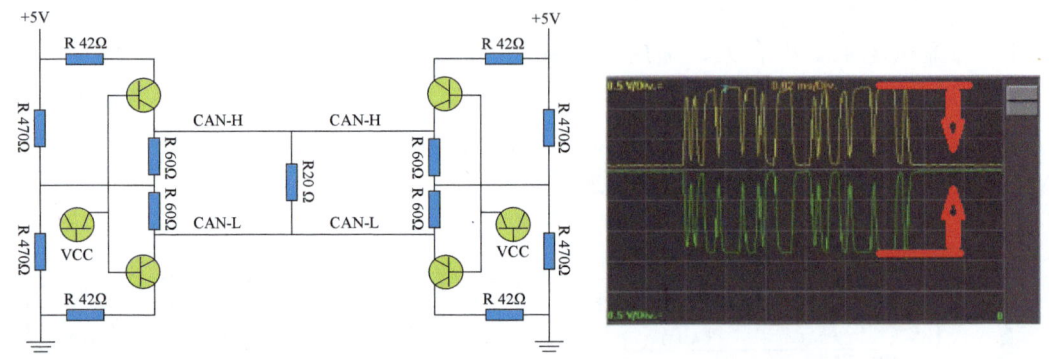

图 1-22　CAN-H、CAN-L 通过电阻短路（从左侧模块端测得）

计划与实施

教师可在表 1-4 所列的电路或元器件上设置故障点，经仔细验证后，安排学生完成工作页的所有内容。

表 1-4 故障设置建议表

故障元件	故障位置	故障类型
起动按钮 E378	触点 1	断路
	触点 2	断路
	信号 1 线路	断路、虚接 400Ω 电阻
	信号 2 线路	断路、虚接 400Ω 电阻
	搭铁线路	断路、虚接 400Ω 电阻
进入及起动许可 J965	15#（1）、15#（2）线路	断路、虚接 1000Ω 电阻
	15#（1）、S 触点线路	断路、虚接 1000Ω 电阻
	15#（2）、S 触点线路	断路、虚接 1000Ω 电阻
	车内前部天线线路	断路
	车内前部天线	自身损坏
网关 J533	J533 端动力 CAN-H 与 CAN-L	互短、互虚 10Ω 电阻
	J533 端动力 CAN-H 或 CAN-L	断路
	J533 端动力 CAN-H 或 CAN-L	虚接 50~2000Ω 电阻
	J533 端动力 CAN-L	对正极短路
	J533 端动力 CAN-H	对搭铁短路
	J533 端动力 CAN-L	对正极虚接 20Ω 电阻
	J533 端动力 CAN-H	对搭铁虚接 20Ω 电阻
	J533 端动力 CAN-H 与 CAN-L	反接
发动机控制单元 J623	搭铁线路	断路、虚接 100Ω 电阻
	30# 电源线路	断路、虚接 100Ω 电阻
	15# 电源线路	断路、虚接 1000Ω 电阻
	J623 端动力 CAN-H 与 CAN-L	互短、互虚 10Ω 电阻
	J623 端动力 CAN-H 或 CAN-L	断路
	J623 端动力 CAN-H 或 CAN-L	虚接 50~2000Ω 电阻
	J623 端动力 CAN-L	对正极短路
	J623 端动力 CAN-H	对搭铁短路
	J623 端动力 CAN-L	对正极虚接 20Ω 电阻
	J623 端动力 CAN-H	对搭铁虚接 20Ω 电阻
	J623 端动力 CAN-H 与 CAN-L	反接

（续）

故障元件	故障位置	故障类型
双离合变速器 J743	正极线路	断路、虚接 500Ω 电阻
	正极线路（SB13）	对地短路
	搭铁线路	断路、虚接 500Ω 电阻
	J743 端动力 CAN-H 与 CAN-L	互短、互虚 10Ω 电阻
	J743 端动力 CAN-H 或 CAN-L	断路
	J743 端动力 CAN-H 或 CAN-L	虚接 50~2000Ω 电阻
	J743 端动力 CAN-L	对正极短路
	J743 端动力 CAN-H	对搭铁短路
双离合变速器 J743	J743 端动力 CAN-L	对正极虚接 20Ω 电阻
	J743 端动力 CAN-H	对搭铁虚接 20Ω 电阻
	J743 端动力 CAN-H 与 CAN-L	反接
起动继电器 J906	起动继电器 J906	触点断路、线圈断路或虚接 200Ω 电阻
	J906 继电器线圈供电 SC49	断路、虚接 500Ω 电阻
	J906 继电器线圈控制线路	断路、虚接 500Ω 电阻
起动继电器 J907	起动继电器 J907	触点断路、线圈断路或虚接 200Ω 电阻
	J907 继电器线圈控制线路	断路、虚接 500Ω 电阻
	起动继电器反馈线路 SB22	断路、虚接 1000Ω 电阻
	起动机控制线路 SB23	断路、虚接 500Ω 电阻
起动机	起动机电源线路	断路
	起动机搭铁线路	断路
起动许可	J965-J623 起动许可信号线路	断路、虚接 2500Ω 电阻
制动开关	制动开关电源 SB6、信号线路 1	同时断路、同时虚接 2500Ω 电阻
	制动开关搭铁线路、信号线路 2	同时断路、同时虚接 2500Ω 电阻
	制动开关信号线路 1、线路 2	同时断路、同时虚接 2500Ω 电阻

工作页

一、领取任务

服务顾问将车辆开至待修区，将车辆钥匙、《汽车维修服务接车单》（见附录任务单1）交给车间主管并交待作业内容，说明交车时间、要求及其他注意事项。车间主管根据各班组的技术能力及工作状况，向班组派工，班组领取任务。

二、确认任务

1）班组接到任务后，根据《汽车维修服务接车单》对车辆进行验收。
2）确认故障现象，必要时试车。
3）根据《汽车维修服务接车单》上的工作内容，进行维修或诊断。
4）维修技师凭《汽车维修服务接车单》领料，并在出库单上签字。

注意事项：
1）非工作需要不得进入车内且不能开启顾客车上的电器设备。
2）对于顾客留在车内的物品，维修技师应小心地加以保护，非工作需要严禁触动，因工作需要触动时应通知服务顾问以征得顾客的同意。

三、借助原厂维修手册、参考教材完成以下知识准备

（一）描述迈腾汽车发动机起动控制系统的作用。
_____
_____
_____
_____

（二）描述迈腾汽车发动机起动控制系统的组成、特点。
_____
_____
_____
_____
_____

（三）简要说明 TSI 起动系统的控制策略。
_____
_____
_____
_____

（四）请画出起动机及其控制电路，应包含起动机、相关继电器、发动机控制模块、与起动控制有关的信号输入、相关电源及其他电路。

端子号	端子定义	电压特性

四、制定计划

分组讨论、制定具体操作步骤。

提示： 通过对上面相关理论知识的了解，维修人员根据维修规范要求和维修经验制定相关维修方案。

（一）制定人员分工：

组长 _____

组号 _____

组员 _____

（二）需要使用的检测、维修设备、工具：

_____

_____

（三）起动机不转的故障排除分析：

1）请按照故障树的方式整理出此故障的诊断流程（见附录任务单2）。

2）实施诊断并填写诊断报告（见附录任务单3）。

3）填写完工单（见附录任务单4）。

提示：

1）结合迈腾汽车发动机电控系统需检查、诊断、拆卸、测量、清洗、维修、安装、检验的项目多少和顺序填写。

2）结合车辆诊断仪数据填写。

3）在有关流程步骤中注意蓄电池、点火开关状态。

4）注意专用仪器、量具、工具的使用。

5）注意安全防范、安全操作。

评价与反馈

一、学习效果测试

选择题

1）在进行起动机耗电测试时，起动机的电流消耗比平常高，可能是以下哪个原因引起的？（　　）

 A. 由于润滑不足或发动机有故障不易转动

 B. 起动机驱动机构与飞轮齿圈没有啮合上

 C. 蓄电池电缆断路

 D. 起动继电器有故障

2）在讨论蓄电池的开路电压时，技术人员甲说，如果蓄电池亏电，会造成蓄电池的开路电压不足12.6V；技术人员乙说，如果蓄电池损坏，如极板硫化、极板短路等，会造成蓄电池的开路电压不足12.6V。请问谁的说法是正确的？（　　）

 A. 只有甲正确　　　　　　　　　B. 只有乙正确

 C. 两人均正确　　　　　　　　　D. 两人均不正确

3）在讨论发动机起动过程中蓄电池的电压测量时，技术人员甲说，当发动机起动过程中起动机电源线固定螺栓相对搭铁间的电压与蓄电池的端电压相差较大时，说明起动机相关电路导电不良，应进行修理；技术人员乙说，当发动机起动过程中，起动机相关电路任意一个插接器或导线两端的电压降大于0.1V，则应进行修理或更换。请问谁的说法是正确的？（　　）

 A. 只有甲正确　　　　　　　　　B. 只有乙正确

 C. 两人均正确　　　　　　　　　D. 两人均不正确

4）在讨论发动机起动过程中蓄电池的电压下降值时，技术人员甲说，如果发动机起动过程中蓄电池的端电压下降过少，可能是由于蓄电池的电容量过高（蓄电池为标配）；技术人员乙说，如果发动机起动过程中蓄电池的端电压下降过少，可能是发动机机件装配过松、个别或所有气缸的密封性不良造成的。请问谁的说法是正确的？（　　）

 A. 只有甲正确　　　　　　　　　B. 只有乙正确

 C. 两人均正确　　　　　　　　　D. 两人均不正确

5）技术人员甲说，起动机电流过小可能是起动机的驱动机构不能与飞轮齿圈啮合所致；技术人员乙说，起动机电流过小可能是发动机个别或所有气缸的密封性下降造成的。请问谁的说法是正确的？（　　）

 A. 只有甲正确　　　　　　　　　B. 只有乙正确

 C. 两人均正确　　　　　　　　　D. 两人均不正确

二、学习过程评价

项目	评价内容	评价等级		
		A	B	C
关键能力考核项目	遵守纪律，遵守学习场所管理规定，服从安排			
	具有安全意识、责任意识、5S 管理意识，注重节约、节能与环保			
	学习态度积极主动，能参加实习安排的活动			
	具有团队合作意识，注重沟通，能自主学习及相互合作			
	仪容仪表符合活动要求			
专业能力考核项目	按时按要求独立完成工作页、任务			
	工具、设备选择得当，使用符合技术要求			
	操作规范，符合要求			
	学习准备充分、齐全			
	注重工作效率与工作质量			
	技能点 1：使用诊断仪读取和分析数据流，并判断部件工作状态			
	技能点 2：使用示波器连接、测量和分析部件的波形，并判断部件工作状态			
小组评语及建议		组长签名： 年 月 日		
老师评语及建议		老师签名： 年 月 日		

能力与拓展

|案例 1| 一键起动按钮 E378 信号故障检修

故障点 1：一键起动按钮 E378 内部触点断路。
故障点 2：一键起动按钮 E378 信号 1 线路断路。
故障点 3：一键起动按钮 E378 信号 1 线路虚接 400Ω 电阻。

故障现象：

1）无钥匙进入功能正常。
2）拉开车门、进入车内、关闭车门，钥匙指示灯正常闪烁，E378 背景灯点亮，仪表能正常显示车门状态。
3）打开 E378 时，钥匙指示灯不闪烁，方向盘不解锁，仪表不能正常点亮。
4）踩下制动踏板，车后部的制动灯正常点亮。
5）踩住制动踏板、按住 E378，起动机不转；应急起动同样失败。

现象分析：

该车进入及起动流程如图 1-23 所示。一键起动时钥匙指示灯未闪烁，说明"E378→J965（通过 CAN）→J285，J965→车内天线→钥匙"工作异常。但无钥匙进入时，仪表上的转向指示灯闪烁正常，说明"车外门把手触摸传感器→J965（通过唤醒线、CAN）→J519（通过 CAN）→J285，J965→车外天线→钥匙→J519"工作正常。E378 背景指示灯点亮，说明"J965（通过一根导线）→E378 背景指示灯→接地"工作正常。

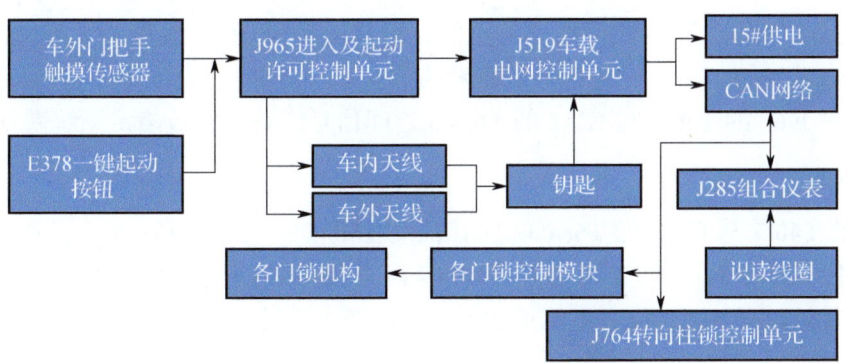

图 1-23　迈腾汽车进入及起动流程

注意：根据车辆技术特点，车内前部天线属于主天线，如果它出现故障，车外无钥匙进入失效，现在无钥匙进入时钥匙指示灯正常闪烁，说明车内天线肯定没有问题；车辆进入及起动系统流程如图 1-23 所示，由此可以推出，E378 与 J965 之间信号线路存在故障，具体表现在：
1）E378 自身故障。
2）E378 与 J965 之间的信号线路故障。
3）J965 局部故障。

故障点 1　一键起动按钮 E378 内部触点断路

1）打开 E378，用万用表测量 J965 的 T40/7、T40/19 对地电压，电压值正常为 +B → 0V，实测均为 +B 不变，异常，说明测试点与接地之间线路断路。

2）打开 E378，用万用表测量 E378 的 T6as/3、T6as/6 对地电压，电压值正常为 +B → 0V，实测均为 +B 不变，异常，说明 E378 内部存在故障。

3）关闭 E378，断开 E378 插连器，用万用表分别测量 E378 端的 T6as/4 与 T6as/3、T6as/6 之间的阻值，正常为 0Ω，实测为无穷大，所以 E378 内部触点断路。

4）更换 E378，故障排除，系统恢复正常。

故障机理

E378 内部两个触点均损坏，导致 J965 无法识别到 E378 是否被按下（只有 J965 的 T40/7 和 T40/19 两个信号线路同时被拉低到 0），所以打开 E378 后，方向盘不解锁、仪表不能正常点亮、起动机不转。

故障点 2　一键起动按钮 E378 信号 1 线路断路

1）打开 E378，用万用表测量 J965 的 T40/7、T40/19 对地电压，电压值正常为 +B → 0V，实测为：T40/7 对地电压保持 +B 不变，异常，说明测试点与接地之间断路；T40/19 对地电压为 +B → 0V，正常。

2）打开 E378，用万用表测量 E378 的 T6as/3 对地电压，电压值正常为 +B → 0V，实测为 0V 不变，异常，结合上一步测试结果，说明 J965 的 T40/7 至 E378 的 T6as/3 对应线路断路。

3）关闭 E378，拆下蓄电池负极接线，断开 J965、E378 插接器，用万用表测量 J965 的 T40/7 与 E378 的 T6as/3 之间线路的阻值，正常近乎为 0Ω，实测为无穷大，说明 J965 的 T40/7 与 E378 的 T6as/3 之间信号线路断路。

4）排除 J965 的 T40/7 与 E378 的 T6as/3 之间信号线路断路故障，系统恢复正常。

故障机理

J965 的 T40/7 与 E378 的 T6as/3 之间信号线路断路，导致 J965 无法正常识别到 E378 是否被按下（只有 J965 的 T40/7 及 T40/19 两个信号线路同时被拉低到 0），所以打开 E378 后，方向盘不解锁、仪表不能正常点亮、起动机不转。

故障点 3　一键起动按钮 E378 信号 1 线路虚接 400Ω 电阻

1）打开 E378，用万用表测量 J965 的 T40/7 及 T40/19 对地电压，电压值正常为 +B → 0V，实测值：T40/7 对地电压为 +B → 4.8V（可能会有偏差），异常，说明测试点与接地之间线路虚接；T40/19 对地电压为 +B → 0V，正常。

2）打开 E378，用万用表测量 E378 的 T6as/3 对地电压，电压值正常为 +B → 0V，实测为 +B → 0V，正常。综合上一步测试结果，说明 J965 的 T40/7 与 E378 的 eT6as/3 之间对应线路虚接。

3）关闭 E378，拆下蓄电池负极接线，断开 J965、E378 插接器，用万用表测量 J965 的 T40/7 与 E378 的 T6as/3 之间线路的阻值，正常近乎为 0Ω，实测为 400Ω，说明 J965 的 T40/7 与 E378 的 T6as/3 之间信号线路虚接。

4）排除 J965 的 T40/7 与 E378 的 T6as/3 之间信号线路虚接故障，系统恢复正常。

| 故障机理 |

J965 的 T40/7 与 E378 的 T6as/3 之间信号线路虚接，导致 J965 无法正常识别到 E378 是否被按下（只有 J965 的 T40/7、T40/19 两个信号线路同时被拉低到零），所以打开 E378 后，方向盘不解锁、仪表不能正常点亮、起动机不转。

| 案例 2 | 一键起动按钮 E378 接地线路断路故障检修

故障现象：

1）无钥匙进入功能正常。

2）拉开车门、进入车内、关闭车门，钥匙指示灯正常闪烁，E378 背景灯未正常点亮，仪表能正常显示车门状态。

3）打开 E378 时，钥匙指示灯不闪烁，方向盘不解锁，仪表不能正常点亮。

4）踩下制动踏板，车后部的制动灯正常点亮。

5）踩住制动踏板、按住 E378，起动机不转；应急起动同样失败。

现象分析：

该车进入及起动流程如图 1-23 所示，拉开车门 E378 背景灯不亮，说明"驾驶员侧车门接触开关 F2 →驾驶员侧车门控制单元 J386（通过 CAN）→ J519（通过 CAN）→ J965 → E378 背景灯→接地线路"异常；而钥匙指示灯正常闪烁，说明"驾驶员侧车门接触开关 F2 →驾驶员侧车门控制单元 J386（通过 CAN）→ J519（通过 CAN）→ J965 →车内天线→钥匙"正常。综合以上两点，加上打开 E378 后车辆无反应，说明故障可能原因：E378 接地线路故障、E378 自身故障。E378 电路如图 1-3 所示。

诊断过程：

1）打开 E378，用万用表测量 E378 的 T6as/4 对地电压，电压值正常应小于 0.1V，实测为 +B 不变，异常。

2）关闭 E378，断开 E378 插接器，用万用表测量 E378 接地线路阻值，正常为 0Ω，实测为无穷大，说明 E378 接地线路断路。

3）排除 E378 接地线路断路故障，系统恢复正常。

| 故障机理 |

E378 接地线路断路，导致 J965 无法点亮 E378 背景灯，也无法正常识别到 E378 是否被按下，所以打开 E378 后，方向盘不解锁、仪表不能正常点亮、起动机不转。

案例 3 | 一键起动按钮 E378 接地线路虚接 400Ω 电阻故障检修

故障现象：

1）无钥匙进入功能正常。

2）拉开车门，进入车内，关闭车门，钥匙指示灯正常闪烁，E378 背景灯亮度不足，仪表能正常显示车门状态。

3）打开 E378 时，其背景灯熄灭，钥匙指示灯不闪烁，方向盘不解锁，仪表不能正常点亮。

4）踩下制动踏板，车后部的制动灯正常点亮。

5）踩住制动踏板、按住 E378，起动机不转；应急起动同样失败。

现象分析：

如图 1-3 所示，拉开车门 E378 背景灯亮度不足，说明"J965 → E378 背景指示灯 → 接地"线路存在虚接。而按下 E378 后其背景灯熄灭，说明 E378 背景灯两端的电压降进一步减小。根据以上两种情况下线路的共同点，说明 E378 的接地线路电阻过大。

诊断过程：

1）打开 E378，用万用表测量 E378 的 T6as/4 对地电压，电压值正常应始终小于 0.1V，实测为 0.3~4.8V，异常。

2）关闭 E378，断开 E378 插接器，用万用表测量 E378 线束端接地线路与蓄电池负极接线之间的阻值，正常近乎为 0Ω，实测为 400Ω，说明 E378 接地线路虚接。

3）排除 E378 接地线路虚接故障，系统恢复正常。

故障机理

E378 接地线路虚接，导致 J965 无法正常识别到 E378 是否被按下，所以打开 E378 后，方向盘不解锁、仪表不能正常点亮、起动机不转。

案例 4 | J965 与 J519 信号传输故障检修

故障点 1：J965 的 15#（1）、15#（2）线路同时断路。
故障点 2：J965-15#（1）、15#（2）线路虚接 1000Ω 电阻。
故障点 3：J965-15#（1）、S 线路断路。
故障点 4：J965-15#（1）、S 线路虚接 1000Ω 电阻。

故障现象：

1）无钥匙进入功能正常。

2）拉开车门，仪表能正常显示车门状态。

3）打开 E378，钥匙指示灯正常闪烁，转向有助力，但仪表不能正常点亮，起动机不转。

现象分析：

如图 1-23 所示，打开 E378 时仪表不能正常点亮，说明"E378 → J965（通过唤醒线、2 根 15#、S#、CAN）→ J519（通过 CAN）→ J285""J965（通过 CAN）← → J285""J965 →车内天线→钥匙→ J519"工作异常；但操作 E378 时钥匙指示灯闪烁正常，说明"E378 → J965（通过 CAN）→ J285""J965 →车内天线→钥匙"工作正常；所以打开 E378，仪表不能正常点亮的原因是 J519 没有对点火开关打开的信号做出反应，具体表现在：

1）J519 自身故障。

2）J519 与 J965 之间 15#（两根）、S 信号线路故障。

3）J965 自身故障。

故障点 1 J965 的 15#（1）、15#（2）线路同时断路

1）如图 1-3 所示，打开 E378，用万用表分别测量 J519 的 T73a/44、T73a/47、T73a/54 对地电压，电压值正常均为 0V → +B，实测为：T73a/44、T73a/47 对地电压均为 0V 不变，异常，T73a/54 对地电压为 0V → +B，正常。

2）打开 E378，用万用表分别测量 J965 的 T40/27、T40/35 对地电压，电压值正常均为 0V → +B，实测均为 0V → +B，正常，说明 15#（1）、15#（2）线路断路。

3）关闭 E378，拆下蓄电池负极接线，断开 J965、J519 的插接器，用万用表测量 J965 的 T40/27 与 J519 的 T73a/44、J965 的 T40/35 与 J519 的 T73a/47 之间线路的阻值，正常近乎为 0Ω，实测为无穷大，异常。

4）排除 15#（1）、15#（2）线路断路故障，系统恢复正常。

故障机理

15#（1）、15#（2）线路断路，导致 J519 无法收到来自 J965 的完整的一键起动按钮打开信号（系统要求 15#（1）、15#（2）、S 三个信号必须至少有两个正常），J519 没有发出上电指令，所以打开 E378 后，转向有助力，但仪表不能正常点亮，起动机不转。

故障点 2 J965-15#（1）、15#（2）线路虚接 1000Ω 电阻

1）如图 1-3 所示，打开 E378，用万用表分别测量 J519 的 T73a/44、T73a/47、T73a/54 对地电压，电压值正常均为 0V → +B，实测为：T73a/44、T73a/47 对地电压均为 0V → 5V（可能会有差异），异常，T73a/54 对地电压为 0V → +B，正常。

2）打开 E378，用万用表分别测量 J965 的 T40/27、T40/35 对地电压，电压值正常均为 0V → +B，实测均为 0V → +B，正常，说明 15#（1）、15#（2）线路虚接。

3）关闭 E378，拆下蓄电池负极接线，断开 J965、J519 的插接器，用万用表测量 J965 的 T40/27 与 J519 的 T73a/44、J965 的 T40/35 与 J519 的 T73a/47 之间线路的阻值，正常为 0Ω，实测为 1000Ω，异常。

4）排除 15#（1）、15#（2）线路虚接故障，系统恢复正常。

> 故障机理

15#（1）、15#（2）线路虚接，导致 J519 无法收到来自 J965 的完整的一键起动按钮打开信号（系统要求 15#（1）、15#（2）、S 三个信号必须至少有两个正常），J519 没有发出上电指令，所以打开 E378 后，转向有助力，但仪表不能正常点亮，起动机不转。

故障点 3　J965-15#（1）、S 线路断路

1）如图 1-3 所示，打开 E378，用万用表分别测量 J519 的 T73a/44、T73a/47、T73a/54 对地电压，电压值正常均为 0V → +B，实测为：T73a/44、T73a/54 对地电压均为 0V 不变，异常，T73a/47 对地电压为 0V → +B，正常。

2）打开 E378，用万用表分别测量 J965 的 T40/27、T40/40 对地电压，电压值正常均为 0V → +B，实测均为 0V → +B，正常，说明 15#（1）、S 线路断路。

3）关闭 E378，拆下蓄电池负极接线，断开 J965、J519 的插接器，用万用表测量 J965 的 T40/27 与 J519 的 T73a/44、J965 的 T40/40 与 J519 的 T73a/54 之间线路阻值，正常为 0Ω，实测为无穷大，异常。

4）排除 15#（1）、S 线路断路故障，系统恢复正常。

> 故障机理

15#（1）、S 线路断路，导致 J519 无法收到来自 J965 的完整的一键起动按钮打开信号（系统要求 15#（1）、15#（2）、S 三个信号必须至少有两个正常），J519 没有发出上电指令，所以打开 E378 后，转向有助力，但仪表不能正常点亮，起动机不转。

故障点 4　J965-15#（1）、S 线路虚接 1000Ω 电阻

1）如图 1-3 所示，打开 E378，用万用表分别测量 J519 的 T73a/44、T73a/47、T73a/54 对地电压，电压值正常均为 0V → +B，实测为：T73a/44、T73a/54 对地电压均为 0V → 5V（可能存在差异），异常，T73a/47 对地电压为 0V → +B，正常。

2）打开 E378，用万用表分别测量 J965 的 T40/27、T40/40 对地电压，电压值正常均为 0V → +B，实测均为 0V → +B，正常，说明 15#（1）、S 线路虚接。

3）关闭 E378，拆下蓄电池负极接线，断开 J965、J519 的插接器，用万用表测量 J965 的 T40/27 与 J519 的 T73a/44、J965 的 T40/40 与 J519 的 T73a/54 之间线路阻值，正常为 0Ω，实测为 1000Ω，异常。

4）排除 15#（1）、S 线路虚接故障，系统恢复正常。

> 故障机理

15#（1）、S 线路虚接，导致 J519 无法收到来自 J965 的完整的一键起动按钮打开信号（系统要求 15#（1）、15#（2）、S 三个信号必须至少有两个正常），J519 没有发出上电指令，所以打开 E378 后，转向有助力，但仪表不能正常点亮，起动机不转。

案例 5　车内前部天线 1 故障检修

故障点 1：车内前部天线 1 自身损坏。
故障点 2：车内前部天线 1 线路断路。

故障现象：

1）无钥匙进入功能失效，但触摸门把手时，钥匙指示灯正常闪烁，遥控钥匙解锁正常。

2）拉开车门、进入车内、关闭车门，钥匙指示灯不闪烁，但 E378 背景灯正常点亮，仪表能正常显示车门状态。

3）打开 E378，钥匙指示灯不闪烁，仪表不能正常点亮且提示"未找到遥控钥匙"，起动机不转。

4）应急模式可以正常起动发动机。

现象分析：

如图 1-23 所示，打开 E378 时钥匙指示灯不能闪烁，说明"E378 → J965 → 车内主天线 R138 → 钥匙""J965（通过 CAN）→ J519 → J285"工作异常，但所有车门无钥匙进入时钥匙指示灯均能闪烁，说明"各车门触摸传感器 → J965 → 车外天线 → 钥匙"工作正常；应急模式可以打开 E378，说明"E378 → J965（通过 CAN）→ J285、J519"工作正常。

综上所述，故障原因可能是遥控钥匙没有对车内天线做出响应，加之车内前部天线 1 为主天线，其故障会导致所有天线功能失效，而其余天线故障不会造成系统瘫痪，所以造成上述故障的可能原因为车内前部天线 1 存在故障，具体表现为：

1）J965 局部故障。

2）车内主天线 R138 与 J965 之间的线路故障。

3）R138 自身故障。

故障点 1　车内前部天线 1 自身损坏

1）如图 1-3 所示，打开 E378 时，用示波器测量车内前部天线 1 的 T2hn/1 与 T2hn/2 之间的工作波形，实测波形正常，如图 1-24 所示，说明天线自身可能存在故障。

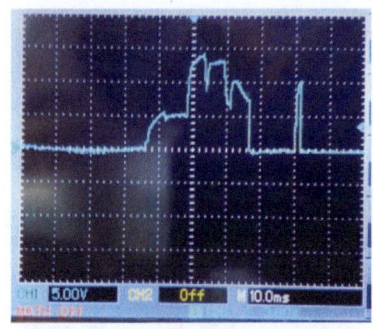

图 1-24　车内前部天线 1 正常波形

2）更换车内前部天线 1，系统恢复正常。

故障机理

车内前部天线自身损坏，导致无法向遥控钥匙发送查询码，所以无钥匙功能失效，打开 E378 后，钥匙指示灯不亮，一键起动按钮无法打开，起动机不转。

故障点 2 车内前部天线 1 线路断路

1）如图 1-3 所示，打开 E378，用示波器测量车内前部天线 T2hn/1 与 T2hn/2 之间的工作波形，实测波形为一直线，如图 1-25 所示，异常。

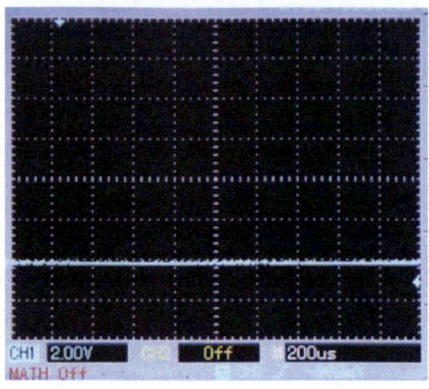

图 1-25 车内前部天线 1 故障波形

2）打开 E378，用示波器测量 J965 端 T40/36、T40/38 的相对信号波形，实测有波形输出，说明 J865 与天线 1 之间线路存在断路。

3）关闭 E378，拆下蓄电池负极接线，断开天线 1 及 J965 的插接器，用万用表测量车内前部天线与 J965 之间的线路阻值，正常为 0Ω，实测天线 1 的 T2hn/1 与 J965 的 T40/38 之间线路阻值为无穷大。

故障机理

车内前部天线 1 线路断路，导致天线无法向遥控钥匙发送查询码，所以无钥匙功能失效，打开 E378 后，钥匙指示灯不亮，一键起动按钮无法打开，起动机不转。

案例 6 ｜ 驱动 CAN 总线故障检修

故障点 1：驱动 CAN-L 线路对正极电源线路短路。
故障点 2：驱动 CAN-L 线路对正极电源线路虚接 20Ω 电阻。
故障点 3：驱动 CAN-H 线路对接地线路短路。
故障点 4：驱动 CAN-H 线路对接地线路虚接 20Ω 电阻。
故障点 5：驱动 CAN-L 与 CAN-H 线路之间短路。
故障点 6：驱动 CAN-L 与 CAN-H 线路之间虚接 10Ω 电阻。

故障现象：

1）打开 E378，仪表正常点亮，但不显示档位信息，制动指示灯在自检完成后自动熄灭（应点亮），发动机故障指示灯闪烁一下后常亮；如果车辆设置为 EPC，指示灯在打开 E378、J623 与 J285 彼此认证通过后点亮，此时仪表上还会出现 EPC 指示灯不能正常点亮。

2）E313 背景灯异常闪烁，无法换档。

3）踩下制动踏板，车辆后部的制动灯正常点亮。

4）踩住制动踏板，按住 E378，仪表熄灭，起动机不转。

现象分析：

如图 1-26 所示，仪表上 EPC 指示灯不亮，说明"J623（通过驱动 CAN）→ J533（通过舒适 CAN）→ J285"通信异常。

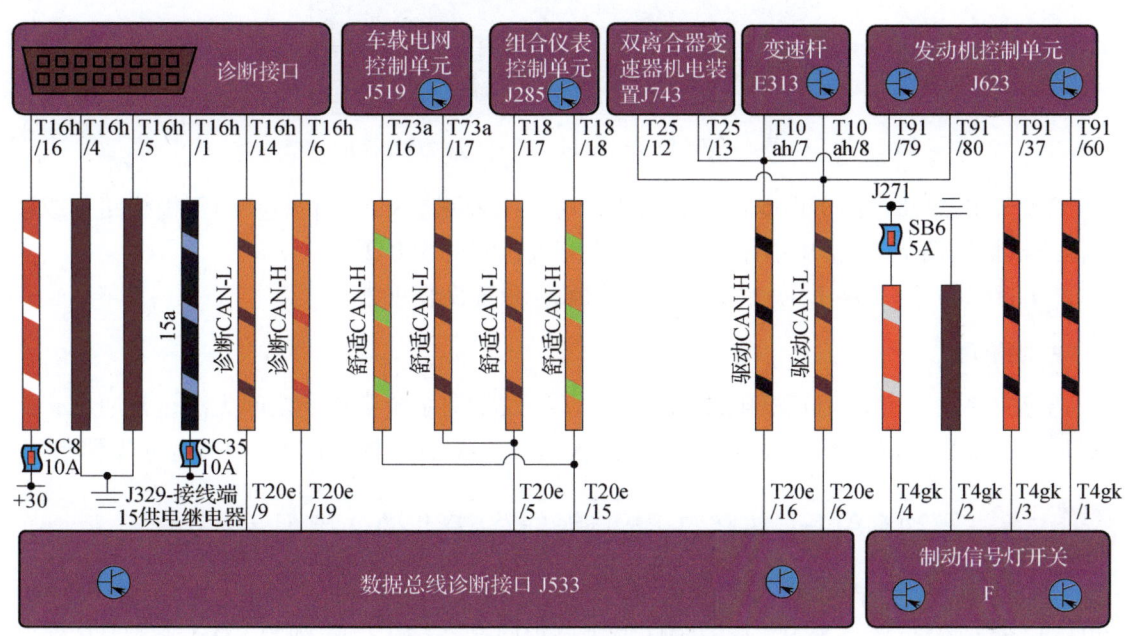

图 1-26　迈腾汽车数据总线网络

仪表不显示档位信息，说明"E313（通过驱动 CAN）→ J533（通过舒适 CAN）→ J285"通信异常。

仪表显示制动踏板状态不亮，说明"F → J623（通过驱动 CAN）→ J533（通过舒适 CAN）→ J285"通信异常。

变速杆 E313 背景灯异常闪烁，说明它与驱动 CAN 总线通信异常。

起动时仪表熄灭，表明仪表接收到长按 E378 的信号但没有接收到制动踏板或档位信号，说明"E313（通过驱动 CAN）→ J533（通过舒适 CAN）→ J285""F → J623（通过驱动 CAN）→ J533（通过舒适 CAN）→ J285"通信异常。

但仪表可以正常显示车门状态，说明舒适 CAN 工作正常，基于故障概率，F、E313、

J623 同时损坏的概率不高,而问题应是驱动 CAN 总线存在系统性故障。

可能原因为:J533 自身故障;驱动 CAN 总线故障。

故障点 1 驱动 CAN-L 线路对正极电源线路短路

1)打开 E378,用示波器分别测量 J623 端的 CAN 总线 T91/79、T91/80 对地波形,如图 1-27 所示,发现 CAN-L 的隐性电压被抬高到大约 12V,说明 CAN-L 对 +B 电源短路。

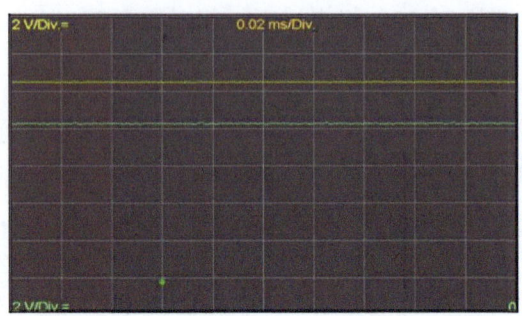

图 1-27 驱动 CAN-L 对 +B 电源短路波形

2)关闭 E378,拆下蓄电池负极接线,用万用表测量 CAN-L 线路与正极线路(或蓄电池正极接线端子)之间的阻值,正常为无穷大,实测为 0Ω。

3)排除驱动 CAN-L 总线对 +B 短路故障,系统恢复正常。

故障机理

驱动 CAN-L 线路对正极电源线路短路,导致驱动系统各模块之间无法正常通信,所以打开 E378 后,仪表不显示档位、制动踏板信息(或 EPC 指示灯不亮),起动机不转。

故障点 2 驱动 CAN-L 线路对正极电源线路虚接 20Ω 电阻

1)打开 E378,用示波器分别测量 J623 端的 CAN 总线 T91/79、T91/80 对地波形,如图 1-28 所示,发现 CAN-L 的隐性电压被抬高到大约 10V,说明 CAN-L 对 +B 电源虚接。

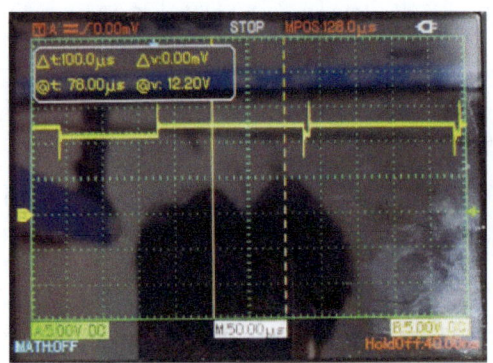

图 1-28 驱动 CAN-L 对 +B 电源虚接波形

2）关闭 E378，拆下蓄电池负极接线，用万用表测量 CAN-L 线路与正极线路（或蓄电池正极接线端子）之间的阻值，正常为无穷大，实测为 20Ω。

3）排除驱动 CAN-L 总线对 +B 虚接故障，系统恢复正常。

| 故障机理 |

驱动 CAN-L 线路对正极电源线路虚接，导致驱动系统各模块之间无法正常通信，所以打开 E378 后，仪表不显示档位、制动踏板信息（或 EPC 指示灯不亮），起动机不转。

故障点 3　驱动 CAN-H 线路对接地线路短路

1）打开 E378，用示波器测量 J623 端（或其余模块）的驱动 CAN 总线对地波形，如图 1-29 所示，发现 CAN-H 的隐性电压被拉低到大约 0V，CAN-L 的隐性电压大约为 0.5V，说明 CAN-H 对接地短路。

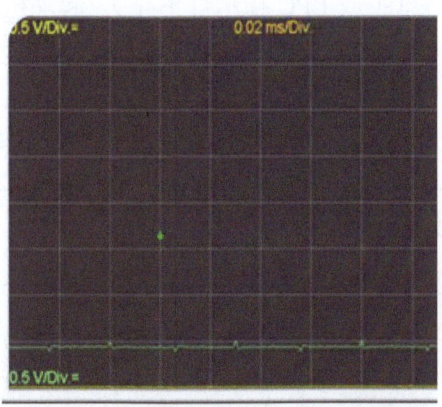

图 1-29　驱动 CAN-H 对接地短路波形

2）关闭 E378，拆下蓄电池负极接线，用万用表测量驱动 CAN-H 线路与接地之间的阻值，正常为无穷大，实测近乎为 0Ω。

3）排除驱动 CAN-H 线路对接地短路故障，系统恢复正常。

| 故障机理 |

驱动 CAN-H 线路对接地短路，导致驱动系统各模块之间无法正常通信，所以打开 E378 后，仪表不显示档位信息（或 EPC 指示灯不亮），起动机不转。

故障点 4　驱动 CAN-H 线路对接地线路虚接 20Ω 电阻

1）打开 E378，用示波器测量 J623 端（或其余模块）的驱动 CAN 总线对地波形，如图 1-30 所示，发现 CAN-H 的隐性电压被拉低到大约 1V（可能存在偏差），而 CAN-L 的隐性电压也被拉低，但稍高于 CAN-H 的隐性电压，说明 CAN-H 对接地虚接。

2）关闭 E378，拆下蓄电池负极接线，用万用表测量 CAN-H 线路与接地之间的阻值，正常为无穷大，实测为 20Ω。

3）排除驱动 CAN-H 线路对接地虚接故障，系统恢复正常。

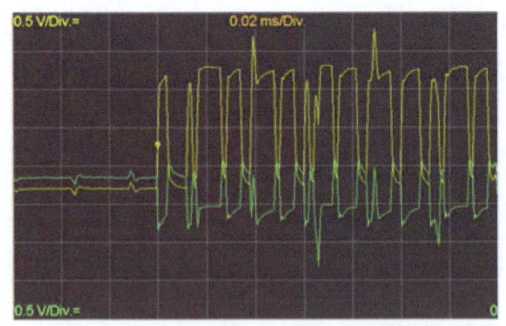

图 1-30 驱动 CAN-H 对接地虚接波形

故障机理

驱动 CAN-H 线路对接地虚接，导致驱动系统各模块之间无法正常通信，所以打开 E378 后，仪表不显示档位信息（或 EPC 指示灯不亮），起动机不转。

故障点 5 驱动 CAN-L 与 CAN-H 线路之间短路

1）打开 E378，测量 J623 端（或其余模块）的驱动 CAN 总线对地波形，如图 1-31 所示，发现 CAN-L 与 CAN-H 之间的信号电压始终保持在 2.5V，说明驱动 CAN-L 与 CAN-H 线路之间极大可能短路。

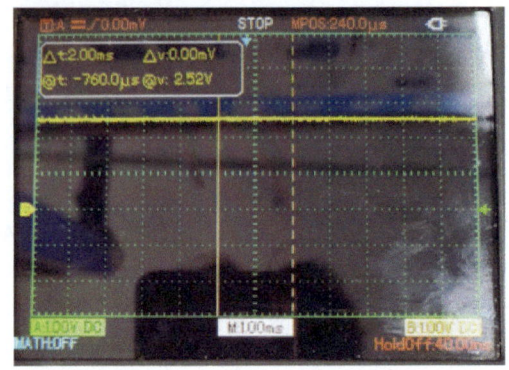

图 1-31 驱动 CAN-L 与 CAN-H 线路之间短路波形

2）关闭 E378，断开蓄电池负极，测量 J623 端 T91/80 与 T91/79（也可以是其他模块的线路）之间的线路阻值，正常应为 60Ω，实测近乎为零。

3）排除驱动 CAN-L 与 CAN-H 线路之间短路故障，系统恢复正常。

故障机理

驱动 CAN-L 与 CAN-H 线路之间短路，导致驱动系统各模块之间无法正常通信，所以打开 E378 后，仪表不显示档位信息（或 EPC 指示灯不亮），起动机不转。

故障点 6 驱动 CAN-L 与 CAN-H 线路之间虚接 10Ω 电阻

1）打开 E378，测量 J623 端（或其余模块）的驱动 CAN 总线对地波形，如

图 1-32 所示，发现 CAN-H、CAN-L 的显性电压之间的差值明显小于 2V，说明 CAN-H、CAN-L 之间的电阻减小。

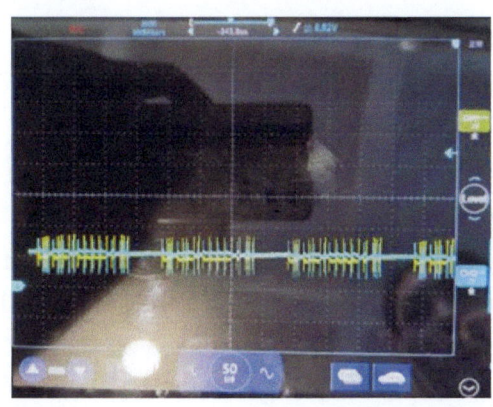

图 1-32　驱动 CAN-L 与 CAN-H 线路之间虚接波形

2）关闭 E378，拆下蓄电池负极接线，测量 J623 端 T91/80 与 T91/60（也可以是其他模块的 15# 端子或线路）之间的阻值，正常应为 60Ω，实测约为 20Ω。

3）断开驱动 CAN 上所有模块，测量 J623 线束端 T91/80 与 T91/60（也可以是其他模块的 15# 端子或线路）之间的阻值，正常应为无穷大，实测为 10Ω。

4）排除驱动 CAN-L 与 CAN-H 线路之间虚接故障，系统恢复正常。

▶ 故障机理

驱动 CAN-L 与 CAN-H 线路之间虚接 10Ω 电阻，导致驱动系统各模块之间无法正常通信，所以打开 E378 后，仪表不显示档位信息（或 EPC 指示灯不亮），起动机不转。

| 案例 7 | J623 端驱动 CAN 总线故障检修

故障点 1：J623 端驱动 CAN-L 线路断路。
故障点 2：J623 端驱动 CAN-L 线路虚接 100Ω 电阻。
故障点 3：J623 端驱动 CAN-H 线路断路。
故障点 4：J623 端驱动 CAN-H 线路虚接 300Ω 电阻。
故障点 5：J623 端驱动 CAN 两线交叉。

故障现象：

1）无钥匙进入正常，拉开车门时未感受到燃油泵运转。

2）打开 E378，转向有助力，仪表正常点亮，档位信息显示正常，但制动指示灯在自检完成后自动熄灭（应点亮），未感受到燃油泵运转；不踩制动踏板便可以换档；如果车辆设置为 EPC，指示灯在打开 E378、J623 与 J285 彼此认证通过后点亮，此时仪表上还会出现 EPC 指示灯不能正常点亮。

3）踩下制动踏板，车辆尾部制动灯正常点亮。

4）按住 E378，仪表熄灭，但起动机不转。

现象分析：

如图 1-26 所示，仪表上 EPC 指示灯不亮，说明"J623（通过驱动 CAN）→ J533（通过舒适 CAN）→ J285"通信异常。

仪表显示制动踏板状态不亮，说明"F → J623（通过驱动 CAN）→ J533（通过舒适 CAN）→ J285"通信异常。

起动时仪表熄灭，表明仪表接收到长按 E378 的信号但没有接收到制动踏板或档位信号，说明"E313（通过驱动 CAN）→ J533（通过舒适 CAN）→ J285""F → J623（通过驱动 CAN）→ J533（通过舒适 CAN）→ J285"通信异常。

但仪表可以正常显示车门状态，说明舒适 CAN 工作正常，如果可以参考 EPC 指示灯的信息，以上两个分析的重合部分，即 J623 与 J533 之间的 CAN 通信有故障；如果 EPC 指示灯的信息无法参考，则结合燃油泵不转、制动指示灯异常进行综合分析，均可以得出 J623 与 J533 之间的 CAN 通信有故障；但仪表可以正常显示档位信息，说明 J533 端驱动 CAN 没有问题。那么问题的症结就在于 J623 不具备通信条件。

可能原因为：

1）J623 自身故障。

2）J623 端的 CAN 总线故障。

3）J623 电源（30#）线路故障。

故障点 1　J623 端驱动 CAN-L 线路断路

1）打开 E378，用示波器测量 J623 端的驱动 CAN 总线对地波形，如图 1-33 所示，实测发现 J623 端 CAN-L 线路断路。

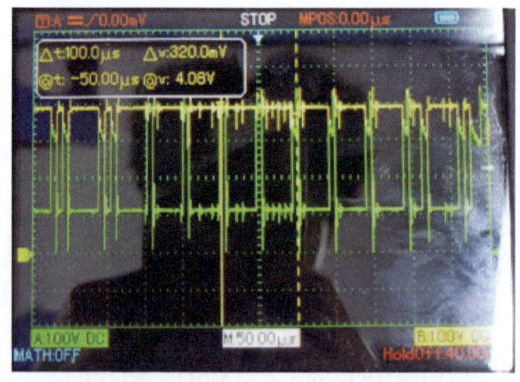

图 1-33　J623 端 CAN-L 线路断路波形

2）关闭 E378，拆下蓄电池负极接线，断开 J623、J533 插接器，用万用表测量 J623 端的 T91/80 与 J533 端的 T20e/6 之间线路的阻值，正常为 0Ω，实测为无穷大。

3）排除 J623 端 CAN-L 线路断路故障，系统恢复正常。

> **故障机理**

J623 端 CAN-L 线路断路，导致 J623 与其他模块之间无法正常通信，所以打开 E378 后，仪表不显示制动踏板状态（或 EPC 指示灯不亮），起动机不转。

故障点 2　J623 端驱动 CAN-L 线路虚接 100Ω 电阻

1）打开 E378，用示波器测量 J623 端的驱动 CAN 总线对地波形，如图 1-34 所示，发现 J623 端 CAN-L 线路可能虚接。

2）关闭 E378，拆下蓄电池负极接线，断开 J623、J533 插接器，用万用表测量 J623 端的 T91/80 与 J533 端的 T20e/6 之间线路的阻值，正常为 0Ω，实测为 100Ω。

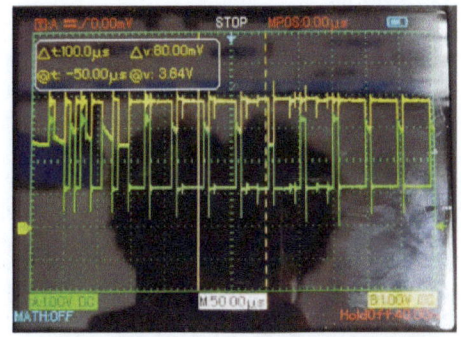

图 1-34　J623 端驱动 CAN-L 线路虚接波形

3）排除 J623 端 CAN-L 线路虚接故障，系统恢复正常。

> **故障机理**

J623 端 CAN-L 线路虚接，导致 J623 与其他模块之间无法正常通信，所以打开 E378 后，仪表不显示制动踏板状态（或 EPC 指示灯不亮），起动机不转。

故障点 3　J623 端驱动 CAN-H 线路断路

1）打开 E378，用示波器测量 J623 端的驱动 CAN 总线对地波形，如图 1-35 所示，发现 J623 端 CAN-H 线路断路或虚接。

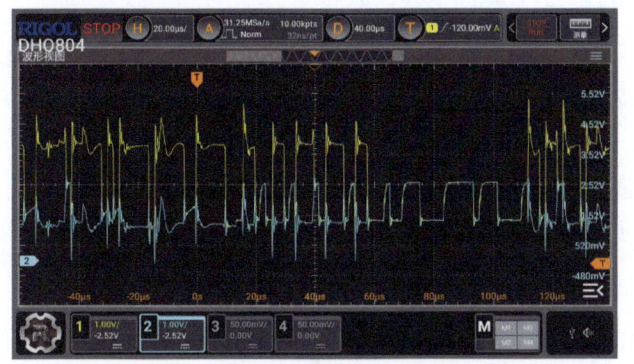

图 1-35　J623 端驱动 CAN-H 线路断路波形

扫一扫

J623 端驱动 CAN-H 线路断路故障

2）关闭 E378，拆下蓄电池负极接线，断开 J623、J533 插接器，用万用表测量 J623 端的 T91/79 与 J533 端的 T20e/16 之间线路的阻值，正常为 0Ω，实测为无穷大。

3）排除 J623 端 CAN-H 线路断路故障，系统恢复正常。

故障机理

J623 端 CAN-H 线路断路，导致 J623 与其他模块之间无法正常通信，所以打开 E378 后，仪表不显示制动踏板状态（或 EPC 指示灯不亮），起动机不转。

故障点 4　J623 端驱动 CAN-H 线路虚接 300Ω 电阻

1）打开 E378，用示波器测量 J623 端的驱动 CAN 总线对地波形，如图 1-36 所示，发现 J623 端 CAN-H 线路虚接或断路。

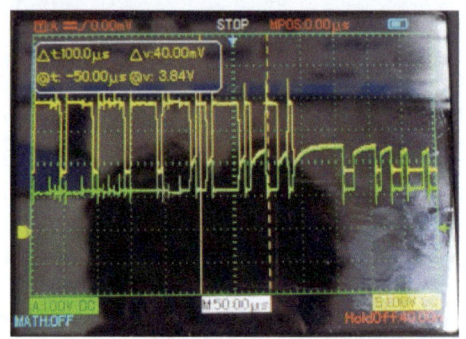

图 1-36　J623 端驱动 CAN-H 线路虚接波形

2）关闭 E378，拆下蓄电池负极接线，断开 J623、J533 插接器，用万用表测量 J623 端的 T91/79 与 J533 端的 T20e/16 之间线路的阻值，正常为 0Ω，实测为 300Ω。

3）排除 J623 端 CAN-H 线路虚接故障，系统恢复正常。

故障机理

J623 端 CAN-H 线路虚接，导致 J623 与其他模块之间无法正常通信，所以打开 E378 后，仪表不显示制动踏板状态（或 EPC 指示灯不亮），起动机不转。

故障点 5　J623 端驱动 CAN 两线交叉

1）打开 E378，用示波器测量 J623 端的驱动 CAN 总线对地波形，如图 1-37 所示，实测发现驱动总线波形存在反接。

2）关闭 E378，拆下蓄电池负极接线，拔掉 J623、J533 插接器，用万用表测量 J623 与 J533 之间 CAN 总线线路阻值，实测发现反接。

3）排除 J623 与 J533 之间 CAN 总线线路反接故障，系统恢复正常。

故障机理

J623 与 J533 之间 CAN 总线线路反接，导致多个系统之间无法通信，所以打开一键起动按钮后仪表提示多个系统存在故障，起动时起动机不转。

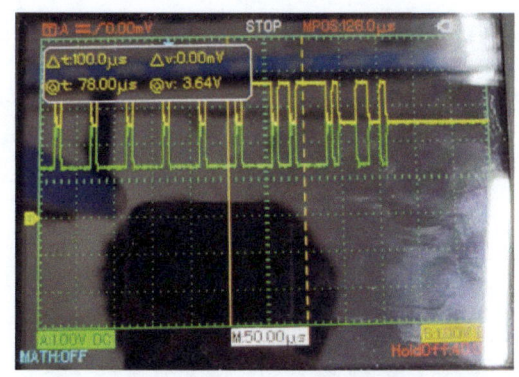

图 1-37　J623 端驱动 CAN-H 与 CAN-L 反接波形

| 案例 8 | J533 端驱动 CAN 总线故障检修

故障点 1：J533 端驱动 CAN-H 线路断路。
故障点 2：J533 端驱动 CAN-H 线路虚接 50Ω 电阻。
故障点 3：J533 端驱动 CAN 两线交叉。

故障现象：

1）打开 E378，仪表正常点亮，但不显示档位信息，制动指示灯在自检完成后自动熄灭（应点亮）；如果车辆设置为 EPC，指示灯在打开 E378、J623 与 J285 彼此认证通过后点亮，此时仪表上还会出现 EPC 指示灯不能正常点亮。

2）踩下制动踏板，车辆后部的制动灯正常点亮。

3）踩住制动踏板，按住 E378，仪表熄灭，但起动机不转。

现象分析：

如图 1-26 所示，仪表上 EPC 指示灯不亮，说明"J623（通过驱动 CAN）→ J533（通过舒适 CAN）→ J285"通信异常。

仪表不显示档位信息，说明"E313（通过驱动 CAN）→ J533（通过舒适 CAN）→ J285"通信异常。

仪表显示制动踏板状态不亮，说明"F → J623（通过驱动 CAN）→ J533（通过舒适 CAN）→ J285"通信异常。

起动时仪表熄灭，表明仪表接收到长按 E378 的信号但没有接收到制动踏板或档位信号，说明"E313（通过驱动 CAN）→ J533（通过舒适 CAN）→ J285""F → J623（通过驱动 CAN）→ J533（通过舒适 CAN）→ J285"通信异常。

但仪表可以正常显示车门状态，说明舒适 CAN 工作正常，基于故障概率，F、E313、J623 同时损坏的概率不高，因此可以得出驱动 CAN 总线存在系统性故障。

可能原因为：J533 自身故障；驱动 CAN 总线故障。

故障点 1 J533 端驱动 CAN-H 线路断路

1）打开 E378，用示波器测量 J623 端的驱动 CAN 总线对地波形，正常，如图 1-38 所示。

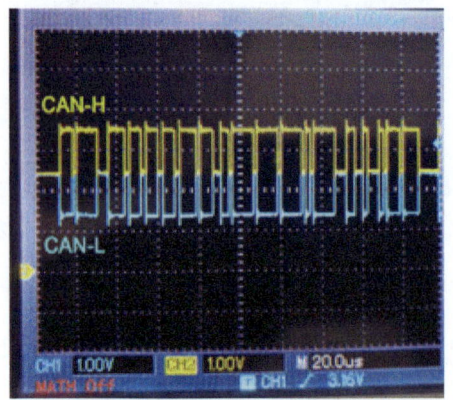

图 1-38 J623 端驱动 CAN 总线对地正常波形

2）打开 E378，用示波器测量 J533 端的驱动 CAN 总线对地波形，如图 1-39 所示，发现 CAN-H 线路存在断路或虚接。

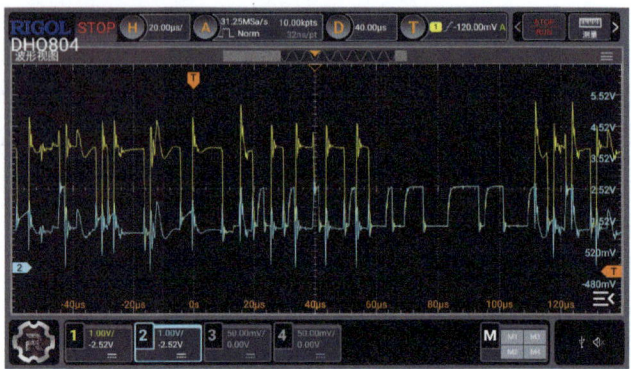

图 1-39 J533 端驱动 CAN-H 线路断路波形

3）关闭 E378，拆下蓄电池负极接线，断开 J533、J623 插接器，用万用表测量 J533 端的 T20e/16 与 J623 端的 T91/79 之间线路的阻值，正常为 0Ω，实测为无穷大。

4）排除 J533 端 CAN-H 线路断路故障，系统恢复正常。

故障机理

J533 端 CAN-H 线路断路，导致 J623 与 J285 等模块之间无法正常通信，所以打开 E378 后，仪表不显示制动踏板状态（或 EPC 指示灯不亮），起动机不转。

故障点 2 J533 端驱动 CAN-H 线路虚接 50Ω 电阻

1）打开 E378，用示波器测量 J623 端的驱动 CAN 总线对地波形，正常，如图 1-40 所示。

2）打开 E378，用示波器测量 J533 端的驱动 CAN 总线对地波形，如图 1-41 所示，发现 CAN-H 线路存在断路或虚接。

3）关闭 E378，拆下蓄电池负极接线，用万用表测量 J533 端的 T20e/16 与 T20e/6 之间线路的阻值，正常为 60Ω，实测约为 27Ω。

4）关闭 E378，拆下蓄电池负极接线，断开动力 CAN 上的所有模块插接器，用万用表测量 J533 线束端的 T20e/16 与 T20e/6 之间线路的阻值，正常为无穷大，实测约为 50Ω。

5）排除 J533 端 CAN-H 线路虚接故障，系统恢复正常。

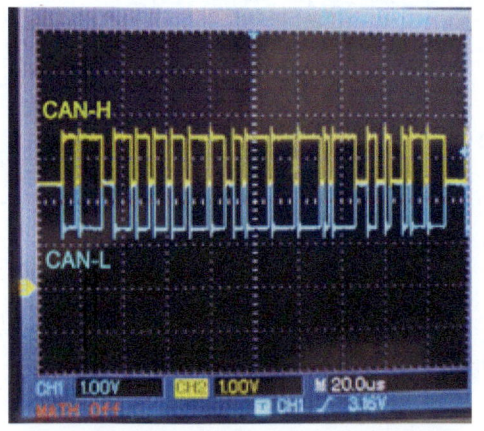

图 1-40　J623 端驱动 CAN 总线正常波形

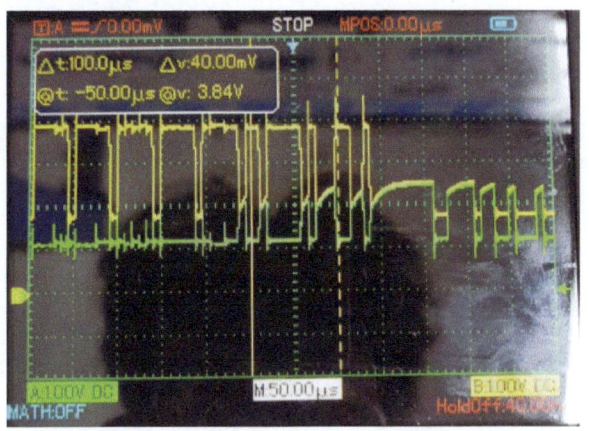

图 1-41　J533 端驱动 CAN-H 线路虚接波形

故障机理

J533 端 CAN-H 线路虚接，导致 J623 与 J285 等模块之间无法正常通信，所以打开 E378 后，仪表不显示制动踏板状态（或 EPC 指示灯不亮），起动机不转。

故障点 3　J533 端驱动 CAN 两线交叉

1）打开 E378，用示波器测量 J623 端的驱动 CAN 总线对地波形，如图 1-42 所示，实测发现驱动总线波形存在反接。

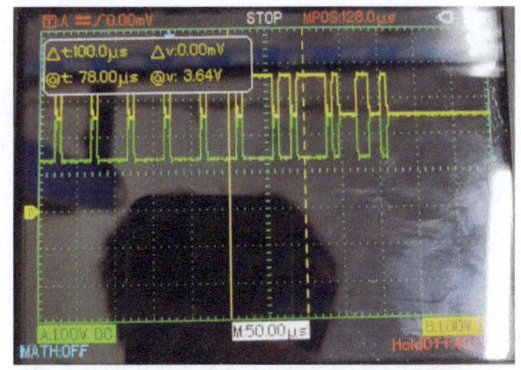

图 1-42　J623 端的驱动 CAN 总线反接波形

2）关闭 E378，拆下蓄电池负极接线，拔掉 J623、J533 插接器，用万用表测量 J623 与 J533 之间 CAN 总线线路阻值，实测发现反接。

3）排除 J533 端 CAN 总线线路反接故障，系统恢复正常。

故障机理

J533 端 CAN 总线线路反接，导致多个系统之间无法通信，所以打开一键起动按钮后仪表提示多个系统存在故障，起动后，起动机不转。

案例 9　J743 端驱动 CAN 总线通信故障检修

故障点 1：J743 端驱动 CAN-L 线路断路。
故障点 2：J743 端驱动 CAN-L 线路虚接 200Ω 电阻。
故障点 3：J743 供电熔丝 SB13 断路。
故障点 4：J743 接地线路断路。

故障现象：

1）打开 E378，仪表正常点亮，但不显示档位信息，发动机故障指示灯常亮。
2）踩下制动踏板，仪表上的制动指示灯熄灭，车辆后部的制动灯正常点亮。
3）E313 背景灯异常闪烁，无法换档。
4）踩住制动踏板，按住 E378，仪表熄灭，但起动机不转。

现象分析：

如图 1-26 所示，仪表不显示档位信息，说明"E313（通过驱动 CAN）→ J533（通过舒适 CAN）→ J285"通信异常。

变速杆 E313 背景灯异常闪烁，说明它与驱动 CAN 总线通信异常。

起动时仪表熄灭，表明仪表接收到长按 E378 的信号但没有接收到制动踏板或档位信号，说明"E313（通过驱动 CAN）→ J533（通过舒适 CAN）→ J285""F → J623（通过驱动 CAN）→ J533（通过舒适 CAN）→ J285"通信异常。

但仪表可以正常显示车门状态，说明舒适 CAN 工作正常；仪表可以显示 EPC 指示灯或制动踏板的状态，说明"J623（通过驱动 CAN）→ J533（通过舒适 CAN）→ J285"通信正常，问题应是 E313 端的驱动 CAN 总线或者之前的模块认证失败。可能原因为：

1）E313 自身故障。
2）E313 端的驱动 CAN 总线故障。
3）J743、ABS 等模块通信故障。

故障点 1　J743 端驱动 CAN-L 线路断路

1）打开 E378，用示波器测量 E313 端的 CAN 总线波形，未发现异常。
2）打开 E378，用示波器测量 J743 端的 CAN 总线波形，如图 1-43 所示，实测发现

CAN-L 断路或虚接。

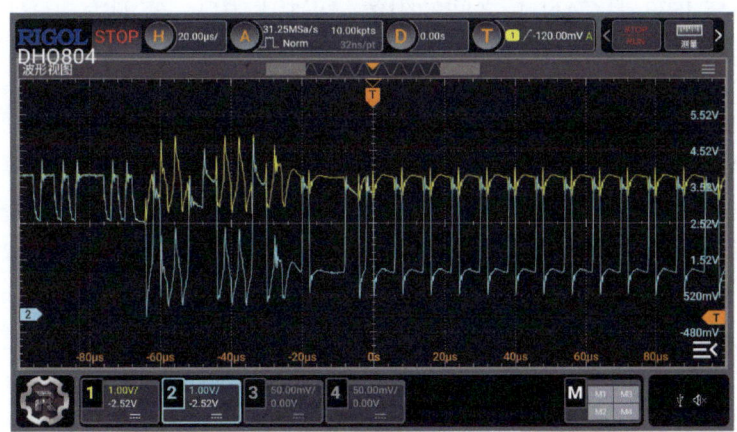

图 1-43　J743 端驱动 CAN-L 断路波形

3）关闭 E378，拆下蓄电池负极接线，断开 J743、J533 插接器，用万用表测量 J743 端 CAN-L 线路与 J533 端 CAN-L 之间的阻值，正常为 0Ω，实测为无穷大。

4）排除 J743 端 CAN-L 线路断路故障，系统恢复正常。

故障机理

J743 端 CAN-L 线路断路，造成 J743 与其他模块之间无法正常通信，导致 J743 与 J285 的相互认证失败，模块认证终止，随后的 E313 等模块都没有认证通过，所以打开 E378 后，仪表不能和 E313 进行有效通信，仪表不显示档位信息，E313 背景灯闪烁，起动机不转。

故障点 2　J743 端驱动 CAN-L 线路虚接 200Ω 电阻

1）打开 E378，用示波器测量 E313 端的 CAN 总线波形，未发现异常。

2）打开 E378，用示波器测量 J743 端的 CAN 总线波形，如图 1-44 所示，实测发现 CAN-L 断路或虚接。

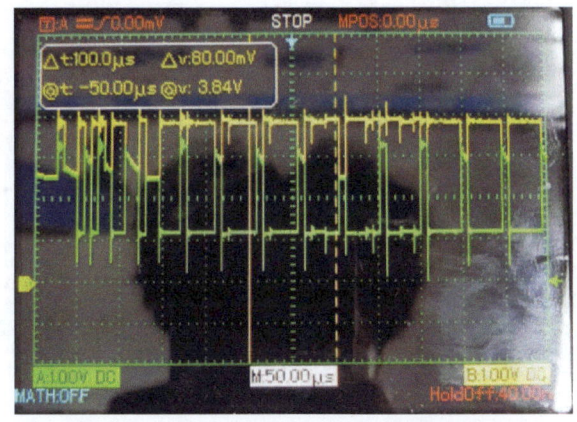

图 1-44　J743 端驱动 CAN-L 线路虚接波形

3）关闭 E378，拆下蓄电池负极接线，断开 J743、J533 插接器，用万用表测量 J743 端 CAN-L 线路与 J533 端 CAN-L 之间的阻值，正常为 0Ω，实测为 200Ω。

4）排除 J743 端 CAN-L 线路虚接故障，系统恢复正常。

故障机理

J743 端 CAN-L 线路虚接，造成 J743 与其他模块之间无法正常通信，导致 J743 与 J285 的相互认证失败，模块认证终止，随后的 E313 等模块都没有认证通过，所以打开 E378 后，仪表不能和 E313 进行有效通信，仪表不显示档位信息，E313 背景灯闪烁，起动机不转。

故障点 3 J743 供电熔丝 SB13 断路

1）打开 E378，用示波器测量 E313 端的 CAN 总线波形，未发现异常，由于 E313 背景灯闪烁，所以不考虑 E313 电源问题，优先考虑需要优先认证的驱动系统模块是否认证通过。

2）打开 E378，用示波器测量 J743 端的 CAN 总线波形，未发现异常，波形正常，不排除 J743 自身和电源故障问题。

3）如图 1-45 所示，打开 E378，用万用表测量 J743 的供电端子对地电压，正常情况下，T16y/9、T16y/16、T16y/15 对地电压值分别为 +B、0V、+B，实测值分别为 0V、0V、+B。

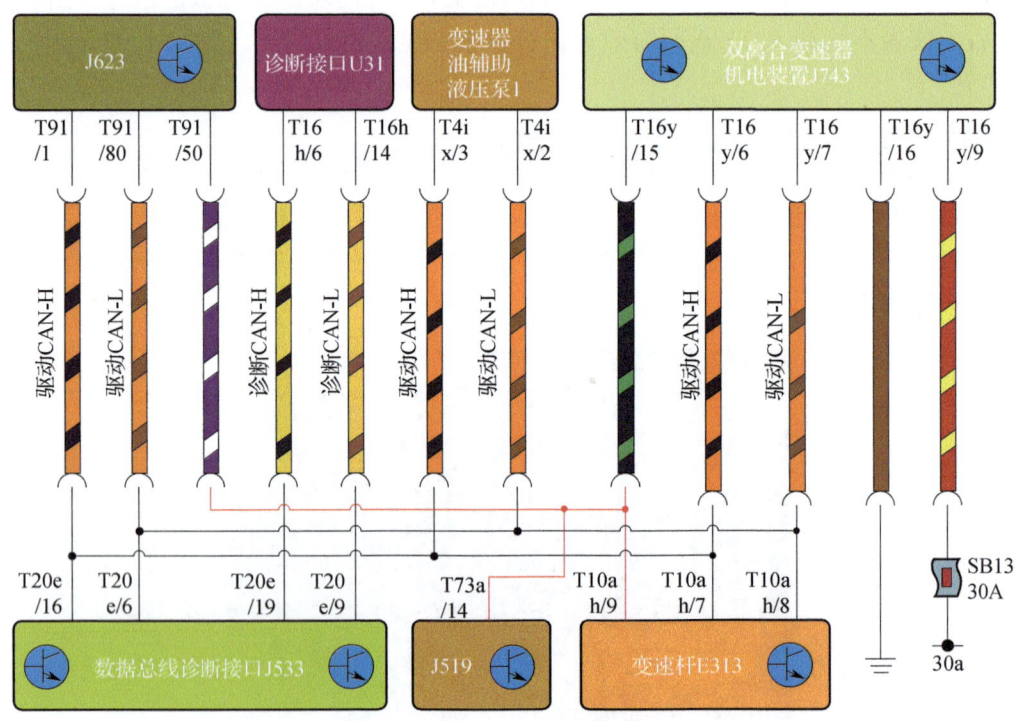

图 1-45　J743 电源电路

4）打开 E378，用万用表测量 J743 的供电熔丝 SB13 两端对地电压，电压值正常均为 +B，实测一端为 0V，一端为 +B，说明 SB13 断路。

5）关闭 E378，拔下 SB13，目视或用万用表测量熔丝阻值，实测为无穷大。

6）更换 SB13，系统恢复正常。

故障机理

SB13 断路，造成 J743 供电异常，与其他模块之间无法正常通信，导致 J743 与 J285 的相互认证失败，模块认证终止，随后的 E313 等模块都没有认证通过，所以打开 E378 后，仪表不能和 E313 进行有效通信，仪表不显示档位信息，E313 背景灯闪烁，起动机不转。

故障点 4　J743 接地线路断路

1）打开 E378，用示波器测量 E313 端的 CAN 总线波形，未发现异常，由于 E313 背景灯闪烁，所以不考虑 E313 电源问题，优先考虑需要优先认证的驱动系统模块是否认证通过。

2）打开 E378，用示波器测量 J743 端的 CAN 总线波形，未发现异常，波形正常，不排除 J743 自身和电源故障问题。

3）打开 E378，用万用表测量 J743 的供电端子对地电压，正常情况下，T25/8、T25/9、T25/24、T25/25 对地电压值分别为 0V、+B、0V、+B，实测值分别为 +B、+B、+B、+B，说明 J743 接地线路存在断路故障。

4）关闭 E378，拆下蓄电池负极接线，断开 J743 插接器，用万用表测量接地线路与蓄电池负极接线之间的阻值，正常近乎为零，实测为无穷大。

5）排除 J743 接地线路断路故障，系统恢复正常。

故障机理

J743 接地线路断路，造成 J743 供电异常，与其他模块之间无法正常通信，导致 J743 与 J285 的相互认证失败，模块认证终止，随后的 E313 等模块都没有认证通过，所以打开 E378 后，仪表不能和 E313 进行有效通信，仪表不显示档位信息，E313 背景灯闪烁，起动机不转。

案例 10　J623 供电线路故障检修

故障点 1：J623 接地线路断路。
故障点 2：J623 接地线路虚接 100Ω 电阻。
故障点 3：J623 的 30# 电源线路虚接 100Ω 电阻。
故障点 4：J623 的 30# 电源线路断路。

故障现象：

1）无钥匙进入正常，拉开车门时未感受到燃油泵运转。

2）打开 E378，转向有助力，仪表正常点亮，档位信息显示正常，但制动指示灯在自检完成后自动熄灭（应点亮），未感受到燃油泵运转；不踩制动踏板便可以换档；如果车辆设置为 EPC，指示灯在打开 E378、J623 与 J285 彼此认证通过后点亮，此时仪表上还会出现 EPC 指示灯不能正常点亮。

3）踩下制动踏板，车后的制动灯正常点亮。

4）踩住制动踏板，按住 E378，仪表熄灭，但起动机不转。

现象分析：

如图 1-26 所示，仪表上 EPC 指示灯不亮，说明"J623（通过驱动 CAN）→ J533（通过舒适 CAN）→ J285"通信异常。

仪表显示制动踏板状态不亮，说明"F → J623（通过驱动 CAN）→ J533（通过舒适 CAN）→ J285"通信异常。

起动时仪表熄灭，表明仪表接收到长按 E378 的信号但没有接收到制动踏板或档位信号，说明"E313（通过驱动 CAN）→ J533（通过舒适 CAN）→ J285""F → J623（通过驱动 CAN）→ J533（通过舒适 CAN）→ J285"通信异常。

但仪表可以正常显示车门状态，说明舒适 CAN 工作正常，如果可以参考 EPC 指示灯的信息，即可得出以上两个分析的重合部分，即 J623 与 J533 之间的 CAN 通信有故障；如果 EPC 指示灯的信息无法参考，则结合燃油泵不转、制动指示灯异常进行综合分析，均可以得出 J623 与 J533 之间的 CAN 通信有故障；但仪表可以正常显示档位信息，说明 J533 端驱动 CAN 没有问题。那么问题的症结就在于 J623 不具备通信条件。

可能原因为：

1）J623 自身故障。

2）J623 端的 CAN 总线故障。

3）J623 电源（30#）线路故障，如图 1-46 所示。

故障点 1　J623 接地线路断路

1）打开 E378，用示波器测量 J623 端的 CAN 总线信号波形，未发现异常，但不能排除 J623 自身电源故障。

2）用万用表分别测量 J623 端的 T91/86、T91/50、T91/1、T91/2 对地电压，正常值分别为 +B、+B、0V、0V，实测值分别为 +B、+B、+B、+B，说明 J623 的接地线路断路。

3）关闭 E378，拆下蓄电池负极接线，断开 J623 的插接器，用万用表测量 J623 线束端 T91/1、T91/2 对地与蓄电池负极接线之间的阻值，正常为 0Ω，实测为无穷大。

4）排除 J623 接地线路断路故障，系统恢复正常。

故障机理

J623 接地线路断路，导致 J623 与其他模块之间无法正常通信，所以打开 E378 后，仪

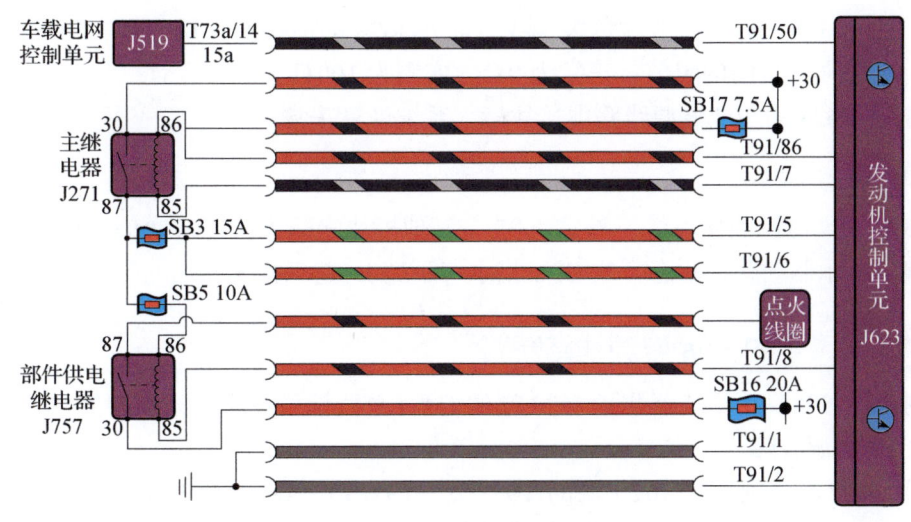

图 1-46　J623 供电电路

表不显示制动踏板状态（或 EPC 指示灯不亮），起动机不转。

故障点 2　J623 接地线路虚接 100Ω 电阻

1）打开 E378，用示波器测量 J623 端的 CAN 总线信号波形，未发现异常，但不能排除 J623 自身电源故障。

2）用万用表分别测量 J623 端的 T91/86、T91/50、T91/1、T91/2 对地电压，正常值分别为 +B、+B、0V、0V，实测值分别为 +B、+B、5V（可能存在偏差）、5V（可能存在偏差），说明 J623 的接地线路断路。

3）关闭 E378，拆下蓄电池负极接线，断开 J623 的插接器，用万用表测量 J623 线束端 T91/1、T91/2 对地与蓄电池负极接线之间的阻值，正常为 0Ω，实测为 100Ω。

4）排除 J623 接地线路虚接故障，系统恢复正常。

故障机理

J623 接地线路虚接，导致 J623 与其他模块之间无法正常通信，所以打开 E378 后，仪表不显示制动踏板状态（或 EPC 指示灯不亮），起动机不转。

故障点 3　J623 的 30# 电源线路虚接 100Ω 电阻

1）打开 E378，用示波器测量 J623 端的 CAN 总线信号波形，未发现异常，但不能排除 J623 自身电源故障。

2）用万用表分别测量 J623 端的 T91/86、T91/50、T91/1、T91/2 对地电压，正常值分别为 +B、+B、0V、0V，实测值分别为 3V（可能存在偏差）、+B、0V、0V，说明 J623 的 30# 线路虚接。

3）打开 E378，用万用表测量 SB17 两端电压，电压值正常均为 +B，实测为 +B，正常，说明 J623 的 T91/86 与 SB17 之间线路虚接。

4）关闭 E378，拆下蓄电池负极接线，断开 J623 的插接器，用万用表测量 J623 线束端 T91/86 与 SB17 之间的阻值，正常为 0Ω，实测为 100Ω。

5）排除 J623 的 30# 电源线路虚接故障，系统恢复正常。

> **故障机理**

J623 的 30# 电源线路虚接，导致 J623 与其他模块之间无法正常通信，所以打开 E378 后，仪表不显示制动踏板状态（或 EPC 指示灯不亮），起动机不转。

故障点 4　J623 的 30# 电源线路断路

1）打开 E378，用示波器测量 J623 端的 CAN 总线信号波形，未发现异常，但不能排除 J623 自身电源故障。

2）用万用表分别测量 J623 端的 T91/86、T91/50、T91/1、T91/2 对地电压，正常值分别为 +B、+B、0V、0V，实测值分别为 0V、+B、0V、0V，说明 J623 的 30# 线路断路。

3）打开 E378，用万用表测量 SB17 两端电压，电压值正常均为 +B，实测为 +B，正常，说明 J623 的 T91/86 与 SB17 之间线路断路。

4）关闭 E378，拆下蓄电池负极接线，断开 J623 的插接器，用万用表测量 J623 线束端 T91/86 与 SB17 之间的阻值，正常为 0Ω，实测为无穷大。

5）排除 J623 的 30# 电源线路断路故障，系统恢复正常。

扫一扫

J623 的 30# 电源线路断路故障

> **故障机理**

J623 的 30# 电源线路断路，导致 J623 与其他模块之间无法正常通信，所以打开 E378 后，仪表不显示制动踏板状态（或 EPC 指示灯不亮），起动机不转。

案例 11　J623 的 15# 电源线路故障检修

故障点 1：J623 的 15# 电源线路虚接 1000Ω 电阻。
故障点 2：J623 的 15# 电源线路断路。

故障现象：

1）无钥匙进入正常，拉开车门时偶而可以感受到燃油泵运转。

2）打开 E378，转向有助力，仪表正常点亮，档位信息显示正常，但制动指示灯在自检完成后自动熄灭（应点亮），未感受到燃油泵运转；不踩制动踏板便可以换档；如果车辆设置为 EPC，指示灯在打开 E378、J623 与 J285 彼此认证通过后点亮，此时仪表上还会出现 EPC 指示灯不能正常点亮。

3）踩下制动踏板，车辆尾部制动灯正常点亮。

4）按住 E378，仪表熄灭，但起动机不转。

现象分析：

如图 1-26 所示，仪表上 EPC 指示灯不亮，说明"J623（通过驱动 CAN）→ J533（通过舒适 CAN）→ J285"通信异常。

仪表显示制动踏板状态不亮，说明"F → J623（通过驱动 CAN）→ J533（通过舒适 CAN）→ J285"通信异常。

起动时仪表熄灭，表明仪表接收到长按 E378 的信号但没有接收到制动踏板或档位信号，说明"E313（通过驱动 CAN）→ J533（通过舒适 CAN）→ J285""F → J623（通过驱动 CAN）→ J533（通过舒适 CAN）→ J285"通信异常。

但仪表可以正常显示车门状态，说明舒适 CAN 工作正常；拉开车门时燃油泵转动，说明"车门微动开关→ J386 → J533 → J623 → J538 →燃油泵"工作正常。那么问题的症结就在于 J623 没有被 15# 电激活。

可能原因为：
1）J623 自身故障。
2）J623 电源（15#）线路故障，如图 1-46 所示。

故障点 1　J623 的 15# 电源线路虚接 1000Ω 电阻

1）打开 E378，用示波器测量 J623 端的 CAN 总线信号波形，未发现异常，但不能排除 J623 自身电源故障。

2）用万用表分别测量 J623 端的 T91/86、T91/50、T91/1、T91/2 对地电压，正常值分别为 +B、+B、0V、0V，实测值分别为 +B、3V、0V、0V，说明 J623 的 15# 线路虚接。

3）打开 E378，用万用表测量 J519 的 T73a/14 对地电压，电压值正常为 +B，实测为 +B，正常，说明 J623 的 T91/50 与 J519 的 T73a/14 之间线路虚接。

4）关闭 E378，拆下蓄电池负极接线，断开 J623 的插接器，用万用表测量 J623 的 T91/50 与 J519 的 T73a/14 之间线路阻值，正常为 0Ω，实测为 1000Ω。

5）排除 J623 的 15# 电源线路虚接故障，系统恢复正常。

故障机理

J623 的 15# 电源线路虚接，导致 J623 与其他模块之间无法正常通信，所以打开 E378 后，仪表不显示制动踏板状态（或 EPC 指示灯不亮），起动机不转。

故障点 2　J623 的 15# 电源线路断路

1）打开 E378，用示波器测量 J623 端的 CAN 总线信号波形，未发现异常，但不能排除 J623 自身电源故障。

2）用万用表分别测量 J623 端的 T91/86、T91/50、T91/1、T91/2 对地电压，正常值分别为 +B、+B、0V、0V，实测值分别为 +B、0V、0V、0V，说明 J623 的 15# 线路断路。

3）打开 E378，用万用表测量 J519 的 T73a/14 对地电压，电压值正常为 +B，实测为 +B，正常，说明 J623 的 T91/50 与 J519 的 T73a/14 之间线路断路。

扫一扫

J623 的 15# 电源线路断路

4）关闭 E378，拆下蓄电池负极接线，断开 J623 的插接器，用万用表测量 J623 的 T91/50 与 J519 的 T73a/14 之间线路阻值，正常为 0Ω，实测为无穷大。

5）排除 J623 的 15# 电源线路断路故障，系统恢复正常。

故障机理

J623 的 15# 电源线路断路，导致 J623 与其他模块之间无法正常通信，所以打开 E378 后，仪表不显示制动踏板状态（或 EPC 指示灯不亮），起动机不转。

案例 12 制动开关 F 信号线路断路及电源电路断路故障检修

故障现象：

1）踩制动踏板，仪表上的制动指示灯不灭，同时车后的制动灯不亮。

2）打开 E378，起动机不转，但仪表熄灭。

现象分析：

如图 1-26 所示，踩制动踏板时，仪表制动指示灯不灭，说明"F → J623（通过驱动 CAN）→ J533（驱动舒适 CAN）→ J285"工作异常。

踩制动踏板时，后部制动灯不亮，说明"F → J519 → 制动灯"工作异常。

起动时仪表熄灭，表明仪表接收到长按 E378 的信号但没有接收到制动踏板或档位信号，说明"E313（通过驱动 CAN）→ J533（通过舒适 CAN）→ J285""F → J623（通过驱动 CAN）→ J533（通过舒适 CAN）→ J285"通信异常。

综合以上三种故障分析的重叠部分，说明最大可能是制动踏板信号异常，具体表现为：

1）开关自身损坏。

2）开关线路故障。

诊断过程：

1）打开 E378，踩制动踏板，用万用表测量 J623 的 T91/60、T91/37 对地电压，T91/60 对地电压正常为 +B → 0V，实测为 +B 不变，异常，说明测试点通过 F 与接地之间断路；T91/37 对地电压正常为 0V → +B，实测为低电压不变，异常，说明测试点通过 F 与 +B 之间断路。

2）打开 E378，踩制动踏板，用万用表测量 F 的 T4gk/1、T4gk/3 对地电压，T4gk/1 对地电压正常为 +B → 0V，实测为悬空电压 → 0V，说明 J623 的 T91/60 与 F 的 T4gk/1 之间线路断路；T4gk/3 对地电压正常为 0V → +B，实测为低电压不变，异常，说明测试点通过 F 与 +B 之间断路。

3）打开 E378，踩制动踏板，用万用表测量 F 的 T4gk/4 对地电压，电压值正常为 +B，实测为 0V，说明 F 的 T4gk/4 供电异常。

4）打开 E378，用万用表测量 SB6 两端对地电压，电压值正常均为 +B，实测为输出

0V，输入 +B，说明 SB6 断路损坏。

5）关闭 E378，拔下 SB6 熔丝，目视或用万用表测量熔丝的电阻，发现电阻值为无穷大。

6）更换熔丝 SB6，排除 T91/60 对应线路断路故障，系统恢复正常。

> **故障机理**

制动开关 T91/60 对应线路断路、供电熔丝断路，导致制动开关不能发出正常的制动信号，所以踩下制动踏板后，制动灯不亮，起动机不转。

案例 13 | 仪表控制单元 J285 供电熔丝 SC17 断路故障检修

故障现象：

1）无钥匙进入功能正常，但仪表的转向指示灯未正常闪烁。
2）拉开车门，仪表不显示车门状态。
3）打开 E378，钥匙指示灯不闪烁，方向盘不解锁，仪表不点亮。
4）应急模式起动失效。

现象分析：

1）如图 1-23 所示，无钥匙进入车辆时，仪表上的转向指示灯不闪烁，说明"各车门触摸传感器→J965→车外天线→钥匙→J519（通过 CAN）→J285"工作异常；而无钥匙车辆解锁正常，说明"各车门触摸传感器→J965→车外天线→钥匙→J519（通过 CAN）→J386、J387"工作正常；两者对比，说明故障在 J285 与 J519 之间。

2）拉开车门，仪表不显示车门状态，说明"F2→J386（通过 CAN）→J285"工作异常。

3）打开 E378 时钥匙指示灯不能闪烁，说明"E378→J965（通过 CAN）→J285、J965→车内天线→钥匙"工作异常。

综合以上三种故障分析结果，其中都涉及 J285，根据故障概率，可能的故障原因为：

1）J285 自身损坏。
2）J285 电源及通信线路故障。

诊断过程：

1）如图 1-3 所示，用示波器分别测量 J285 的 T18/18、T18/17 对地波形，未发现异常，但不能排除 J285 自身及电源故障可能。

2）用万用表测量 J285 的 T18/1 对地电压，电压值正常为 +B，实测为 1.7V（存在偏差），异常。

3）用万用表测量 SC17 两端对地电压，电压值正常均为 +B，实测输出 1.7V，输入 12.4V，异常。

4）拔下 SC17 熔丝，目视或用万用表测量熔丝的电阻，发现 SC17 断路。

5）更换熔丝 SC17 后，系统恢复正常。

故障机理

SC17 断路，导致 J285 供电异常，不能与其他模块进行通信，所以在无钥匙进入、拉开车门时仪表无显示；打开 E378 后，仪表不能正常点亮，起动机不转。

| 案例 14 | 起动许可信号线路故障检修

故障点 1：起动许可信号线路断路。
故障点 2：起动许可信号线路虚接 2500Ω 电阻。

故障现象：

踩住制动踏板，按住 E378，起动机不转，未听到起动继电器的吸合声；其余正常。

现象分析：

如图 1-1 所示，未听到继电器吸合声，所以故障可能存在于两个继电器的公共部分，或者是起动条件（P/N、起动许可、BOO 三个信号）不满足。主要表现在：①起动继电器线圈电源故障；②起动条件（P/N、起动许可、BOO 三个信号）不满足；③J623 自身故障。

故障点 1 起动许可信号线路断路

1）踩住制动踏板，按住 E378，用万用表测量 J623 端的 J906（或 J907）的控制端信号：T91/87 对地电压，电压值正常为 +B → 0V，实测为 +B → +B，异常（或检查 T91/88 对地电压：电压值正常为 +B → 0V，实测为 +B → +B，异常）。说明故障可能在于 J623 自身或者起动条件不满足，但由于仪表显示档位信息正常、踩下制动踏板时仪表上的制动指示灯正常熄灭，说明 P/N、BOO 存在故障的概率较小，所以优先对 J965 发出的起动许可信号进行测量。

2）踩住制动踏板，按住 E378，用示波器测量 J623 的 T91/68 对地波形，正常为 0V → +B，实测为 0V 直线，异常。

3）踩住制动踏板，按住 E378，用示波器测量 J965 的 T40/15 对地波形，正常为 0V → +B，实测正常，说明 J965 与 J623 之间的起动许可信号线路断路。

4）关闭 E378，拆掉蓄电池负极，断开 965、J623 插接器，测量 J965 的 T91/68 与 J623 的 T40/15 之间的线路阻值，正常近乎为零，实测为无穷大，说明 J623 的 T91/68 与 J965 的 T40/15 之间线路断路。

5）排除 J623 的 T91/68 与 J965 的 T40/15 之间线路断路故障，系统恢复正常。

扫一扫
起动许可信号
线路断路故障

故障机理

J623 的 T91/68 与 J965 的 T40/15 之间线路断路,导致 J623 无法收到 J965 的起动许可信号,起动条件不满足,所以起动时起动继电器不吸合,起动机不转。

故障点 2 起动许可信号线路虚接 2500Ω 电阻

1)踩住制动踏板,按住 E378,用万用表测量 J623 端的 J906(或 J907)的控制端信号:T91/87 对地电压,电压值正常为 +B → 0V,实测为 +B → +B,异常(或检查 T91/88 对地电压:电压值正常为 +B → 0V,实测为 +B → +B,异常)。说明故障可能在于 J623 自身或者起动条件不满足,但由于仪表显示档位信息正常、踩下制动踏板时仪表上的制动指示灯正常熄灭,说明 P/N、BOO 存在故障的概率较小,所以优先对 J965 发出的起动许可信号进行测量。

2)踩住制动踏板,按住 E378,用示波器测量 J623 的 T91/68 对地波形,正常为 0V → +B,实测为 0V → 5V 直线(可能存在偏差),异常。

3)踩住制动踏板,按住 E378,用示波器测量 J965 的 T40/15 对地波形,正常为 0V → +B,实测正常,说明 J965 与 J623 之间的起动许可信号线路虚接。

4)关闭 E378,拆掉蓄电池负极,断开 965、J623 插接器,测量 J965 的 T91/68 与 J623 的 T40/15 之间的线路阻值,正常近乎为零,实测为 2500Ω,说明 J623 的 T91/68 与 J965 的 T40/15 之间线路虚接。

5)排除 J623 的 T91/68 与 J965 的 T40/15 之间线路虚接故障,系统恢复正常。

故障机理

J623 的 T91/68 与 J965 的 T40/15 之间线路虚接,导致 J623 无法收到来自 J965 正确的起动许可信号,起动条件不满足,所以起动时起动继电器不吸合,起动机不转。

案例 15 起动继电器线圈端供电熔丝 SC49 故障检修

故障点 1:起动继电器线圈端供电熔丝 SC49 虚接 100Ω 电阻。
故障点 2:起动继电器线圈端供电熔丝 SC49 断路。

故障现象:

踩住制动踏板,按住 E378,起动机不转,未听到起动继电器的吸合声;其余正常。

现象分析:

如图 1-1 所示,未听到起动继电器吸合声,所以故障可能存在于两个起动继电器的公共部分(电磁线圈正极电源及其控制),或者是起动条件(P/N、起动许可、BOO 三个信号)不满足。主要表现在:

1)起动继电器线圈电源故障。

2）起动条件（P/N、起动许可、BOO 三个信号）不满足。

3）J623 自身故障。

故障点 1 起动继电器线圈端供电熔丝 SC49 虚接 100Ω 电阻

注意： 按照故障树理论，应该优先测量起动继电器的 86# 端子电压，但基于测量方便的原则，可以直接测量 SC49 熔丝的输出是否正常。

1）踩住制动踏板，按住 E378，用万用表测量 SC49 两端电压，电压值正常为 +B，实测一端为 +B，一端为 5V（可能会有偏差），异常。

2）关闭 E378，拔下 SC49，目视或用万用表测量 SC49 阻值，正常为 0Ω，实测为 100Ω，说明 SC49 电阻过大。

3）排除 SC49 电阻过大故障，系统恢复正常。

故障机理

SC49 电阻过大，导致起动继电器线圈供电异常，所以起动时起动继电器不吸合，起动机不转。

故障点 2 起动继电器线圈端供电熔丝 SC49 断路

注意： 按照故障树理论，应该优先测量起动继电器的 86# 端子电压，但基于测量方便的原则，可以直接测量 SC49 熔丝的输出是否正常。

1）踩住制动踏板，按住 E378，用万用表测量 SC49 两端电压，电压值正常为 +B，实测一端为 +B，一端为 0V，异常。

2）关闭 E378，拔下 SC49，目视或用万用表测量 SC49 阻值，正常为 0Ω，实测为无穷大，说明 SC49 烧损。

3）排除 SC49 烧损故障，系统恢复正常。

故障机理

SC49 烧损，导致起动继电器线圈供电异常，所以起动时起动继电器不吸合，起动机不转。

扫一扫
起动继电器线圈端供电熔丝 SC49 断路故障

| 案例 16 | 起动机控制线路故障检修

故障点 1：起动继电器 J906 线圈断路（电阻断路）。
故障点 2：起动继电器 J907 触点断路。
故障点 3：起动继电器 J907 控制线路断路。
故障点 4：起动机控制线路 SB23 断路。

故障现象：

踩住制动踏板，按住 E378，起动机不转，但可以听到起动继电器的吸合声；其余正常。

现象分析：

如图 1-1 所示，可以听到起动继电器吸合声，说明起动条件已满足。起动机不能运转的可能原因为：

1）起动机自身故障。
2）起动机接地及正极电源线路故障。
3）起动机控制线路故障。

故障点 1　起动继电器 J906 线圈断路（电阻断路）

> **注意：** 按照故障树理论，应该优先测量起动机的 A1 端子电压，但基于测量方便的原则，可以直接测量 SB23 熔丝的输出是否正常。

1）踩住制动踏板，按住 E378，用万用表测量 SB23 的两端对地电压：正常为某个特定的低电压（该电压来自 J623 的 T91/67 输出，各车辆不完全相同）→ +B，实测为某个特定的低电压不变，异常，说明 J907 输出异常或者测量点与 J907 之间线路断路。

2）踩住制动踏板，按住 E378，用万用表测量 J907 的 87# 端子对地电压：正常为某个特定的低电压→ +B，实测为 0V 不变，异常，说明起动继电器工作异常。

3）踩住制动踏板，按住 E378，用万用表分别测量 J907 的 85#、86#、30# 端子对地电压，正常值分别为 +B → 0V、+B、0V → +B，实测值分别为 +B → 0V、+B、0V 不变，异常，说明 J907 触点供电异常。

4）踩住制动踏板，按住 E378，用万用表测量 J906 的 87# 端子对地电压，正常值为 0V → +B，实测值为 0V，异常，说明 J906 工作异常。

5）踩住制动踏板，按住 E378，用万用表分别测量 J906 的 85#、86#、30# 端子对地电压，正常值分别为 +B → 0V、+B、+B，实测值分别为 0V → +B、+B、0V，异常，说明 J906 线圈断路。

6）拔下 J906，用万用表测量线圈阻值，正常为 60~120Ω，实测为无穷大。

7）更换起动继电器，系统恢复正常。

> **故障机理**

J906 线圈断路，导致 J906 无法正常吸合，所以起动时起动机不转。

故障点 2　起动继电器 J907 触点断路

> **注意：** 按照故障树理论，应该优先测量起动机的 A1 端子电压，但基于测量方便的原则，可以直接测量 SB23 熔丝的输出是否正常。

1）踩住制动踏板，按住 E378，用万用表测量 SB23 的两端对地电压：正常为某个特定的低电压（该电压来自 J623 的 T91/67 输出，各车辆不完全相同）→ +B，实测为某个特定的低电压不变，异常，说明 J907 输出异常或者测量点与 J907 之间线路断路。

2）踩住制动踏板，按住 E378，用万用表测量 J907 的 87# 端子对地电压：正常为某个特定的低电压→ +B，实测为 0V 不变，异常，说明起动继电器工作异常。

3）踩住制动踏板，按住 E378，用万用表分别测量 J907 的 85#、86#、30# 端子对地电压，正常值分别为 +B → 0V、+B、0V → +B，实测值分别为 +B → 0V、+B、0V → +B，正常，说明 J907 内部故障。

4）拔下 J907，用万用表测量线圈阻值，正常为 60~120Ω，实测正常；通过蓄电池给起动继电器线圈供电，然后用万用表测量起动继电器触点的阻值，正常为 0Ω，实测为无穷大。

5）更换起动继电器，系统恢复正常。

> **故障机理**
>
> 由于 J907 触点不能闭合，导致 J907 无法正常工作，所以起动时起动机不转。

故障点 3　起动继电器 J907 控制线路断路

> **注意**：按照故障树理论，应该优先测量起动机的 A1 端子电压，但基于测量方便的原则，可以直接测量 SB23 熔丝的输出是否正常。

1）踩住制动踏板，按住 E378，用万用表测量 SB23 的两端对地电压：正常为某个特定的低电压（该电压来自 J623 的 T91/67 输出，各车辆不完全相同）→ +B，实测为某个特定的低电压不变，异常，说明 J907 输出异常或者测量点与 J907 之间线路断路。

2）踩住制动踏板，按住 E378，用万用表测量 J907 的 87# 端子对地电压：正常为某个特定的低电压→ +B，实测为 0V 不变，异常，说明起动继电器工作异常。

3）踩住制动踏板，按住 E378，用万用表分别测量 J907 的 85#、86#、30# 端子对地电压，正常值分别为 +B → 0V、+B、0V → +B，实测值分别为 +B、+B、0V → +B，正常，说明 J907 线圈控制存在故障。

4）踩住制动踏板，按住 E378，用万用表测量 T91/88 对地电压，电压值正常为 +B → 0V，实测为 0V，说明 T91/88 对应线路断路。

5）关闭 E378，拆掉蓄电池负极接线，拔掉 J907 继电器，断开 J623 插接器，用万用表测量 J907 与 T91/88 之间线路的阻值，正常为 0Ω，实测为无穷大。

6）排除 J907 控制线路断路故障，系统恢复正常。

> **故障机理**
>
> J907 控制线路断路，导致 J907 无法正常吸合，所以起动时起动机不转。

故障点 4　起动机控制线路 SB23 断路

> **注意**：按照故障树理论，应该优先测量起动机的 A1 端子电压，但基于测量方便的原则，可以直接测量 SB23 熔丝的输出是否正常。

1）踩住制动踏板，按住 E378，用万用表测量 SB23 的两端对地电压：正常为某个特定的低电压（该电压来自 J623 的 T91/67 输出，各车辆不完全相同）→ +B，实测为一端会出现 +B 电压，而另外一端始终为某个特定的低电压不变，异常，说明 SB23 熔丝断路。

2）拔下 SB23，目视或用万用表测量熔丝的阻值，正常为 0Ω，实测为无穷大。

3）更换 SB23，系统恢复正常。

故障机理

SB23 断路，导致起动时起动机没有收到起动控制信号，所以起动机不转。

案例 17 | 起动继电器反馈线路断路故障检修

故障现象：

踩住制动踏板，按住 E378，起动机转动后瞬间停止，再次起动，起动机不转。

现象分析：

如图 1-1 所示，起动机转动，说明起动条件已满足；转动后瞬间停止，说明 J623 检测到起动系统存在故障。可能的故障原因：

1）起动继电器及其线路故障。
2）起动机及其线路故障。
3）J623 自身故障。

诊断过程：

1）踩下制动踏板，按住 E378，用万用表测量 T91/67 对地电压，正常应为某个特定的低电压→ +B，实测为某个特定的低电压不变，异常，说明测试点与 +B 之间线路异常。

2）踩下制动踏板，按住 E378，用万用表测量 SB22 两端对地电压，正常应为某个特定的低电压→ +B，实测两端均正常，说明 SB22 至 T91/67 的起动继电器反馈线路断路。

3）关闭 E378，拆掉蓄电池负极接线，拔掉 SB22，断开 J623 插接器，用万用表测量 SB22 与 J623 之间线路的阻值，正常为 0Ω，实测为无穷大。

4）排除起动继电器反馈线路断路故障，系统恢复正常。

故障机理

起动继电器反馈线路断路，导致 J623 无法检测到起动控制信号是否正常，所以起动时，起动机转动后瞬间停止。

案例 18 起动机 30# 电源线路断路故障检修

故障现象：

踩住制动踏板，按住 E378，起动机发出"咔咔"声后停止，起动机不转；其余正常。

现象分析：

起动机能正常发出"咔咔"声，说明起动控制信号正常。造成起动机无法运转的原因：起动机及电源线路故障。

诊断过程：

1）踩住制动踏板，按住 E378，用万用表分别测量起动机 30# 电源端子和接地线路对地电压，接地线路对地电压正常值应小于 0.1V，实测值为 0V，正常；30# 电源端子对地电压正常值为 +B，实测值为 0V，说明 30# 电源线路断路。

2）检查起动机 30# 电源线路，发现线路断路。

3）排除起动机 30# 电源线路断路故障，系统恢复正常。

故障机理

起动机 30# 电源线路断路，导致起动时起动机缺少正极电源，所以起动机不转。

任务 2　发动机无法起动的故障诊断

任务描述

一辆迈腾汽车，被送到修理厂进行修理，客户向业务员主诉发动机无法起动。服务顾问试车后确认起动机可以正常运转，但发动机没有任何起动征兆。请你在约定的时间内对车辆进行检修，完成诊断报告单，将修好的车辆返还业务部门，并给客户提供用车建议。

学习目标

1. 知识目标

1）能系统描述发动机起动过程的工作原理。
2）能描述起动系统的系统或部件结构、工作原理。

2. 能力目标

1）可以借助原厂资料（维修手册）准确描述发动机起动过程中相关系统的构造和工作原理。
2）能编制起动机正常运转但发动机无法起动的故障树（诊断流程）。
3）能借助原厂资料和诊断设备，按照编制的故障树（诊断流程）进行系统诊断，以确定故障所在。
4）能正确排除诊断出的故障，并对车辆进行试验，以确保车辆运行正常。
5）能正确完成诊断报告，并给客户提供用车建议。

3. 素质目标

1）能够按照企业 5S 要求和安全生产规范进行操作。
2）具有一定的沟通能力和团队合作能力。

4. 拓展目标

1）能对同一车型的发动机无法起动故障进行诊断与排除。
2）能对速腾汽车的同类故障进行诊断和排除。

建议学时

20 学时

学习准备

一、知识准备

发动机起动控制原理，详见 2.1 节。

二、技能准备

起动机运转发动机无法起动的测试与诊断，详见 2.2 节。

三、教学准备

1）车辆或发动机实验台。
2）发动机综合分析仪、诊断仪、示波器、万用表等。
3）常用工具。
4）原厂维修手册。
5）笔以及用于数据记录和计算的纸、任务单。
6）参考教材和工作页。

2.1 发动机起动控制原理

起动过程中，起动机带动发动机曲轴转动，再通过正时链条带动凸轮轴转动。信号轮分别触发曲轴位置传感器和排气凸轮轴位置传感器，前者将曲轴位置以及转速信号输送至 J623，用以控制喷油脉冲宽度、点火正时、怠速转速和燃油泵运转；后者将凸轮轴位置以及转速信号输送至 J623，用以确定气缸序号；J623 通过比较两组位置信号，确定曲轴转角和一缸上止点位置，并控制喷油和点火系统的工作。图 2-1、图 2-2 所示为曲轴、排气凸轮轴位置传感器与 J623 之间的连接电路。

同时，在 J623 接收到曲轴或凸轮轴转速信号后，将燃油泵工作信号以 PWM 形式传送至燃油泵控制单元，燃油泵控制单元接通燃油泵控制线路，燃油泵开始运转，迅速给燃油系统建立初压。

J623 根据当前的冷却液温度、进气温度、进气流量（进气压力传感器、节气门位置传感器、加速踏板位置传感器）、燃油压力等参数，在控制单元预先设定的喷油量基础上，进行修正，将修正好的喷油量转化为占空比信号控制喷油器电磁线圈动作，使合适压力的燃油喷入燃烧室。

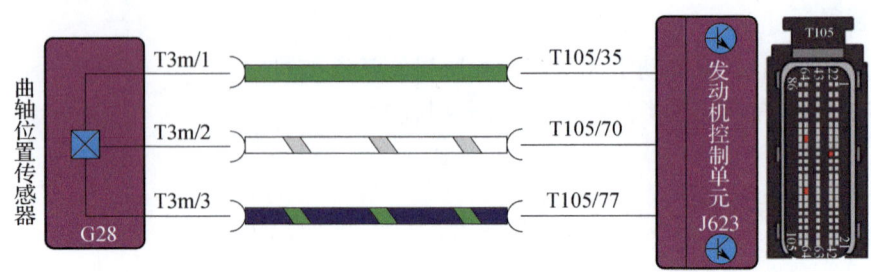

图 2-1 曲轴位置传感器线路图

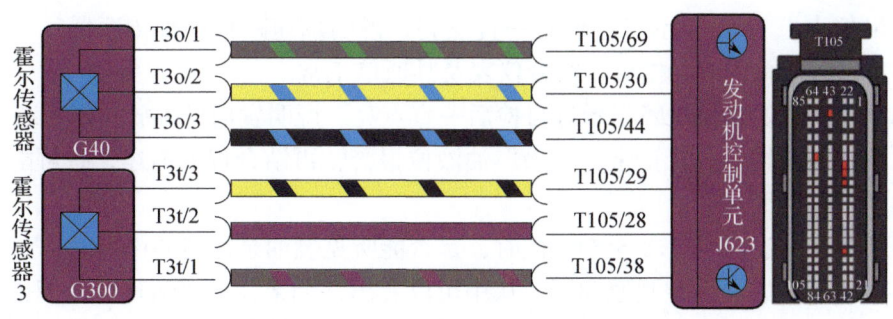

图 2-2　排气凸轮轴位置传感器线路图

同时，发动机根据输入的凸轮轴位置以及曲轴位置确定点火正时，并将此点火信号转化为占空比信号输出至独立点火线圈内的大功率管，大功率管断开初级绕组至发动机缸体上的接地线路，并在断开初级绕组瞬间，在次级绕组上产生感应电动势，感应电动势通过火花塞电极在气缸内放电，点燃气缸内的混合气，推动活塞往复运行，通过曲轴转化成圆周运动，发动机起动。

如果发动机接收不到曲轴位置传感器、排气凸轮轴位置传感器中任意一个传感器发送的信号，J623 将使用另一个传感器信号进行代替，按预先设定的程序确定和控制点火、喷油正时，发动机还可以起动。如果两个传感器信号同时出现故障，将导致发动机无法起动。

如果发动机接收不到冷却液温度、进气温度、进气流量（进气压力传感器、节气门位置传感器、加速踏板位置传感器）、燃油压力信号，发动机将以预先设定的喷油量精确进行喷射和点火控制。

2.2　起动机运转发动机无法起动的测试与诊断

1. 初步分析

如果起动机运转但发动机无法起动，通常主要围绕起动时对混合气的要求，即进排气、喷油（量和正时）、点火（能量和正时）三方面着手进行分析。在起动发动机过程中，须观察或感受与发动机起动相关的信息。

1）仪表显示是否正常点亮，仪表上是否提示有故障信息。

图 2-3 所示为组合仪表 ON 档时正常显示状态图。

图 2-3　组合仪表 ON 档时正常显示状态图

①如果仪表上 EPC 指示灯自检后一直点亮，说明加速踏板位置传感器、节气门控制模块、J623、数据总线诊断接口、组合仪表及其通信正常。

②如果仪表上发动机故障指示灯自检后一直点亮，说明发动机排放控制系统异常。

③仪表上燃油指示是否正常，如果燃油液位报警，再结合现象描述，有可能为油箱内没有燃油或燃油液面过低。

2）开启车门或按下 E378 至 ON 档时，是否能听见燃油泵运转的声音。

图 2-4 所示为燃油泵控制原理图，从中可以看出，如果在上述两种情况下，始终没有听到燃油泵运转的声音，有可能为以下故障。

①燃油泵自身故障。

②燃油泵与燃油泵控制单元之间线路故障。

③燃油泵控制单元及其电源线路故障。

④燃油系统压力不正常或过高。

⑤车门开启信号和 E378 信号传输故障（同时出故障的可能性很小）。

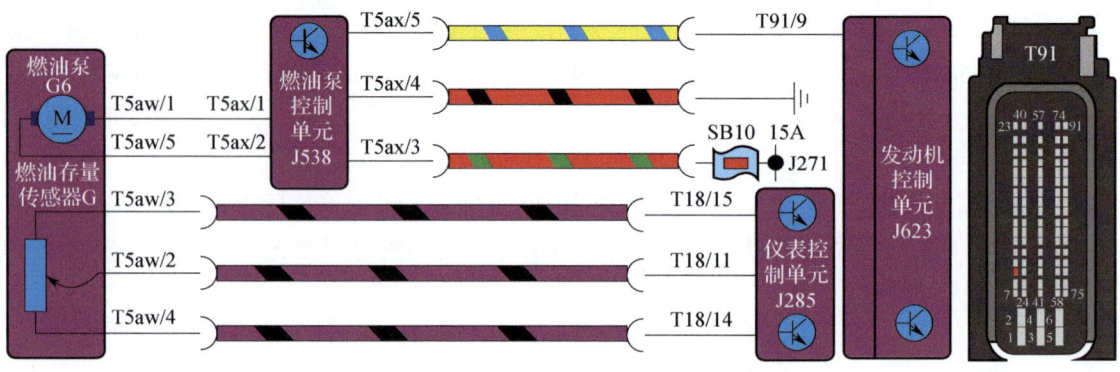

图 2-4　燃油泵控制原理图

如果只是在一种条件下不能听到燃油泵运转的声音，往往不影响发动机的起动，该故障多为信号传输有误。

3）发动机起动过程中，是否能听见燃油泵运转的声音。

注意： 此诊断是在开启车门或按下 E378 至 ON 档之后进行的，此时如果没有燃油泵运转的声音，有可能为以下故障。

① J623 没有收到曲轴、排气凸轮轴位置传感器中任意一个传感器发送的信号。

② J623 自身（局部）故障。

4）在起动过程中，观察发动机是否有起动迹象，如果发动机没有起动迹象，可能存在异常。

① J623 没有收到曲轴、排气凸轮轴位置传感器中任意一个传感器发送的信号（据前可以排除）。

②发动机控制单元自身故障，包括硬件和软件故障。

③所有喷油器或其控制线路故障，可能性不大。

④所有点火线圈或其电源、接地以及控制线路故障,除了正极电源、负极接地,别的可能性都不大。

5)发动机起动后是否熄火。

如果发动机起动后立即熄火,可能是发动机控制系统存在电路故障;如果发动机起动后转速逐渐下降,直至熄火,则可能是燃油供给系统故障。

2. DTC 分析

现代汽车都具有自诊断功能,即使通过故障现象可以明确故障范围,但也最好首先读取故障记忆,因为这有利于快速发现故障。如果有故障码,应清楚故障码的定义和生成的条件,并基于此展开诊断和故障检修;如果没有故障码,则基于系统的结构和工作原理进行系统诊断。

3. 无码分析

如果没有故障码显示,那就需要技术人员结合故障现象,分析系统线路图,列举故障可能,并按照正确的流程、利用合适的测试设备进行正确的测量,从而发现故障所在。

如果起动机运转但发动机无法起动,可以围绕起动时对混合气的要求,即进排气、喷油(能量和正时)、点火(能量和正时)三方面着手进行分析。

分析时,最好采用尾气分析的方法确定气缸内是否有混合气、是否发生了燃烧;或者通过监测喷油器的动作或波形判断是否失火;或通过真空压力表测量发动机进气歧管真空度或排气管背压确定进排气系统是否存在故障。

(1)点火系统的故障分析

对于迈腾汽车而言,只要有一个气缸混合气可以燃烧,发动机就会有着车的迹象或者至少有燃烧迹象,对于发动机无法起动的故障,则一般为所有气缸不点火所致。

结合点火线圈线路图(图2-5)可以看出,每个点火线圈都有两根接地线,这些接地线最终汇总到一起连接到发动机缸体的接地点上。如果这个接地点或线路出现故障,则会造成所有的点火线圈均无法工作,因此点火线圈公用接地异常也是造成发动机无法起动的一个原因。

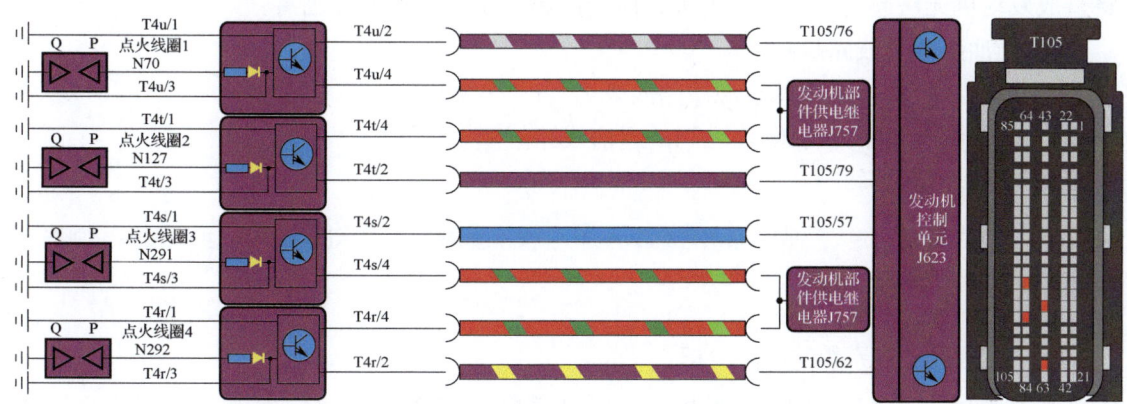

图2-5 发动机点火线圈供电、控制线路图

结合发动机部件供电继电器线路图（图2-6）可以看出，点火线圈的主电源来自于部件供电继电器J757，而J757的控制线圈电源通过SB5熔丝来自于J271主继电器；由于所有点火线圈同时损坏的概率很低，往往故障都是由共性事件造成，而点火线圈供电无疑是一个典型的共性事件，所以可以先围绕点火线圈供电异常进行分析，具体可能的原因有：

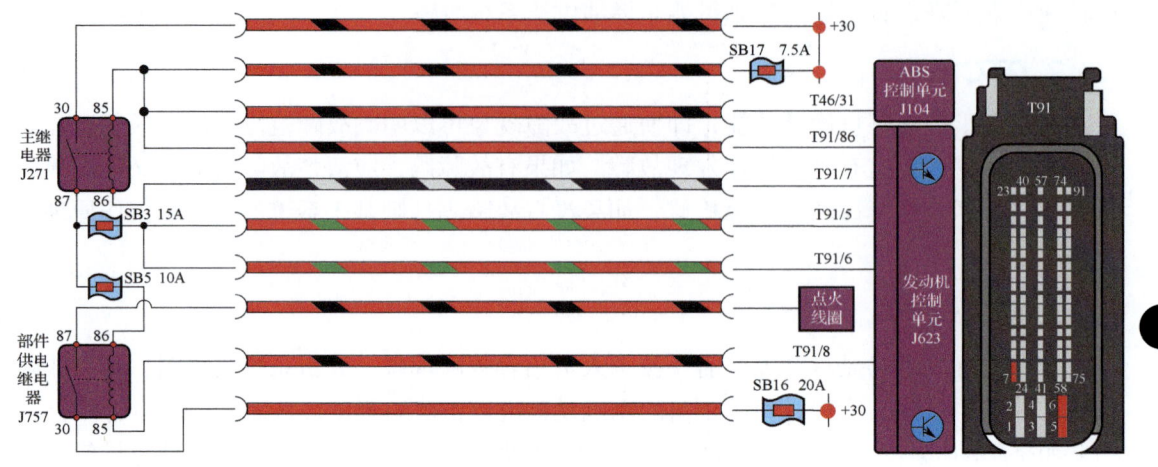

图2-6 发动机部件供电继电器线路图

1）SB16（20A）熔丝及供电线路故障。
2）部件供电继电器J757及相关线路故障。
3）SB5（10A）熔丝及供电线路故障。
4）点火线圈自身故障（因4个点火线圈同时损坏的概率很小，所以此处不考虑）。

注意： 某些故障会产生故障码，如果有故障码提示，则按照故障码提示进行维修，如果没有，则按照故障树进行诊断。

（2）燃油泵控制系统的故障分析

结合线路图（图2-4）可以看出，在电源和接地线路正常的情况下，燃油泵控制单元接收J623的指令，给燃油泵提供驱动电流，使燃油泵开始运转泵油。如果燃油泵不工作，将造成发动机无法起动或起动后熄火，而造成燃油泵不工作的原因有：

1）燃油泵或其线路故障。
2）燃油泵控制模块或其电源线路故障。
3）燃油泵控制单元与J623之间的通信线路故障。
4）J623自身故障。

注意： 某些故障会产生故障码，如果有故障码提示，则按照故障码提示进行维修，如果没有，则按照故障树诊断方法进行诊断。

（3）喷油器控制系统的故障分析

结合喷油器控制线路图（图2-7）可以看出，每个喷油器的供电和控制均来自于

J623，由于所有喷油器及其线路同时损坏的可能性很小，所以在怀疑喷油器故障造成发动机无法起动时主要集中于喷油器的控制展开，而造成J623控制异常的原因有：

1）J623故障。
2）J623进入保护模式，例如失火保护等。

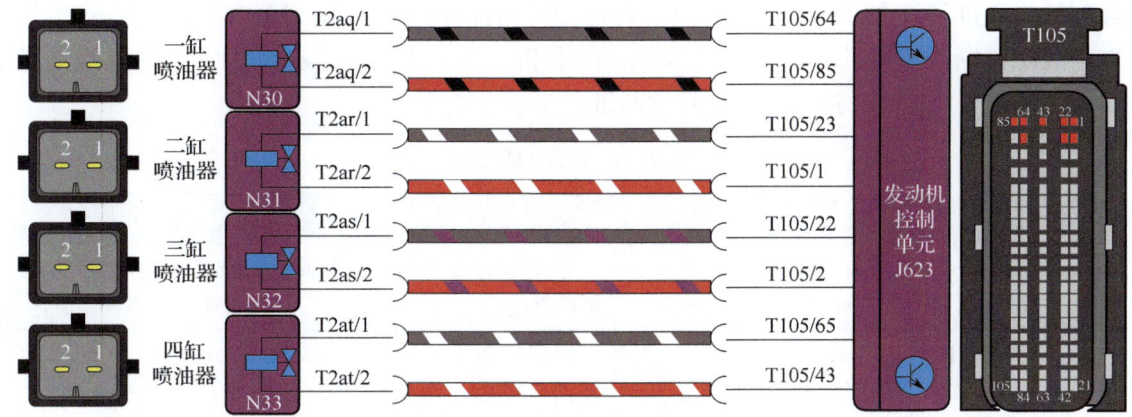

图2-7　喷油器与J623之间的连接线路

3）关键信号输入故障造成所有气缸喷油器不能工作。

注意： 某些故障会产生故障码，如果有故障码提示，则按照故障码提示进行维修，如果没有，则按照故障树诊断方法进行诊断。

如果节气门翻板因为结冰或某个原因而无法打开，会造成起动过程中进气量过少，导致发动机无法起动，因此节气门开度所决定的进气量也是一个要考虑的因素。当然如果节气门位置传感器错误地反映节气门处于开度最大位置，也会造成喷油器不喷油，从而导致发动机不起动。图2-8所示为节气门体与J623之间的连接线路。

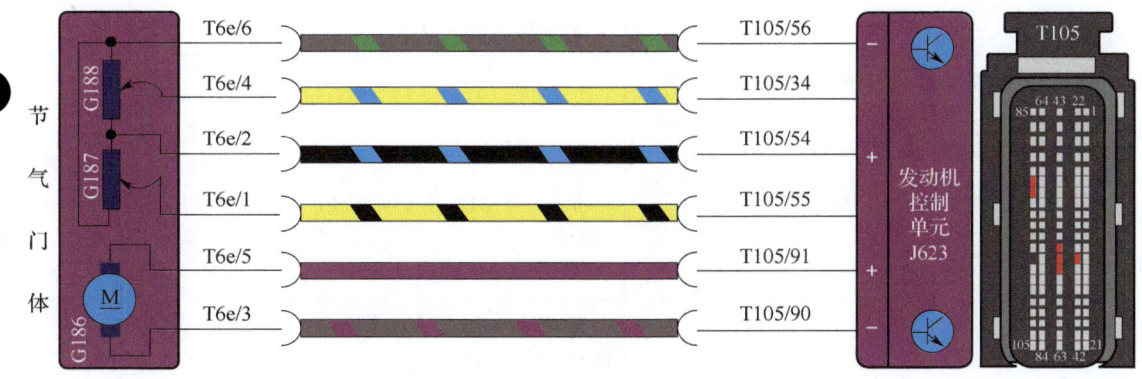

图2-8　节气门体与J623之间的连接线路

如果上述条件都正常，就需要按照发动机机械系统故障引起发动机无法起动来进行分析。

4. 诊断流程

起动系统所发生的各种故障，诊断及处理失误将给企业和个人造成相当大的时间和经济损失。正确的诊断及处理，不可能来自于盲目的主观臆断，而应该建立在获取与故障有关信息的基础上，依据发动机电控系统的结构以及工作原理，运用科学的分析方法，按照合理的步骤进行综合分析，去伪存真，排除故障可能原因，找出故障"肇事者"，这才是提高故障诊断准确性的关键所在。为了便于分析，不至于被众多杂乱无章的信息扰乱思路，需要结合线路图，遵从流程进行诊断维修（表2-1）。

表2-1 故障诊断流程

序号	操作	结果	备注
1	检查 +B 是否符合要求，注意 +B 检查的正确方法	正常转 2	不正常时给蓄电池充电或更换蓄电池	确保蓄电池正负极插头连接牢靠，不脏污
2	打开 E378，仪表应正常点亮，EPC 指示灯点亮后熄灭	正常转 3	仪表显示不正常时结合线路图、维修手册排除仪表、EPC 指示灯异常故障，转 5	先排除仪表显示异常故障，再排除 EPC 指示灯异常故障
3	踩制动踏板，制动灯应点亮，起动时，仪表没有提示踩制动踏板	正常转 4	不正常时结合线路图、维修手册检测制动灯开关、信号及线路故障，转 5	该车有两个传感器可监测制动踏板动作，两个信号均异常时故障才会出现
4	确认变速器变速杆处于 P 位或 N 位，仪表上档位显示和换档位置应一致，并且显示正常	正常转 5	不正常时结合线路图、维修手册检查变速器档位、仪表显示异常故障，转 5	可以利用故障诊断仪器读取变速杆位置信息，从而确定故障所在
5	连接故障诊断仪器，读取故障码	有故障码转 6	若故障诊断仪器无法建立通信，则转 7 若无故障码，转 8	—
6	根据故障码实施诊断、维修	正常转 10	—	—
7	检测 OBD-Ⅱ诊断接口电源及 CAN 总线	正常则更换诊断设备	执行"OBD-Ⅱ诊断接口"诊断	使用连线或无线模块时，如果故障诊断仪器不亮或者无线模块不能通信，则进行该诊断
8	起动发动机，观察起动过程	正常则诊断结束	如果着车后熄火，则检查燃油供给系统、防盗或失火保护，转 9 如果着车困难或无着车征兆，则进行燃油、点火、进气、机械系统检测，转 9	在发动机起动过程中利用尾气分析仪测量发动机尾气排放，根据 CO、HC、CO_2、O_2 的含量来判定哪个系统异常

（续）

序号	操作	结果		备注
9	燃油系统检测	正常转10	根据故障现象和尾气分析结果判定故障所在，然后对相关系统依次进行检测和维修后转10	—
				包括压力和喷油量的检测
	点火系统检测			包括点火能量和点火正时的检测
	进排气系统检测			包括进气歧管真空度和排气管背压的检测
	机械系统检测			包括气缸压力的检测
10	故障检验	正常则诊断结束	不正常转5	—

5. 实施维修

（1）根据故障码提示进行维修

利用解码器读取故障码，按照针对每个故障码制定的诊断流程进行故障诊断。

（2）线路检测

根据系统的结构原理，对继电器J757、J271、J538、J623、排气凸轮轴位置传感器、曲轴位置传感器、喷油器、点火线圈、驱动CAN总线、舒适CAN总线等线路进行检测，检测方法参照本书的相关内容。

（3）部件检测

根据系统的结构原理，对继电器J757、J271、J538、J623、排气凸轮轴位置传感器、曲轴位置传感器、喷油器、点火线圈等元器件进行检测，检测方法参照本书的相关内容。

计划与实施

教师可在表2-2中的电路或元器件上设置故障点，经仔细验证后，安排学生完成工作页的所有内容。

表2-2 故障设置建议表

故障元件	故障位置	故障类型
主继电器J271	J271继电器	触点断路、线圈断路或虚接200Ω电阻
	J271继电器线圈控制线路	断路、虚接500Ω电阻
	J623模块大功率供电SB3	断路、虚接500Ω电阻

（续）

故障元件	故障位置	故障类型
部件供电继电器 J757	J757 继电器	触点断路、线圈断路或虚接 200Ω 电阻
	J757 继电器线圈供电 SB5	断路、虚接 500Ω 电阻
	J757 继电器线圈控制线路	断路、虚接 500Ω 电阻
	J757 继电器触点供电 SB16	断路、虚接 50Ω 电阻
燃油泵控制单元 J538	燃油泵控制单元 J538	自身损坏
	J538 正极电源 SB10	断路、虚接 500Ω 电阻
	J538 负极电源线路	断路、虚接 500Ω 电阻
	J538 模块促动信号	断路、虚接 1000Ω 电阻、对地短路
	燃油泵电动机供电线路	断路、虚接、反接
CKP	CKP 传感器信号线路	断路、虚接 500Ω 电阻、对地短路或虚接
	CKP 传感器 5V 线路	断路、虚接 500Ω 电阻
	CKP 传感器 0V 线路	断路、虚接 500Ω 电阻
CMP	CMP 传感器信号线路	断路、虚接 500Ω 电阻、对地短路或虚接
	CMP 传感器 5V 线路	断路、虚接 500Ω 电阻
	CMP 传感器 0V 线路	断路、虚接 500Ω 电阻
	进气与排气凸轮轴信号线路	互短、互虚 10Ω 电阻
点火线圈	点火线圈公共搭铁线路	断路、虚接 1000Ω 电阻

工作页

一、领取任务

服务顾问将车辆开至待修区,将车辆钥匙、《汽车维修服务接车单》(见附录任务单 1)交给车间主管并交待作业内容、说明交车时间、要求及其他须注意事项。车间主管根据各班组的技术能力及工作状况,向班组派工,班组领取任务。

二、确认任务

1)班组接到任务后,根据《汽车维修服务接车单》对车辆进行验收。
2)确认故障现象,必要时试车。
3)根据《汽车维修服务接车单》上的工作内容,进行维修或诊断。
4)维修技师凭《汽车维修服务接车单》领料,并在出库单上签字。

注意事项:
1)非工作需要不得进入车内且不能开动顾客车上的电器设备。
2)对于顾客留在车内的物品,维修技师应小心地加以保护,非工作需要严禁触动,因工作需要触动时应通知服务顾问以征得顾客的同意。

三、借助原厂维修手册、参考教材完成以下知识准备

(一)描述迈腾汽车发动机点火系统的主要组成和各自的作用。

_____
_____
_____
_____

(二)描述迈腾汽车发动机燃油供给系统的主要组成和各自的作用。

_____
_____
_____
_____

(三)简要说明发动机进排气系统故障对于起动性能的影响。

_____
_____
_____
_____
_____

（四）请画出发动机起动过程中参与混合气形成和交换的主要元器件的电路图，并描述其端子定义和电压特性。

端子号	端子定义	电压特性

四、制定计划

分组讨论、制定具体操作步骤。

> 提示：通过对上面相关理论知识的了解，维修人员根据维修规范要求和维修经验制定相关维修方案。

（一）制定人员分工：

组长 _____

组号 _____

组员 _____

（二）需要使用的检测、维修设备、工具：

_____

_____

（三）起动机运转发动机不能起动的故障排除分析：

1）请按照故障树的方式整理出此故障的诊断流程（见附录任务单2）。

2）实施诊断并填写诊断报告（见附录任务单3）。

3）填写完工单（见附录任务单4）。

> 提示：
> 1）结合迈腾汽车发动机点火系统、燃油供给系统、进排气系统，需检查、诊断、拆卸、测量、清洗、维修、安装、检验的项目多少和顺序填写。
> 2）结合车辆诊断仪数据填写。
> 3）在有关流程步骤中注意蓄电池、点火开关状态。
> 4）注意专用仪器、量具、工具的使用。
> 5）注意安全防范、安全操作。

评价与反馈

一、学习效果评价

选择题

1）汽车发动机工作时用以确定气缸序号的传感器是（　　　）。
　　A. 曲轴位置传感器
　　B. 凸轮轴位置传感器
　　C. 节气门位置传感器
　　D. 爆燃传感器

2）汽车发动机点火系统高压电是在（　　　）时产生的。
　　A. 点火线圈的初级绕组电路通路
　　B. 点火线圈的初级绕组电路断路
　　C. 点火开关闭合
　　D. 起动开关闭合

3）如果燃油泵不工作，下列选项不是可能的故障原因的是（　　　）。
　　A. 燃油泵故障
　　B. 燃油泵与燃油泵控制单元之间线路故障
　　C. 燃油传感器线路故障
　　D. 燃油泵控制单元及其电源线路故障

4）汽车发动机点火系统的高压是在（　　　）中产生的。
　　A. 点火线圈的初级绕组
　　B. 点火线圈的次级绕组
　　C. 继电器线圈
　　D. 发电机定子绕组

5）喷油器不工作导致发动机不能起动时最不可能的原因是（　　　）。
　　A. J623 故障
　　B. J623 进入保护模式
　　C. J623 关键信号输入故障
　　D. 喷油器故障

二、学习过程评价

项目	评价内容	评价等级		
		A	B	C
关键能力考核项目	遵守纪律，遵守学习场所管理规定，服从安排			
	具有安全意识、责任意识、5S管理意识，注重节约、节能与环保			
	学习态度积极主动，能参加实习安排的活动			
	具有团队合作意识，注重沟通，能自主学习及相互合作			
	仪容仪表符合活动要求			
专业能力考核项目	按时按要求独立完成工作页、任务			
	工具、设备选择得当，使用符合技术要求			
	操作规范，符合要求			
	学习准备充分、齐全			
	注重工作效率与工作质量			
	技能点1：使用诊断仪读取和分析数据流，并判断部件工作状态			
	技能点2：使用示波器连接、测量和分析部件的波形，并判断部件工作状态			
小组评语及建议		组长签名： 年　月　日		
老师评语及建议		老师签名： 年　月　日		

能力与拓展

| 案例 1 | J271 主继电器故障检修

故障点 1：J271 主继电器内部触点断路。
故障点 2：J271 主继电器线圈虚接 500Ω 电阻（附加电阻断路）。

故障现象：

1）踩住制动踏板，按住 E378，起动机运转，未感受到燃油泵运转。

2）发动机无任何着车征兆，无法起动（注意：本案例是在彻底排空高压燃油系统燃油的前提下进行的）。

现象分析：

如图 2-9 所示，未感受到燃油泵运转，说明燃油供给系统存在故障。可能的原因为：

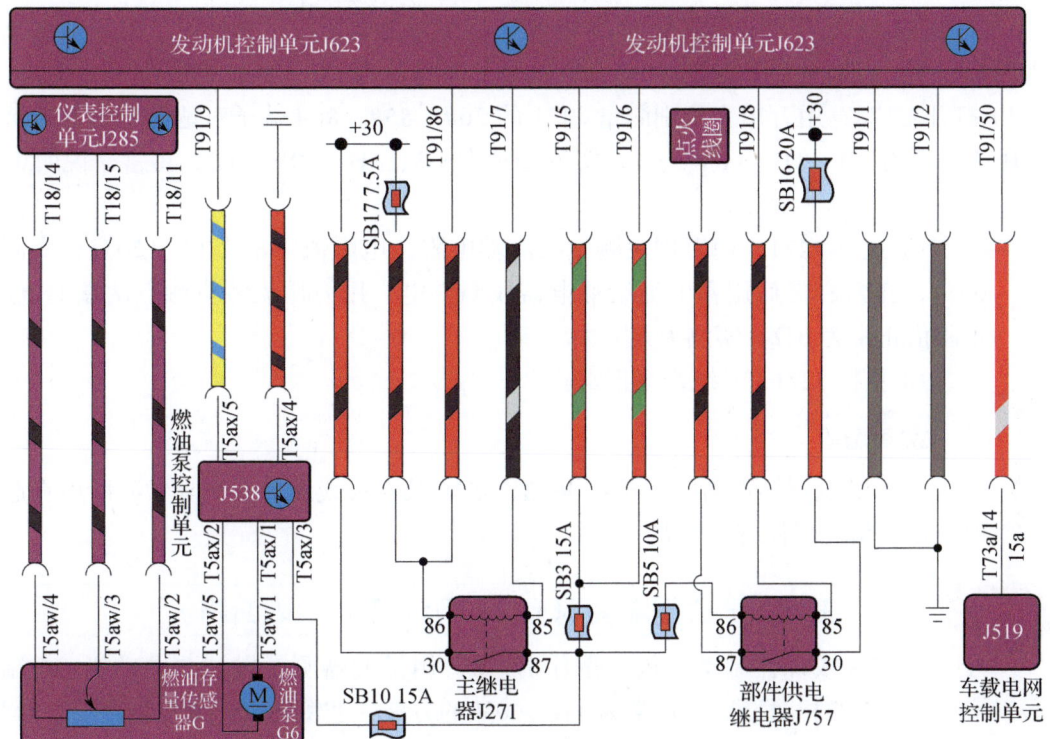

图 2-9　J271 主继电器电路

1）燃油泵电动机及线路故障。
2）J538 自身及线路故障。
3）J623 局部故障。

故障点 1　J271 主继电器内部触点断路

1）打开 E378 或踩住制动踏板、按住 E378，用示波器测量燃油泵电动机 G6 端的 T5aw/1 与 T5aw/5 的相对波形，正常为 +B → 0V 的方波，实测为 0V 的一条直线，异常，说明燃油泵电动机没有接收到驱动信号。

2）打开 E378 或踩住制动踏板、按住 E378，用示波器测量 J538 端的 T5ax/1 与 T5ax/2 的相对波形，正常为 +B → 0V 的方波，实测为 0V 的一条直线，异常，说明 J538 没有发出驱动信号。

3）打开 E378 或踩住制动踏板、按住 E378，用示波器测量 J538 端的 T5ax/5 的对地波形，正常为 +B → 0V 的方波，实测始终为 0V，说明 J538 损坏或信号线路对地短路。

4）打开 E378，用万用表分别测量 J538 的 T5ax/3、T5ax/4 对地电压，正常情况下电压值分别为 +B、0V，实测均为 0V，说明故障为 J538 供电异常。

5）打开 E378，用万用表分别测量 SB10 两端对地电压，正常情况下电压值分别为 +B、+B，实测均为 0V，说明 SB10 供电异常。

6）打开 E378，用万用表测量 J271 的 87# 端子对地电压，正常情况下电压值为 +B，实测为 0V，说明 J271 工作异常。

7）打开 E378，用万用表分别测量 J271 的 30#、85#、86# 端子对地电压，正常情况下电压值分别为 +B、+B → 0V、+B，实测分别为 +B、+B → 0V、+B，正常，说明 J271 损坏。

8）拔下 J271，用万用表测量线圈端电阻，电阻值正常为 60~120Ω，实测为 60Ω，正常；然后用蓄电池给继电器线圈供电，用万用表测量触点两端的电阻，电阻值正常为 0Ω，实测为无穷大。

9）更换 J271，系统恢复正常。

扫一扫

J271 主继电器内部触点断路故障

故障机理

J271 继电器触点断路，导致 J623、J538 及点火线圈等供电异常，所以在起动时，发动机无任何着车征兆。

故障点 2　J271 主继电器线圈虚接 500Ω 电阻（附加电阻断路）

1）打开 E378 或踩住制动踏板、按住 E378，用示波器测量燃油泵电动机 G6 端的 T5aw/1 与 T5aw/5 的相对波形，正常为 +B → 0V 的方波，实测为 0V 的一条直线，异常，说明燃油泵电动机没有接收到驱动信号。

2）打开 E378 或踩住制动踏板、按住 E378，用示波器测量 J538 端的 T5ax/1 与 T5ax/2 的相对波形，正常为 +B → 0V 的方波，实测为 0V 的一条直线，异常，说明 J538 没有发出驱动信号。

3）打开 E378 或踩住制动踏板、按住 E378，用示波器测量 J538 端的 T5ax/5 的对地波形，正常为 +B → 0V 的方波，实测始终为 0V，说明 J538 损坏或信号线路对地短路。

4）打开 E378，用万用表分别测量 J538 的 T5ax/3、T5ax/4 对地电压，正常情况下电压值分别为 +B、0V，实测均为 0V，说明故障为 J538 供电异常。

5）打开 E378，用万用表分别测量 SB10 两端对地电压，正常情况下电压值分别为 +B、+B，实测为 0V，说明 SB10 供电异常。

6）打开 E378，用万用表测量 J271 的 87# 端子对地电压，正常情况下电压值为 +B，实测为 0V，说明 J271 工作异常。

7）打开 E378，用万用表分别测量 J271 的 30#、85#、86# 端子对地电压，正常情况下电压值分别为 +B、+B → 0V、+B，实测分别为 +B、+B → 0V、+B，正常，说明 J271 损坏。

8）拔下 J271，用万用表测量线圈端电阻，电阻值正常为 60~120Ω，实测为 600Ω，异常。

9）更换 J271，系统恢复正常。

故障机理

J271 继电器线圈虚接，导致 J271 继电器无法吸合，J623 及点火线圈等供电异常，所以在起动时，发动机无任何着车征兆。

案例 2 J623 模块大功率供电线路故障检修

故障点 1：J623 模块大功率供电熔丝 SB3 断路。
故障点 2：J623 模块大功率供电线路虚接 1000Ω 电阻。

故障现象：

1）踩住制动踏板，按住 E378，起动机运转，燃油泵运转。
2）发动机无任何着车征兆，无法起动。

现象分析：

如图 2-9 所示，发动机无任何着车征兆，说明气缸内没有混合气燃烧。可能的原因：
1）燃油系统故障。
2）点火系统故障。
3）发动机机械故障。

故障点 1　J623 模块大功率供电熔丝 SB3 断路

1）踩住制动踏板，按住 E378，用尾气分析仪测量排气管内的尾气，发现几乎检测不到太多的 HC，说明所有喷油器都没有喷射出燃油，而所有喷油器均不工作，与 J623 自身、功率电源、转速信号输入有关。

2）打开 E378（或踩住制动踏板，按住 E378），用万用表（或示波器）测量 J623 的

T91/5 或 T91/6 对地电压，电压值正常均为 +B，实测约为 10V（可能有偏差）。

3）打开 E378（或踩住制动踏板，按住 E378），用万用表（或示波器）测量 SB3 两端对地电压，正常均为 +B，实测一端约为 10V（可能有偏差），一端为 +B，异常。

4）关闭 E378，拔掉 SB3 熔丝，目视或用万用表测量熔丝的电阻，实测为无穷大。

5）拆卸蓄电池负极接线，用万用表测量 J623 的 T91/5 或 T91/6 对地电阻，电阻值正常应大于 +B/15A，实测正常。

6）更换 SB3 熔丝，系统恢复正常。

> **故障机理**
>
> SB3 断路，导致 J623 大功率供电缺失，喷油器等大功率用电器无法正常工作，所以在起动时，发动机无任何着车征兆。

▍故障点 2　J623 模块大功率供电线路虚接 1000Ω 电阻

1）踩住制动踏板，按住 E378，用尾气分析仪测量排气管内的尾气，发现几乎检测不到太多的 HC，说明所有喷油器都没有喷射出燃油，而所有喷油器均不工作，与 J623 自身、功率电源、转速信号输入有关。

2）打开 E378（或踩住制动踏板，按住 E378），用万用表（或示波器）测量 J623 的 T91/5 或 T91/6 对地电压，电压值正常均为 +B，实测约为 10V（可能有偏差，来自模块输出），异常。

3）打开 E378（或踩住制动踏板，按住 E378），用万用表（或示波器）分别测量 SB3 两端对地电压，电压值正常为 +B，实测为 +B，正常。

4）关闭 E378，断开蓄电池负极接线，拔下 SB3 熔丝和 J623 插接器，测量 T91/5 或 T91/6 与 SB3 之间线路的阻值，正常为 0Ω，实测为 1000Ω。

5）排除 J623 的 T91/5 或 T91/6 与 SB3 之间线路虚接故障，系统恢复正常。

> **故障机理**
>
> J623 的 T91/5 或 T91/6 与 SB3 之间线路虚接，导致 J623 大功率供电缺失，喷油器等大功率用电器无法正常工作，所以在起动时，发动机无任何着车征兆。

▎案例 3 ▎点火线圈供电线路故障检修

故障点 1：点火线圈供电线路对地短路。
故障点 2：J757 继电器触点端供电熔丝 SB16 虚接 50Ω 电阻。
故障点 3：J757 继电器线圈断路（电阻正常）。
故障点 4：J757 继电器控制线路断路。
故障点 5：J757 继电器控制线路虚接 1000Ω 电阻。

故障现象：

1）踩住制动踏板，按住 E378，起动机运转，燃油泵运转。

2）发动机无任何着车征兆，无法起动（注意：本案例是在未排空高压燃油系统燃油的前提下进行的）。

现象分析：

如图 2-9 所示，发动机无任何着车征兆，说明气缸内没有混合气燃烧。可能的故障原因：

1）燃油系统故障。

2）点火系统故障。

3）发动机机械故障。

故障点 1　点火线圈供电线路对地短路

1）踩住制动踏板，按住 E378，用尾气分析仪测量排气管内的尾气，发现可以检测到足够的 HC，说明喷油器可以喷射出燃油，但没有燃烧迹象，说明点火系统存在故障。

2）火花塞试火发现所有气缸火花塞不点火，故障可能在点火系统公共部分，即点火线圈正极电源。

3）踩住制动踏板，按住 E378，用示波器（或万用表）测量 J757 的 87# 端子（或等电位端子）对地电压，电压值正常为 +B，实测为 0V，异常。

4）踩住制动踏板，按住 E378，用示波器（或万用表）测量 J757 的 30#、85#、86# 端子对地电压，电压值正常分别为 +B、+B → 0V、+B，实测分别为 0V、+B → 0V、+B，说明 J757 继电器触点供电异常。

5）踩住制动踏板，按住 E378，用示波器（或万用表）测量 SB16 两端对地电压，电压值正常两端均为 +B，实测一端为 +B，一端为 0V，异常。

6）关闭 E378，拔下 SB16，目视或用万用表测量 SB16 电阻，电阻值正常为 0Ω，实测为无穷大，SB16 断路。

7）测量 SB16 下游线路对地电阻，电阻值正常应大于 +B/20A，实测发现 J757 下游对地电阻近乎为零，说明线路对地短路。

8）排除 SB16 下游线路对地短路故障，系统恢复正常。

点火线圈供电线路对地短路故障

故障机理

SB16 下游线路对地短路，导致点火线圈供电异常，所以在起动时，火花塞不点火，发动机无任何着车征兆。

故障点 2　J757 继电器触点端供电熔丝 SB16 虚接 50Ω 电阻

1）踩住制动踏板，按住 E378，用尾气分析仪测量排气管内的尾气，发现可以检测到足够的 HC，说明喷油器可以喷射出燃油，但没有燃烧迹象，说明点火系统存在故障。

2）火花塞试火发现所有气缸火花塞不点火，故障可能在点火系统公共部分，即点火线圈正极电源。

3）踩住制动踏板，按住 E378，用示波器（或万用表）测量 J757 的 87# 端子（或等电位端子）对地电压，电压值正常为 +B，实测为略小于 +B → 1V 的方波信号（幅值可能存在偏差），异常。

4）踩住制动踏板，按住 E378，用示波器（或万用表）测量 J757 的 30# 端子对地电压，电压值正常为 +B，实测为略小于 +B → 1V 的方波信号，异常。

5）踩住制动踏板，按住 E378，用示波器（或万用表）测量 SB16 两端对地电压，电压值正常均为 +B，实测一端为 +B，另外一端为略小于 +B → 1V 的方波信号，异常。

6）关闭 E378，拔下 SB16，目视或用万用表测量 SB16 电阻，电阻值正常为 0Ω，实测为 50Ω，SB16 电阻过大。

7）更换 SB16，系统恢复正常。

> 故障机理

SB16 虚接，导致点火线圈供电异常，所以在起动时，火花塞不点火，发动机无任何着车征兆。

故障点 3　J757 继电器线圈断路（电阻正常）

1）踩住制动踏板，按住 E378，用尾气分析仪测量排气管内的尾气，发现可以检测到足够的 HC，说明喷油器可以喷射出燃油，但没有燃烧迹象，说明点火系统存在故障。

2）火花塞试火发现所有气缸火花塞不点火，故障可能在点火系统公共部分，即点火线圈正极电源。

3）踩住制动踏板，按住 E378，用示波器（或万用表）测量 J757 的 87# 端子（或等电位端子）对地电压，电压值正常为 +B，实测为 0V，异常。

4）踩住制动踏板，按住 E378，用示波器（或万用表）测量 J757 的其余端子对地电压，均正常。

5）关闭 E378，拔下 J757 继电器，用万用表测量继电器电磁线圈两端的电阻，电阻值正常为 60~120Ω，实测为 200Ω，说明继电器线圈断路。

6）更换继电器，系统恢复正常。

> 故障机理

J757 继电器线圈损坏，导致 J757 不能正常吸合，点火线圈供电异常，所以在起动时，火花塞不点火，发动机无任何着车征兆。

故障点 4　J757 继电器控制线路断路

1）踩住制动踏板，按住 E378，用尾气分析仪测量排气管内的尾气，发现可以检测到足够的 HC，说明喷油器可以喷射出燃油，但没有燃烧迹象，说明点火系统存在故障。

2）火花塞试火发现所有气缸火花塞不点火，故障可能在点火系统公共部分，即点火线圈正极电源。

3）踩住制动踏板，按住 E378，用示波器（或万用表）测量 J757 的 87# 端子（或等电位端子）对地电压，电压值正常为 +B，实测为 0V，异常。

4）踩住制动踏板，按住 E378，用示波器（或万用表）测量 J757 的其余端子对地电压，85# 端子对地电压正常为 +B → 0V，实测为 +B 不变，其余均正常。

5）打开 E378，用万用表测量 J623 的 T91/8 端子对地电压，电压值正常为 +B → 0V，实测为 0V 不变，结合上一步测试结果，说明 J757 控制线路断路。

6）关闭 E378，拆下蓄电池负极接线，拔下 J575、J623 的插接器，用万用表测量 J623 的 T91/8 与 J575 的 85# 端子之间的线束阻值，正常为 0Ω，实测为无穷大。

7）排除 J757 继电器控制线路断路故障，系统恢复正常。

> 故障机理

J757 继电器控制线路断路，导致 J757 不能正常吸合，点火线圈供电异常，所以在起动时，火花塞不点火，发动机无任何着车征兆。

故障点 5　J757 继电器控制线路虚接 1000Ω 电阻

1）踩住制动踏板，按住 E378，用尾气分析仪测量排气管内的尾气，发现可以检测到足够的 HC，说明喷油器可以喷射出燃油，但没有燃烧迹象，说明点火系统存在故障。

2）火花塞试火发现所有气缸火花塞不点火，故障可能在点火系统公共部分，即点火线圈正极电源。

3）踩住制动踏板，按住 E378，用示波器（或万用表）测量 J757 的 87# 端子（或等电位端子）对地电压，电压值正常为 +B，实测为 0V，异常。

4）踩住制动踏板，按住 E378，用示波器（或万用表）测量 J757 的其余端子对地电压，85# 端子对地电压正常为 +B → 0V，实测为 +B → 4V（可能会有偏差），异常，其余均正常。

5）打开 E378，用万用表测量 J623 的 T91/8 端子对地电压，电压值正常为 +B → 0V，实测为 +B → 0V，正常，结合上一步测试结果，说明 J757 控制线路虚接。

6）关闭 E378，拆下蓄电池负极接线，拔下 J757、J623 的插接器，用万用表测量 J623 的 T91/8 与 J757 的 85# 端子之间的线束阻值，正常为 0Ω，实测为 1000Ω，异常。

7）排除 J757 继电器控制线路虚接故障，系统恢复正常。

> 故障机理

J757 继电器控制线路虚接，导致 J757 不能正常吸合，点火线圈供电异常，所以在起动时，火花塞不点火，发动机无任何着车征兆。

案例 4 | 燃油泵控制单元 J538 及线路故障检修

故障点 1：燃油泵控制单元 J538 损坏。
故障点 2：燃油泵电动机控制线路断路。
故障点 3：燃油泵控制单元 J538 促动信号线路断路。
故障点 4：燃油泵控制单元 J538 促动信号线路虚接 1000Ω 电阻。
故障点 5：燃油泵控制单元 J538 促动信号线路对地短路。
故障点 6：燃油泵控制单元 J538 正极电源 SB10 断路。
故障点 7：燃油泵控制单元 J538 正极电源 SB10 虚接 500Ω 电阻。
故障点 8：燃油泵控制单元 J538 负极电源线路虚接 500Ω 电阻。

故障现象：

1）踩住制动踏板，按住 E378，起动机运转，未听到燃油泵有运转声。

2）发动机无任何着车征兆，无法起动（注意：本案例是在彻底排空高压燃油系统燃油的前提下进行的）。

现象分析：

如图 2-9 所示，未听到燃油泵有运转声，说明燃油系统存在故障；可能的故障原因：

1）J538 自身故障。
2）J538 线路故障。
3）燃油泵电动机故障。
4）J623 局部故障。

故障点 1　燃油泵控制单元 J538 损坏

1）打开 E378 或踩住制动踏板、按住 E378，用示波器测量燃油泵电动机 G6 端的 T5aw/1 与 T5aw/5 的相对波形，正常为 +B → 0V 的方波，实测为 0V 的一条直线，异常，说明燃油泵电动机没有接收到驱动信号。

2）打开 E378 或踩住制动踏板、按住 E378，用示波器测量 J538 端的 T5ax/1 与 T5ax/2 的相对波形，正常为 +B → 0V 的方波，实测为 0V 的一条直线，异常，说明 J538 没有发出驱动信号。

3）打开 E378 或踩住制动踏板、按住 E378，用万用表和示波器检查 J538 的电源和促动信号，均正常，说明 J538 损坏。

4）更换 J538，系统恢复正常。

故障机理

J538 自身损坏，导致燃油泵不转，无法正常供油，所以起动时发动机无法起动。

故障点 2 燃油泵电动机控制线路断路

1）打开 E378 或踩住制动踏板、按住 E378，用示波器测量燃油泵电动机 G6 端的 T5aw/1 与 T5aw/5 的相对波形，正常为 +B → 0V 的方波，实测为 0V 的一条直线，异常，说明燃油泵电动机没有接收到驱动信号。

2）打开 E378 或踩住制动踏板、按住 E378，用示波器测量 J538 端的 T5ax/1 与 T5ax/2 的相对波形，正常为 +B → 0V 的方波，实测正常，说明 J538 与燃油泵之间线路断路。

3）关闭 E378，拆掉蓄电池负极接线，断开 J538、燃油泵插头，用万用表测量 J538 与燃油泵之间线束的阻值，正常为 0Ω，实测为无穷大。

4）排除燃油泵电动机控制线路断路故障，系统恢复正常。

故障机理

燃油泵电动机控制线路断路，导致燃油泵不转，无法正常供油，所以起动时发动机无法起动。

故障点 3 燃油泵控制单元 J538 促动信号线路断路

1）打开 E378 或踩住制动踏板、按住 E378，用示波器测量燃油泵电动机 G6 端的 T5aw/1 与 T5aw/5 的相对波形，正常为 +B → 0V 的方波，实测为 0V 的一条直线，异常，说明燃油泵电动机没有接收到驱动信号。

2）打开 E378 或踩住制动踏板、按住 E378，用示波器测量 J538 端的 T5ax/1 与 T5ax/2 的相对波形，正常为 +B → 0V 的方波，实测为 0V 的一条直线，异常，说明 J538 没有发出驱动信号。

3）打开 E378 或踩住制动踏板、按住 E378，用示波器检查 J538 的促动信号，正常为 +B → 0V 的方波，实测发现促动信号为 12V 直线，异常，可能原因为 J538 未接收到来自 J623 的促动信号。

4）打开 E378 或踩住制动踏板、按住 E378，用示波器检查 J623 的 T91/9 对地波形，正常为 +B → 0V 的方波，实测为 0 → 3V（可能存在偏差）方波，结合上一步测试结果，说明促动信号断路。

5）关闭 E378，拆掉蓄电池负极接线，断开 J623、J538 插头，用万用表测量 J623、J538 之间线路的阻值，正常为 0Ω，实测为无穷大。

6）排除 J538 促动信号线路断路故障，系统恢复正常。

故障机理

J538 促动信号线路断路，导致燃油泵不转，无法正常供油，所以起动时发动机无法起动。

故障点 4　燃油泵控制单元 J538 促动信号线路虚接 1000Ω 电阻

1）打开 E378 或踩住制动踏板、按住 E378，用示波器测量燃油泵电动机 G6 端的 T5aw/1 与 T5aw/5 的相对波形，正常为 +B→0V 的方波，实测为 0V 的一条直线，异常，说明燃油泵电动机没有接收到驱动信号。

2）打开 E378 或踩住制动踏板、按住 E378，用示波器测量 J538 端的 T5ax/1 与 T5ax/2 的相对波形，正常为 +B→0V 的方波，实测为 0V 的一条直线，异常，说明 J538 没有发出驱动信号。

3）打开 E378 或踩住制动踏板、按住 E378，用示波器检查 J538 的促动信号，正常为 +B→0V 的方波，实测为 +B→5V（可能存在偏差）的方波，可能原因为测试点与 J623 之间虚接或 J623 自身故障。

4）打开 E378 或踩住制动踏板、按住 E378，用示波器检查 J623 的 T91/9 对地波形，正常为 +B→0V 的方波，实测正常，结合上一步测试结果，说明促动信号虚接。

5）关闭 E378，拆掉蓄电池负极接线，断开 J623、J538 插头，用万用表测量 J623、J538 之间线路的阻值，正常为 0Ω，实测为 1000Ω。

6）排除 J538 促动信号线路虚接故障，系统恢复正常。

> 故障机理

J538 促动信号线路虚接，导致燃油泵不转，无法正常供油，所以起动时发动机无法起动。

故障点 5　燃油泵控制单元 J538 促动信号线路对地短路

1）打开 E378 或踩住制动踏板、按住 E378，用示波器测量燃油泵电动机 G6 端的 T5aw/1 与 T5aw/5 的相对波形，正常为 +B→0V 的方波，实测为 0V 的一条直线，异常，说明燃油泵电动机没有接收到驱动信号。

2）打开 E378 或踩住制动踏板、按住 E378，用示波器测量 J538 端的 T5ax/1 与 T5ax/2 的相对波形，正常为 +B→0V 的方波，实测为 0V 的一条直线，异常，说明 J538 没有发出驱动信号。

3）打开 E378 或踩住制动踏板、按住 E378，用示波器检查 J538 的 T5ax/5 对地波形，正常为 +B→0V 的方波，实测为 0V 的一条直线，可能原因为测试点对地短路或者 J538 工作异常。

4）关闭 E378，拆掉蓄电池负极接线，用万用表测量 J538 的 T5ax/5 与接地之间线路的阻值，正常应存在较大电阻，实测为 0Ω。

5）排除 J538 促动信号线路对地短路故障，系统恢复正常。

> 故障机理

J538 促动信号线路对地短路，导致燃油泵不转，无法正常供油，所以起动时发动机无法起动。

故障点 6　燃油泵控制单元 J538 正极电源 SB10 断路

1）打开 E378 或踩住制动踏板、按住 E378，用示波器测量燃油泵电动机 G6 端的 T5aw/1 与 T5aw/5 的相对波形，正常为 +B → 0V 的方波，实测为 0V 的一条直线，异常，说明燃油泵电动机没有接收到驱动信号。

2）打开 E378 或踩住制动踏板、按住 E378，用示波器测量 J538 端的 T5ax/1 与 T5ax/2 的相对波形，正常为 +B → 0V 的方波，实测为 0V 的一条直线，异常，说明 J538 没有发出驱动信号。

3）打开 E378 或踩住制动踏板、按住 E378，用示波器检查 J538 的 T5ax/5 对地波形，正常为 +B → 0V 的方波，实测为 3 → 0V 的方波，可能原因为测试点对地虚接或者 J538 工作异常。

4）关闭 E378，拆掉蓄电池负极接线，用万用表测量 J538 的 T5ax/5 与接地之间线路的阻值，正常应存在较大电阻，实测未发现异常。

5）打开 E378，用万用表检查 SB10 两端对地电压，电压值正常均为 +B，实测一端为 0V，一端为 +B，异常，说明 SB10 断路。

6）关闭 E378，拔下 SB10，目视或用万用表测量阻值，正常为 0Ω，实测为无穷大。

7）测量 SB10 下游对地电阻，电阻值正常应大于 +B/15A，实测正常。

8）更换 SB10，系统恢复正常。

> 故障机理

J538 供电熔丝 SB10 断路，导致燃油泵不转，无法正常供油，所以起动时发动机无法起动。

故障点 7　燃油泵控制单元 J538 正极电源 SB10 虚接 500Ω 电阻

1）打开 E378 或踩住制动踏板、按住 E378，用示波器测量燃油泵电动机 G6 端的 T5aw/1 与 T5aw/5 的相对波形，正常为 +B → 0V 的方波，实测为 0V 的一条直线，异常，说明燃油泵电动机没有接收到驱动信号。

2）打开 E378 或踩住制动踏板、按住 E378，用示波器测量 J538 端的 T5ax/1 与 T5ax/2 的相对波形，正常为 +B → 0V 的方波，实测为 0V 的一条直线，异常，说明 J538 没有发出驱动信号。

3）打开 E378 或踩住制动踏板、按住 E378，用示波器检查 J538 的 T5ax/5 对地波形，正常为 +B → 0V 的方波，实测为 3 → 0V 的方波，可能原因为测试点对地虚接或者 J538 工作异常。

4）关闭 E378，拆掉蓄电池负极接线，用万用表测量 J538 的 T5ax/5 与接地之间线路的阻值，正常应存在较大电阻，实测未发现异常。

5）打开 E378，用万用表检查 SB10 两端对地电压，电压值正常均为 +B，实测一端为 4V（可能存在偏差），一端为 +B，异常，说明 SB10 断路。

6）关闭 E378，拔下 SB10，目视或用万用表测量阻值，正常为 0Ω，实测为 500Ω。

7）更换 SB10，系统恢复正常。

> **故障机理**

J538 供电熔丝 SB10 虚接，导致燃油泵不转，无法正常供油，所以起动时发动机无法起动。

故障点 8 燃油泵控制单元 J538 负极电源线路虚接 500Ω 电阻

1）打开 E378 或踩住制动踏板、按住 E378，用示波器测量燃油泵电动机 G6 端的 T5aw/1 与 T5aw/5 的相对波形，正常为 +B → 0V 的方波，实测为 0V 的一条直线，异常，说明燃油泵电动机没有接收到驱动信号。

2）打开 E378 或踩住制动踏板、按住 E378，用示波器测量 J538 端的 T5ax/1 与 T5ax/2 的相对波形，正常为 +B → 0V 的方波，实测为 0V 的一条直线，异常，说明 J538 没有发出驱动信号。

3）打开 E378 或踩住制动踏板、按住 E378，用示波器检查 J538 的 T5ax/5 对地波形，正常为 +B → 0V 的方波，实测为 3 → 0V 的方波，可能原因为测试点对地虚接或者 J538 工作异常。

4）关闭 E378，拆掉蓄电池负极接线，用万用表测量 J538 的 T5ax/5 与接地之间线路的阻值，正常应存在较大电阻，实测未发现异常。

5）打开 E378，用万用表检查 SB10 两端对地电压，电压值正常均为 +B，实测正常。

6）打开 E378，用万用表检查 J538 端的 T5ax/4 对地电压，电压值正常应小于 0.1V，实测为 4V（可能存在偏差），说明测试点与地之间虚接。

7）关闭 E378，拆下蓄电池负极，拔下 J538 插头，用万用表测量线束端的 T5ax/4 对地阻值，正常近乎为 0Ω，实测为 500Ω。

8）排除 J538 接地线路虚接故障，系统恢复正常。

> **故障机理**

J538 接地线路虚接，导致燃油泵不转，无法正常供油，所以起动时发动机无法起动。

｜案例 5｜ 燃油泵电动机控制线路反接故障检修

故障现象：

1）踩住制动踏板，按住 E378，起动机运转，燃油泵有运转声。

2）发动机无着车征兆，无法起动（注意：本案例是在彻底排空高压燃油系统燃油的前提下进行的）。

现象分析：

如图 2-9 所示，燃油泵有运转声，暂时不考虑燃油系统故障。发动机无着车征兆，说明气缸内没有混合气燃烧。可能的故障原因：

1）燃油系统故障。
2）点火系统故障。
3）发动机机械故障。

诊断过程：

1）踩住制动踏板，按住 E378，用尾气分析仪测量排气管内的尾气，发现几乎检测不到 HC，说明喷油器没有喷射出燃油，基于故障概率，可能原因为 J623 自身故障、电源故障或者 J623 没有接收到发动机转速信号。

2）打开 E378，用万用表测量 J623 的 T91/5 或 T91/6 对地电压，电压值正常为 +B，实测为 12.5V（可能有偏差），正常，说明不喷油的原因为 J623 自身故障。

3）踩住制动踏板，按住 E378，用示波器测量 J623 端喷油器的驱动信号波形，实测正常，说明 J623 未见异常，喷油器工作，但排气管检测不到 HC，说明高压燃油系统没有燃油。

4）踩住制动踏板，按住 E378，用万用表或示波器测量燃油系统压力传感器（低压及高压）的信号电压，发现电压均过低，说明燃油泵没有燃油输出，但燃油泵在运转，可能原因为燃油泵自身损坏或驱动信号反接。

5）关闭 E378，拆下蓄电池负极接线，断开 J538、G6 的插接器，用万用表检查 J538、G6 之间线路的导通性，测试发现 G6 的 T5aw/1 与 J538 的 T5ax/1、G6 的 T5aw/5 与 J538 的 T5ax/2 之间线路错接。

6）排除燃油泵电动机控制线路错接故障，系统恢复正常。

故障机理

燃油泵电动机控制线路错接，导致燃油泵无法正常供油，所以起动时发动机无着车征兆，无法起动。

|案例 6| CKP 与排气侧 CMP 信号线路短路故障检修

故障现象：

踩住制动踏板，按住 E378，起动机运转，但无着车征兆，未听见燃油泵工作声，仪表显示发动机转速为零。

现象分析：

如图 2-1 和图 2-2 所示，由于燃油泵的运转与发动机转速有关，未听见燃油泵工作声，且发动机转速为零，说明转速传感器存在故障。可能的故障原因：

1）与转速相关的传感器自身故障。
2）相关线路故障。
3）J623 局部故障。

诊断过程：

1）踩住制动踏板，按住 E378，用示波器测量 J623 端的 G300（部分车型该传感器编号可能不同）、G40、G28 信号，实测发现 G28 与 G300 波形一致但均异常，见表 2-3，说明两者之间很可能短路。

表 2-3 波形检测

传感器	G300	G40	G28
标准波形			
实测波形			

2）关闭 E378，拆下蓄电池负极接线，用万用表测量 J623 的 T105/70 与 T105/28 之间线路的阻值，正常为无穷大，实测为 0Ω，异常。

3）排除 G28 与 G300 之间信号线路短路故障，系统恢复正常。

故障机理

G28 与 G300 之间信号线路短路，导致 J623 接收到错误的转速信号，所以起动时起动机运转，但无着车征兆。

案例7 CKP 及 CMP 信号线路故障检修

故障点 1：CKP 与排气侧 CMP 信号线路均断路。
故障点 2：CKP 与排气侧 CMP 信号线路均对地短路。
故障点 3：进气侧 CMP 与排气侧 CMP 信号线路短路。

故障现象：

踩住制动踏板，按住 E378，起动机运转，但无着车征兆，未听见燃油泵工作声，仪表转速指针异常跳动。

现象分析：

如图 2-1 和图 2-2 所示，由于燃油泵的运转与发动机转速有关，未听见燃油泵工作

声,且发动机转速不稳定,说明转速传感器存在故障。可能的故障原因:

1)转速传感器自身故障。

2)相关线路故障。

3)J623局部故障。

故障点1 CKP与排气侧CMP信号线路均断路

1)踩住制动踏板,按住E378,用示波器测量J623端的G300(部分车型该传感器编号可能不同)、G40、G28信号,实测发现G28与G300波形为5V直线,异常,说明测试点与传感器之间存在线路断路故障、传感器自身或电源故障。

2)踩住制动踏板,按住E378,用示波器测量G300、G28端的信号波形,实测发现G28与G300波形为0V直线,结合上一步测试结果,说明G300、G28信号线路断路。

3)关闭E378,拆下蓄电池负极接线,断开J623、G300、G28插头,用万用表测量G300、G28信号线路的阻值,正常为0Ω,实测为无穷大。

4)排除G28与G300信号线路断路故障,系统恢复正常。

故障机理

G28与G300信号线路均断路,导致J623接收到异常的转速信号,所以起动时起动机运转,但无着车征兆。

故障点2 CKP与排气侧CMP信号线路均对地短路

1)踩住制动踏板,按住E378,用示波器测量J623端的G300、G40、G28的信号波形,实测发现G28与G300波形始终为0V直线,说明测试点与J623之间存在线路断路、传感器电源故障或者测试点与接地之间短路。

2)踩住制动踏板,按住E378,用示波器测量G300、G28端的信号波形,实测发现G28与G300波形均为0V,异常,说明信号线路断路的概率较低。

3)打开E378,用万用表测量G28与G300的电源线路对地电压,实测均正常,说明故障可能是G28与G300的信号线路对地短路。

4)关闭E378,拆下蓄电池负极接线,断开J623、G28、G300插头,用万用表测量G300、G28与J623之间信号线路的对地阻值,正常为无穷大,实测为0Ω。

5)排除G28与G300信号线路对地短路故障,系统恢复正常。

故障机理

G28与G300信号线路对地短路,导致J623接收到异常的转速信号,所以起动时起动机运转,但无着车征兆。

故障点3 进气侧CMP与排气侧CMP信号线路短路

1)踩住制动踏板,按住E378,用示波器测量J623端的G300、G40、G28信号波形,实测G40与G300波形重叠,且均异常,见表2-4,说明G40与G300信号之间线路短路。

表 2-4 波形检测

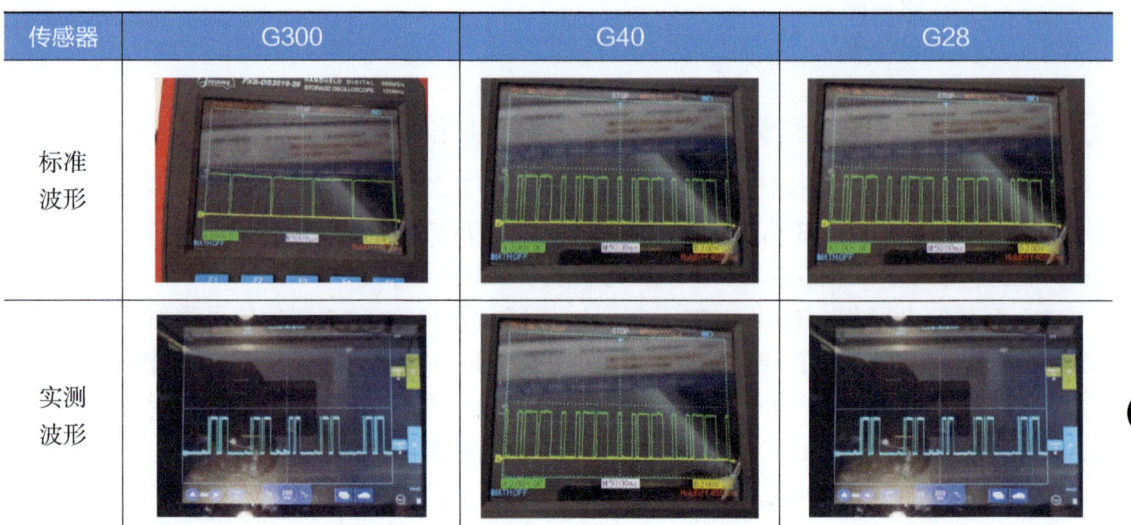

2）关闭 E378，拆下蓄电池负极接线，断开 J623、G300、G28 插头，用万用表测量 G300、G28 与 J623 的信号线路之间的阻值，正常为无穷大，实测为 0Ω。

3）排除 G300、G28 到 J623 的信号线路互短故障，系统恢复正常。

故障机理

G28 与 G300 信号线路短路，导致 J623 接收到异常的转速信号，所以起动时起动机运转，但无着车征兆。

| 案例 8 | 点火线圈公共接地线路断路故障检修

故障现象：

踩住制动踏板，按住 E378，起动机运转，但无着车征兆，可以听见燃油泵工作声。

现象分析：

如图 2-5 所示，发动机无任何着车征兆，说明气缸内没有混合气燃烧。可能的故障原因：

1）燃油系统故障。
2）点火系统故障。
3）发动机机械故障。

诊断过程：

1）踩住制动踏板，按住 E378，用尾气分析仪测量排气管内的尾气，发现可以检测到足够的 HC，说明喷油器可以喷射出燃油，但没有燃烧迹象，说明点火系统存在故障。

2）火花塞试火发现所有气缸火花塞不点火，故障可能在点火系统公共部分，即点火线圈正极电源。

3）踩住制动踏板，按住 E378，用示波器（或万用表）分别检查点火线圈的正、负极对地电压，发现负极对地电压实测为 +B，正常应为 0V，说明负极线路断路。

4）关闭 E378，断开点火线圈的插头，用万用表测量线束端接地线路的阻值，正常应为 0Ω，实测为无穷大。

5）排除故障，系统恢复正常。

> 故障机理

点火线圈公共负极线路断路，导致所有点火线圈不工作，所以起动时发动机没有任何着车征兆。

任务 3　发动机运行不良的故障诊断

任务描述

1）一辆迈腾轿车，被送到修理厂进行修理，客户向业务员主诉发动机怠速抖动。业务员试车后发现是发动机混合气过稀导致怠速抖动。请你在约定的时间内对车辆进行检修，完成诊断报告单，将修好的车辆返还业务部门，并给客户提供用车建议。

2）一辆迈腾轿车，被送到修理厂进行修理，客户向业务员主诉发动机加速不良、动力不足。服务顾问试车后发现是发动机功率不足导致加速缓慢。请你在约定的时间内对车辆进行检修，完成诊断报告单，将修好的车辆返还业务部门，并给客户提供用车建议。

3）一辆迈腾轿车，被送到修理厂进行修理，客户向业务员主诉车辆在行驶中发动机冷却液温度表一直指示在红色区域，在加速行驶过程中发动机出现异响。业务人员试车后发现是冷却液温度过高导致发动机敲缸（爆燃）。请你在约定的时间内对车辆进行检修，完成诊断报告单，将修好的车辆返还业务部门，并给客户提供用车建议。

4）一辆迈腾轿车，被送到修理厂进行修理，客户向业务员主诉车辆在行驶中感觉驾驶室有刺鼻的气味，排气管冒黑烟，燃油消耗比以往增加，有时还感觉加速无力，车辆年检时尾气测试不能通过。服务顾问测试后发现 CO、HC 排量明显偏高，而 CO_2、O_2 排量明显偏低。请你在约定的时间内对车辆进行检修，完成诊断报告单，将修好的车辆返还业务部门，并给客户提供用车建议。

5）一辆迈腾轿车，被送到修理厂进行修理，客户向业务员主诉车辆在行驶中感觉动力不足，车辆年检时尾气测试不能通过。服务顾问测试后发现 HC、O_2 排量明显偏高，而 CO_2、CO 排量明显偏低。请你在约定的时间内对车辆进行检修，完成诊断报告单，将修好的车辆返还业务部门，并给客户提供用车建议。

学习目标

1. 知识目标

1）能系统描述发动机电控系统的基本结构、工作原理。

2）能描述与发动机怠速、加速、冷却液温度、尾气排放控制有关的系统或部件结构、工作原理。

2. 能力目标

1）可以借助原厂资料（维修手册）准确描述发动机起动过程中相关系统的构造和工作原理。

2）能编制发动机怠速抖动、加速不良、冷却液温度异常、尾气排放超标等的故障树（诊断流程）。

3）能借助原厂资料和诊断设备，按照编制的故障树（诊断流程）进行系统诊断，以确定故障所在。

4）能正确排除诊断出的故障，并对车辆进行试验，以确保车辆运行正常。

5）能正确完成诊断报告，并给客户提供用车建议。

3. 素质目标

1）能够按照企业 5S 要求和安全生产规范进行操作。

2）具有一定的沟通能力和团队合作能力。

4. 拓展目标

1）能对同一车型的发动机运行不良故障进行诊断与排除。

2）能对速腾汽车的同类故障进行诊断和排除。

建议学时

20 学时

学习准备

一、知识准备

发动机运行控制原理认知，详见 3.1 节。

二、技能准备

发动机燃烧系统的测试与诊断，详见 3.2 节。

三、教学准备

1）车辆或发动机实验台。

2）发动机综合分析仪、诊断仪、示波器、万用表等。

3）常用工具。

4）原厂维修手册。

5）笔以及用于数据记录和计算的纸、任务单。

6）参考教材和工作页。

3.1 发动机运行控制原理认知

为很好地解决尾气排放问题,迈腾 B8 汽车发动机采用双喷射系统,它主要由进气歧管 SRE 燃油喷射系统(低压喷射系统)和高压喷射系统组成,如图 3-1 所示,在不同的工况下,由不同的系统向发动机喷入燃油。

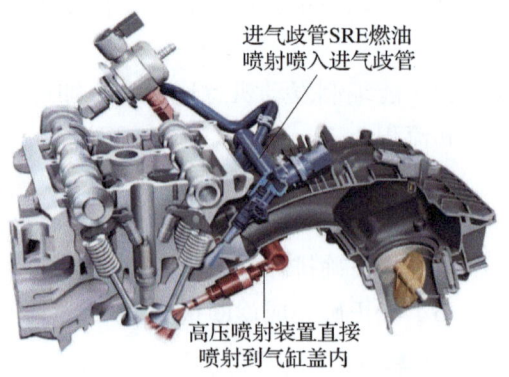

图 3-1 迈腾 B8 发动机双喷射系统

1)每次发动机起动,就在压缩循环中通过高压喷射系统进行三重直喷,即 3 次直喷进入压缩行程。注意:在发动机起动过程中,即使高压喷射系统存在严重故障,低压喷射系统也不会参与工作。

2)发动机起动后,如果冷却液的温度低于 45℃,在此阶段,在进气和压缩循环中进行高压双重直喷,即两次喷射分别喷入进气行程和压缩行程。此时,点火点有一定的延迟,进气歧管翻板关闭。

3)如果发动机温度高于 45℃,并且发动机在部分负荷范围时,则发动机控制系统会自动切换到 SRE 模式。此时,进气歧管翻板在大多数情况下保持关闭。

4)基于高性能需求,当发动机处于全负荷时,发动机控制系统会自动切换到高压喷射模式,在进气和压缩循环中进行双重直喷,即两次喷射分别喷入进气行程和压缩行程。

5)如果任一喷油系统发生故障,发动机使用另一系统由发动机控制单元驱动,从而确保车辆仍可继续行驶,组合仪表中的红色发动机指示灯亮起。

SRE 喷射系统的喷油器将燃油喷入进气歧管中。SRE 喷射系统有自己的压力传感器(低压燃油压力传感器 G410)用于监控供油系统。供油只通过燃油箱中的燃油系统增压泵,而不通过高压燃油泵。在发动机温度达到 45℃、部分负荷范围下主要使用进气歧管燃油喷射。这样燃油油滴有充分的时间雾化并与空气混合,在点火前很长时间形成混合气,从而可以减少微粒质量以及炭烟的形成、减少二氧化碳排放量、降低油耗。进气道燃油喷射系统的组成主要包括燃油泵、燃油滤清器、油轨、喷油器、燃油压力调节器、油管及相关电路、J623。

高压喷射系统的特点主要是可以将高压燃油系统的压力增至 15~20MPa,达到新 EU6 排放标准中有关微粒质量和微粒数量的门限值,以减少二氧化碳废气排放量、减少部分负荷范围下的油耗。高压喷射系统除了和低压喷射系统共用燃油泵、燃油滤清器、燃油泵控制单元、J623、油管及相关电路以外,还主要包括高压燃油泵、高压油轨、燃油压力调节器、油轨压力传感器、喷油器等。

图 3-2 所示为迈腾 B8 汽车发动机电控系统的控制原理图,发动机控制系统根据各传感器信号控制燃油、进气和点火等系统,以保证发动机的动力性、经济性和排放性能。

该发动机的最大特点是采用双喷射控制系统,共轨高压喷射系统采用单活塞高压燃油泵,负责提供精确的燃料,形成 3~10MPa 的燃油压力,汽油被直接喷入燃烧室。同时,

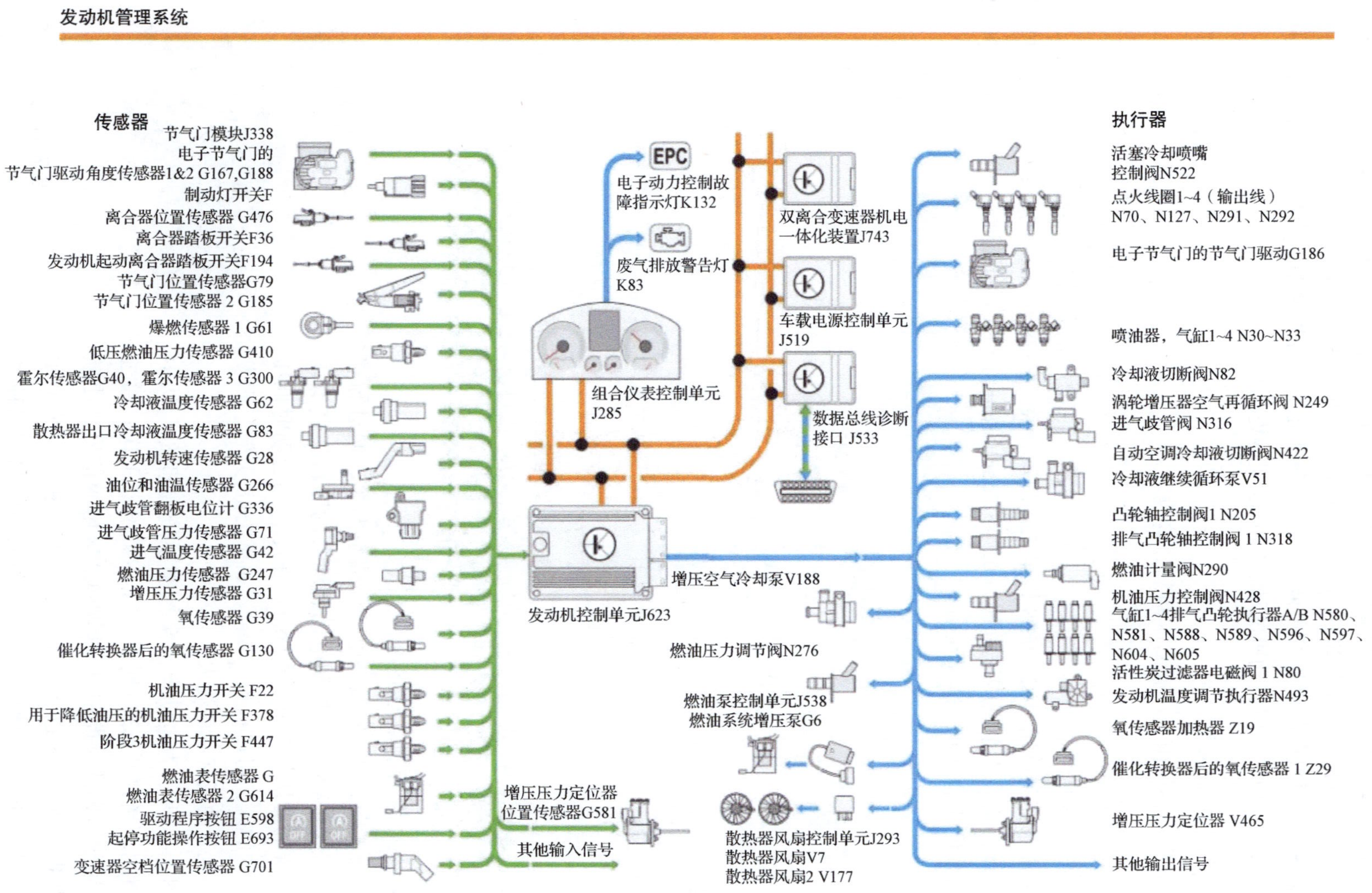

任务 3 发动机运行不良的故障诊断

发动机管理系统

传感器
- 节气门模块J338
- 电子节气门
- 节气门驱动角度传感器1&2 G167,G188
- 制动灯开关F
- 离合器位置传感器G476
- 发动机起动离合器踏板开关F36
- 节气门位置传感器1 G79
- 节气门位置传感器2 G185
- 爆燃传感器1 G61
- 低压燃油压力传感器G410
- 霍尔传感器G40,霍尔传感器3 G300
- 冷却液温度传感器G62
- 散热器出口冷却液温度传感器G83
- 发动机转速传感器G28
- 油位和油温传感器G266
- 进气歧管翻板电位计G336
- 进气歧管压力传感器1 G71
- 进气温度传感器G42
- 氧传感器G39
- 增压压力传感器G31
- 燃油压力传感器G247
- 机油压力开关F22
- 用于降低油压的机油压力开关F378
- 阶段3机油压力开关F447
- 催化转换器后的氧传感器G130
- 燃油表传感器G
- 燃油表传感器2 G614
- 驱动程序按钮E598
- 起停功能操作按钮E693
- 变速器空档位置传感器G701

执行器
- 活塞冷却喷嘴控制阀N522
- 点火线圈1~4（输出线）N70、N127、N291、N292
- 电子节气门的节气门驱动G186
- 喷油器,气缸1~4 N30~N33
- 冷却液切断阀N82
- 涡轮增压器空气再循环阀N249
- 进气歧管N316
- 自动空调冷却液切断阀N422
- 冷却液继续循环泵V51
- 凸轮轴控制阀1 N205
- 排气凸轮轴控制阀1 N318
- 燃油计量阀N290
- 机油压力控制阀N428
- 气缸1~4排气凸轮执行器A/B N580、N581、N588、N589、N596、N597、N604、N605
- 活性炭过滤器电磁阀1 N80
- 发动机温度调节执行器N493
- 氧传感器加热器Z19
- 催化转换器后的氧传感器1 Z29
- 增压压力定位器V465
- 其他输出信号

- 双离合变速器机电一体化装置J743
- 车载电源控制单元J519
- 数据总线诊断接口J533
- EPC 电子动力控制指示灯K132
- 废气排放警告灯K83
- 组合仪表控制单元J285
- 增压空气冷却泵V188
- 发动机控制单元J623
- 燃油压力调节阀N276
- 燃油泵控制单元J538
- 燃油系统增压泵G6
- 散热器风扇控制单元J293
- 散热器风扇V7
- 散热器风扇2 V177
- 增压压力定位器位置传感器G581
- 其他输入信号

图 3-2 发动机电控系统控制原理图

燃烧室的几何设计以及精确到毫秒级的燃油喷入量的计算功能，都大大提高了其压缩比。

在进气道方面，发动机采用可变进气歧管，由电子系统控制所需的空气流量，同时发动机配备进、排气凸轮轴连续可调装置，实现了无节流变质调节，提高了充气效率，从而获得更高的升功率，而发动机的动态响应也变得更为直接。

1. FSI 燃油系统

FSI 燃油系统由低压和高压两部分组成。

（1）低压系统

如图 3-3 所示，低压系统主要由燃油箱、电动燃油泵总成、滤清器、各种油管和 J538 燃油泵控制单元构成。J538 根据来自门锁开关、E378 和 J623 的指令，控制电动燃油泵的运行，给高压泵供应压力约为 0.5~6.5bar（1bar=10^5Pa）的燃油。在冷、热起动时低压燃油系统的油压可以达到 6.5bar。

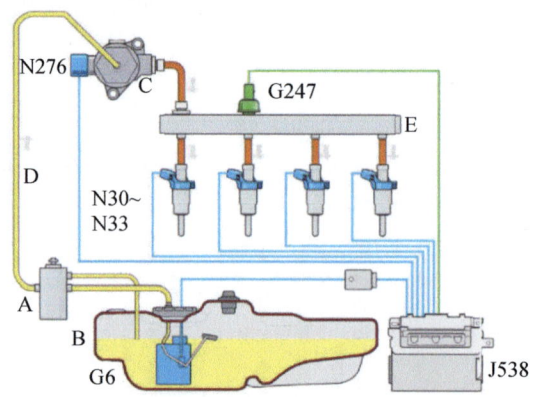

图 3-3　燃油系统结构图

G6—燃油系统增压泵　G247—燃油压力传感器　N276—燃油压力调节阀　N30~N33—喷油器，气缸 1~4
J538—燃油泵控制单元　A—燃油滤清器　B—燃油箱　C—高压燃油泵
D—低压燃油油轨　E—高压燃油油轨

1）燃油泵控制单元 J538。

J538（图 3-4）安装在电动燃油泵上面，通过脉宽调制信号（PWM）来控制电动燃油泵的运行，使低压燃油系统的油压达到 0.5~6.5bar。在冷、热起动时低压燃油系统的压力可以达到 6.5bar。如果 J538 失效，则发动机不能起动或起动后熄火。

图 3-5 所示为电动燃油泵控制系统原理图，从中可以看出，当打开 E378 时，J271 主继电器工作，通过 SB10 熔丝给燃油泵控制单元提供 E378 电源信号，使燃油泵控制单元 J538 进入工作状态，当燃油泵控制单元 J538 接收到 J623 的通信信号时，就向燃油泵发出控制

图 3-4　燃油泵控制单元 J538

电压，控制燃油泵运转，根据转速和负荷的大小，燃油泵的转速会进行适当的调整。

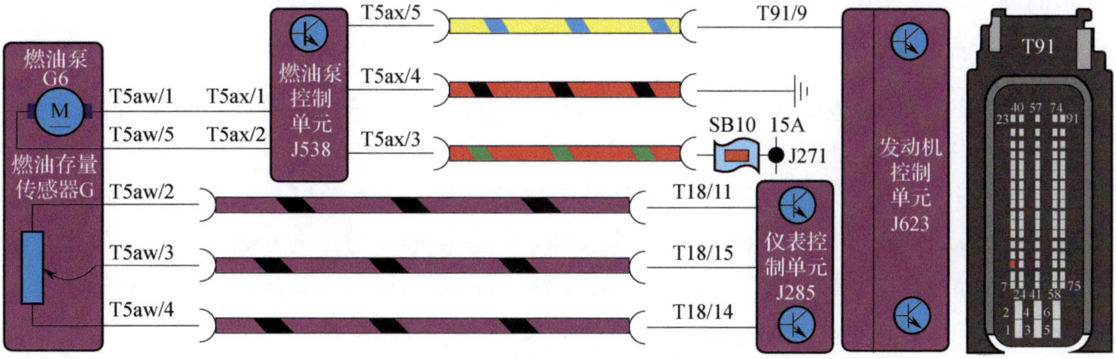

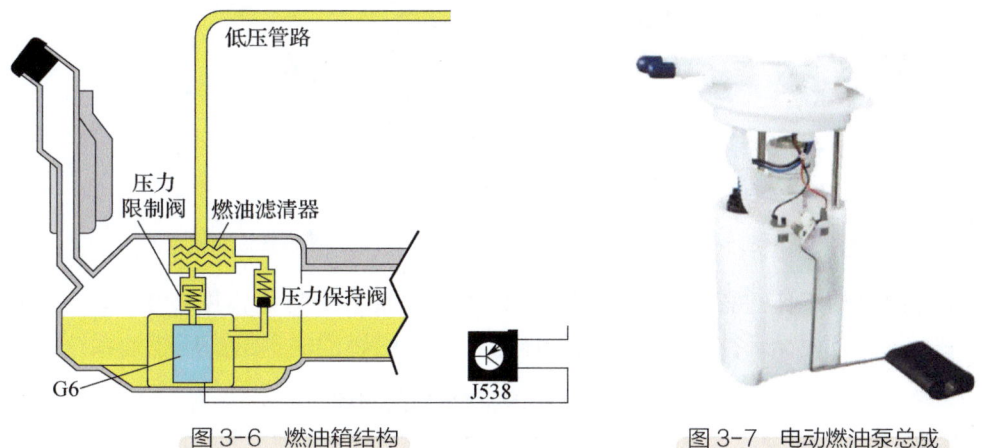

图 3-5　电动燃油泵控制系统原理图

2）燃油箱。燃油箱安装在车辆后部下方，除了储油外，还起着散热、分离油液中的气泡、沉淀燃油箱杂质等作用，其结构组成如图 3-6 所示。

图 3-6　燃油箱结构　　　　图 3-7　电动燃油泵总成

3）电动燃油泵总成 G6。电动燃油泵总成如图 3-7 所示。电动燃油泵总成由燃油泵、滤网、燃油箱液位传感器构成。燃油箱液位传感器可以监测燃油箱内油液平面的高低，滤网可以过滤颗粒较大的杂质，燃油泵的主要作用就是给燃油增压，通过油管、滤清器把燃油输送给高压燃油泵和低压燃油供给系统。燃油泵受燃油泵控制单元控制，初期以最高转速运转迅速给燃油系统建立初压，之后转速降低。J623 在运行过程中根据转矩和负荷需要调节燃油泵转速，使低压油路系统工作在最佳（0.5~6.5bar）的状态下。

4）燃油滤清器。发动机燃油系统采用无回路模式设计，也就是低压系统有回油管（安装在燃油滤清器上），高压系统没有回油管，这样可防止热燃油从发动机返回至油箱，以降低油箱的内部温度，油箱内部温度降低可避免蒸发排放增大。图 3-8 所示为燃油滤清器结构示意图。

图 3-8　燃油滤清器

燃油滤清器带有压力限制阀,如果低压系统油压超过大约 6.8bar 时,限制阀打开,使多余的燃油回到油箱,将低压系统压力控制在安全范围内。

(2)高压系统

高压系统的作用是将电动燃油泵建立的低压增加到喷油器喷射所需要的压力,高压燃油系统的油压范围可以达 30~200bar(取决于负荷和转速)。

1)高压燃油泵。发动机高压燃油泵采用单活塞泵,由发动机凸轮轴上的方形凸轮以机械方式驱动。电动燃油泵给高压燃油泵预供油,预供油压力约为 6bar。发动机运行过程中,高压燃油泵在燃油轨内产生高压喷油器喷射所需要的压力。高压燃油泵上有一个压力缓冲器,它可以吸收高压系统内的压力波动,使系统压力保持相对稳定。

图 3-9、图 3-10 所示为高压燃油泵结构图和驱动图。

图 3-9 高压燃油泵结构图

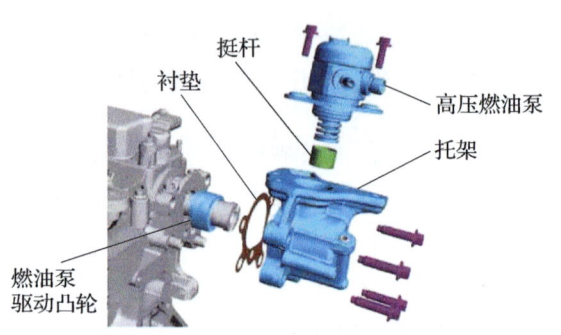
图 3-10 高压燃油泵驱动图

高压燃油泵的工作过程可以分为吸油、回油、泵油三个行程,见表 3-1。在发动机运行过程中,三个行程循环往复,持续将低压燃油系统的燃油输送给高压燃油系统。

表 3-1 高压燃油泵的工作过程

行程	说明	图示
吸油行程	高压燃油泵活塞在回位弹簧弹力的作用下下行,在柱塞上方形成真空,同时 N276 通电打开,低压系统的燃油被吸进活塞上方空间	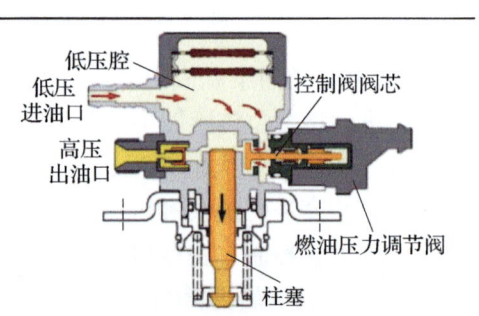
回油行程	高压燃油泵活塞上行,活塞上方压力增大。在活塞上行初期,N276 仍打开,多余的燃油被挤压回低压端,系统以此行程内 N276 的通电时间来精确控制系统压力	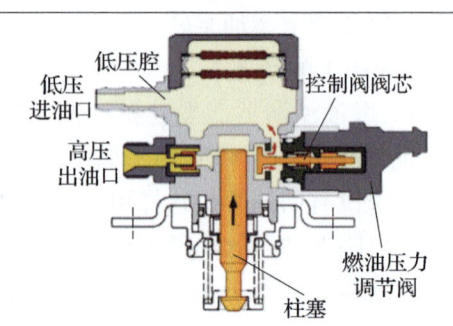

（续）

泵油行程	高压燃油泵活塞上行的中后期，N276断电，进油阀关闭，活塞上方压力持续增大。当泵腔内压力大于油轨压力时即维持泵油	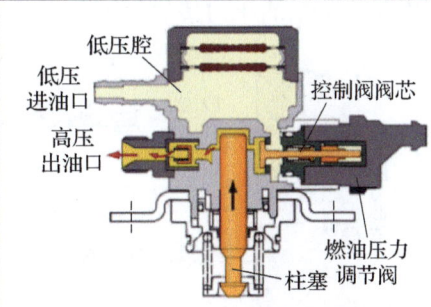

2）燃油压力调节阀 N276。如图 3-11 所示，燃油压力调节阀安装在高压燃油泵上，用于控制高压燃油泵内的燃油流量，进而调节高压系统的压力。该电磁阀是一个常闭电磁阀，通电时阀门打开，使部分燃油回到低压系统。

发动机运转过程中，凸轮轴带动高压燃油泵柱塞往复运动，建立高压。J623 通过脉宽调制信号（PWM）控制油压调节阀 N276 的打开和关闭，N276 线圈的阻值为 10Ω。

J623 通过调节燃油压力调节阀 N276 将压力调节至 30~200bar，压力的大小取决于负荷和转速。同时 J623 通过燃油压力传感器检测高压系统油压，以此形成控制闭环。

燃油压力调节阀 N276 主要功能有以下几点：

①为燃油系统提供高压。
②按需求控制进入油轨的油量。
③控制高压端的压力。

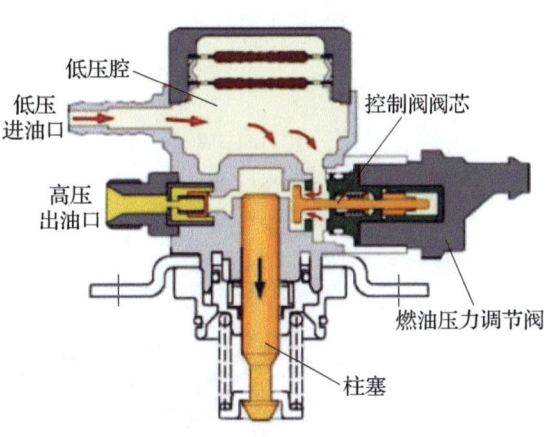

图 3-11　燃油压力调节阀

如果燃油压力调节阀 N276 出现故障，将影响系统的运行：如果该电磁阀持续打开，将造成燃油系统压力过低；如果该电磁阀持续关闭，则将造成高压燃油系统压力为零，发动机无法运行；如果控制信号出现故障，将可能导致高压系统压力过大或过小。

注意：迈腾汽车 B8 发动机多采用双喷射系统，如果燃油压力调节阀不能通电，将导致调节阀完全关闭，在这种情况下，系统只能靠残压起动发动机，当起动后怠速运转时如果发动机温度达到 45℃，则低压喷射系统开始工作，之后的一切工况都是依靠低压燃油供给系统。如果高压燃油系统没有残压，则发动机无法起动；如果依靠残压无法使发动机的温度达到 45℃，则发动机会逐渐失速而熄火。

图 3-12 所示为燃油压力调节阀 N276 与 J623 之间的连接线路，从中可以看出，J623 对燃油压力调节阀采用双源控制。

3）油轨。油轨负责保压、减少压力波动，并分配燃油到每个高压喷油器上，同时上边安装有高压燃油压力传感器 G247，如图 3-13 所示。

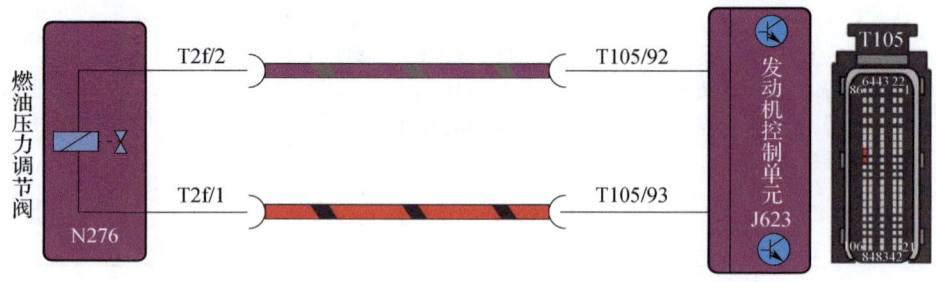

图 3-12　燃油压力调节阀 N276 与 J623 连接线路图

4）压力限制阀。压力限制阀集成在高压燃油泵内，或者安装在油轨上，它在约 140bar 时打开，使高压燃油泻到泵腔，再回到低压管路，如图 3-14 所示，过高的压力一般发生在超速阶段或高温状态。

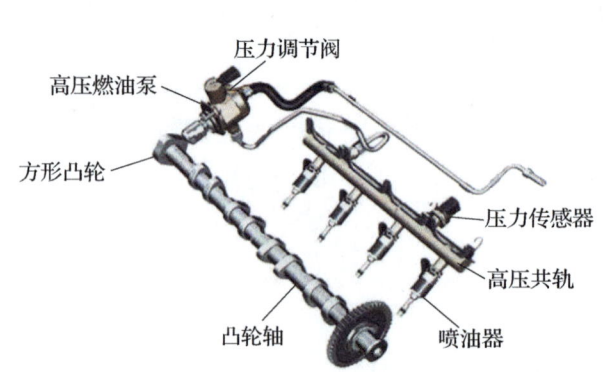

图 3-13　燃油系统结构原理示意图

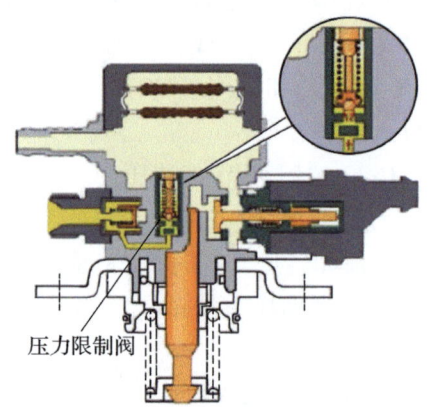

图 3-14　压力限制阀结构图

5）高压燃油压力传感器 G247。高压燃油压力传感器 G247 安装在油轨上，用于监测高压燃油系统的压力，并把压力信号转变成电压信号输送给 J623，作为控制燃油压力调节阀的重要参考信号。图 3-15 所示为高压燃油压力传感器结构图。

高压燃油压力传感器核心是一个钢膜，在钢膜上有应变电阻，要测的压力经压力接口作用到钢膜的一侧，使钢膜弯曲，引起应变电阻的阻值发生变化。线路将电阻值转变成电压，处理放大后传递给 J623。

图 3-16 所示为高压燃油压力传感器与 J623 之间的连接线路，J623 给传感器提供 5V 参考电

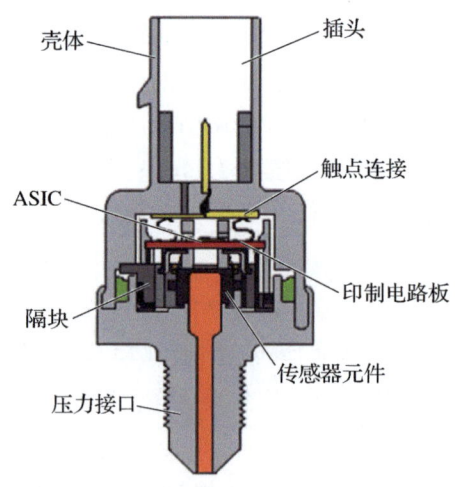

图 3-15　高压燃油压力传感器结构图

压和接地信号，传感器向 J623 提供随压力变化而变化的电压信号。

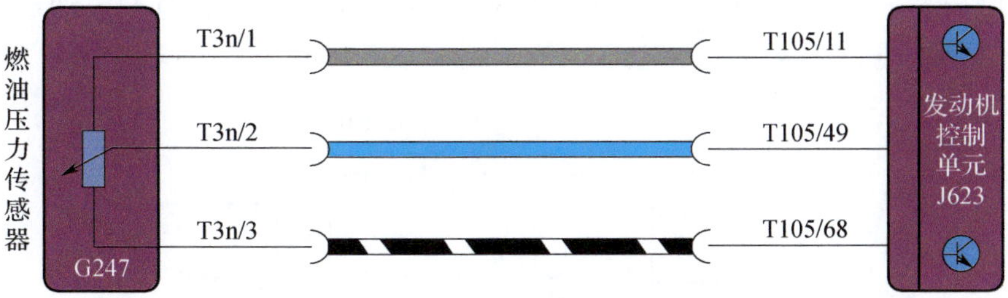

图 3-16 高压燃油压力传感器与 J623 连接线路图

6）高压喷油器 N30~N33。喷油器采用的是双源控制，即发动机通过一个端子给喷油器提供高压信号，通过另外一个端子给喷油器提供接地控制信号，两个信号同时作用决定了喷油器的喷油时刻和喷油量。J623 中的专用升压电路会产生 50~90V 的控制电压，使经过喷油器电磁线圈的电流增大，针阀快速升起达到最大升程；而要使针阀保持最大开度，则需要较小的电流，维持小电流有两种方法，一种是减小工作电压，另一种是靠占空比信号实施控制，迈腾汽车发动机采用的是后者。在针阀最大升程保持期间就可得到燃油喷射量随喷射时间的线性变化曲线，控制模块加给喷油器的驱动电压约 65V，瞬时电流可达 12A，平均电流 2.6A，图 3-17 所示为高压喷油器的结构示意图。

喷油器驱动电流要求分为 3 个阶段，如图 3-18 所示。

①上升阶段（t_0~t_1） 在上升阶段，需要一个高电压直接作用在喷油器电磁线圈上，加快驱动电流增大的速度，缩短喷油器开启时间。

②拾波阶段（t_1~t_2） 在拾波阶段，仍需提供较大的保持电流，以防止电流突变导致喷油器针阀意外关闭。

③保持阶段（t_2~t_3） 在保持阶段，驱动电流下降到一个较小的值，保证喷油器处于打开状态且功耗降低。

J623 内部有 DC/DC 变换器模块，可将 12V 电压转换成 90V 电压，通过 90V 电压来驱动喷油器。开启时，电容将通过喷油器放电，使喷油器开启；之后，喷油器利用系统电压（12V）来维持开启的状态，同时电容将再次充电以供下一次喷油器开启使用。

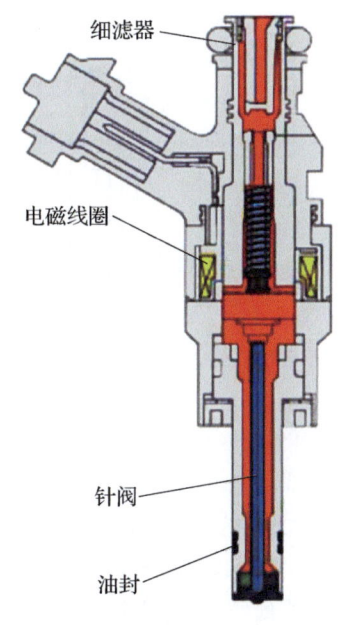

图 3-17 高压喷油器结构示意图

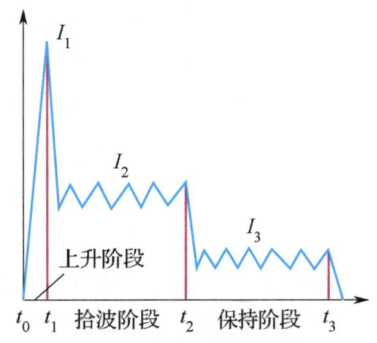

图 3-18 喷油器驱动电流控制波形

图 3-19 所示为喷油器驱动线路，喷油器驱动线路由升压线路、高端自举驱动线路、电流分段控制线路等组成。

发动机喷油时，控制模块产生选缸信号和高压触发信号，其中选缸信号通过低端驱动线路控制相对应的气缸 MOSFET 导通，其脉宽决定了喷油时间；高压触发信号通过高端自举驱动线路控制 MOSFET1 导通，其脉宽决定高电压通电时长。此时，通过升压线路得到 V_H 对喷油器供电，形成较大的电流，使喷油器快速开启。

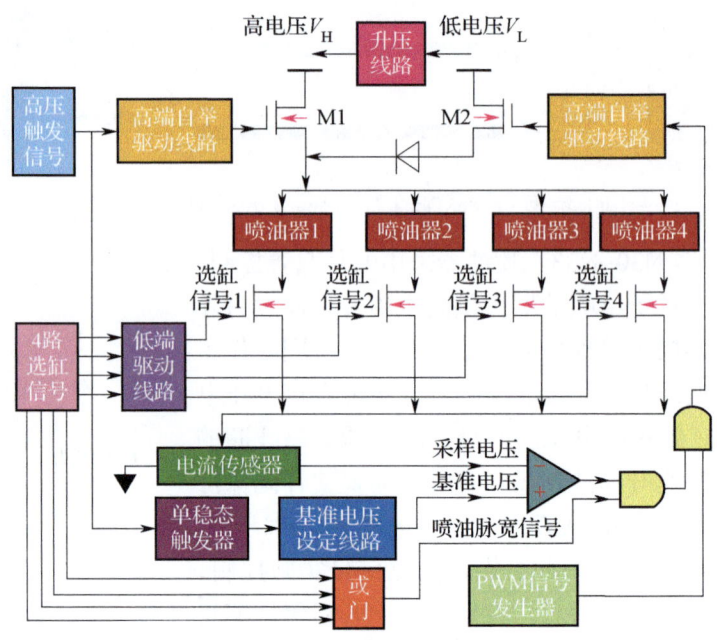

图 3-19 喷油器驱动线路

高压触发信号结束时，其下降沿触发单稳态触发器，产生一个低电平信号，控制基准电压设定线路产生一个高基准电压，当采样电压低于基准电压时，比较器输出高电平，通过与门逻辑线路输出高电平信号，使高端 MOSFET 管 M2 工作，低电压 V_L 开始供电，电流增加。当采样电压高于基准电压时，比较器输出低电平，M2 截止，低电压 V_L 停止供电，电流减小，如此循环，使第一段保持电流稳定在高基准电压确定的范围内。

单稳态触发器产生的低电平信号结束后，基准电压设定线路产生低基准电压，使第二段保持电流始终稳定在由低基准电压确定的范围内，直至喷油结束。

①DC/DC 升压线路。DC/DC 升压线路采用 BOOST 变换方式。升压线路由电流型 PWM 控制器、多量程电流传感器、MOSFET 管 Q1、储能电感 L1、二极管 VD1、储能电容 C4 和电压反馈电阻 R5、RV 等组成，如图 3-20 所示。

BOOST 升压原理：当 MOSFET 管 Q1 导通时，二极管 VD1 反相截止，电感线圈 L1 与供电电源形成闭合回路，能量以磁能形式储存在 L1 中；当 MOSFET 管 Q1 截止时，由于流过 L1 的电流不能发生突变，所以 L1 两端会产生一个与供电电源同向的感应电动势。在它们的共同作用下，二极管 VD1 导通，以高于电源的电压向储能电容 C4 充电。如果 MOSFET 反复导通和截止，就可以在储能电容 C4 两端得到高于电源电压的电压输出。

PWM 控制器通过 PWM 的方式控制 BOOST 线路的工作，其工作原理为：当电压反馈端子 VFB 输入电压高于 2.5V 时，输出端子 OUT 为低电平，BOOST 线路停止工作；当电压反馈端子 VFB 输入电压低于 2.5V 时，端子 OUT 输出 PWM 信号，BOOST 线路开始

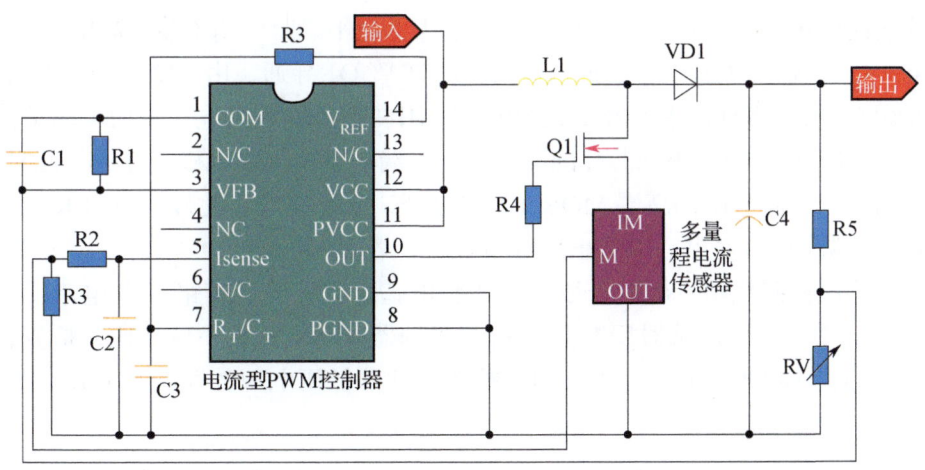

图 3-20 DC/DC 升压线路

工作。

电容 C4 两端电压经电阻 R5、RV 分压后输入到 VFB 端子。调整电阻 R5、RV 大小,使得输出电压为目标电压时,输入到 VFB 端子的电压恰好为 2.5V,从而实现对输出电压大小的控制。

②高端自举驱动线路。为保证 MOSFET 饱和导通,栅极与源极之间的压差应大于其开启电压 VGS(th),且栅极电压一般以地为参考点。在喷油器驱动线路中,高端 MOSFET 的栅极接电源,源极接喷油器。为此,需要设计一个高端自举驱动线路,以提高栅极的驱动电压,保证高端 MOSFET 的正常工作。

高端自举驱动线路主要包括栅极驱动芯片、MOSFET、自举电容 C2、自举二极管 VD2,如图 3-21 所示。

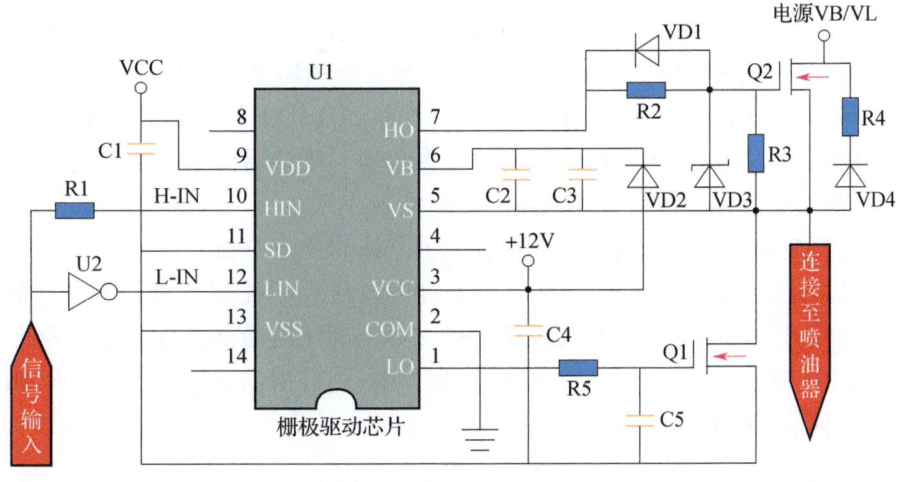

图 3-21 高端自举驱动线路

高端自举驱动线路的工作原理如下:

PWM 信号 H-IN 输入到栅极驱动芯片的高端信号输入端子 HIN,其反相信号 L-IN

输入到低端信号输入端子LIN。当HIN端子输入低电平、LIN端子输入高电平时，HO输出为低电平，LO输出为高电平，此时，MOSFET管Q1导通，由+12V、VD2、C2、Q1、GND构成的充电回路对自举电容C2充电；当HIN端子输入高电平、LIN端子输入低电平时，C2充电完毕，栅极驱动芯片的端子HO与端子VB（C2正极）导通。此时，Q2栅源极电压高于其开启电压，高端MOSFET被打开，自举完成。此外，电阻R5和电容C5用于延时LO端子信号输出，以防止高压端对地短路。

③电流分段控制线路。电流分段控制线路由基准电压设定线路A和电流反馈控制线路B组成，其中，电流传感器反馈电压V_f与喷油器驱动电流大小成正比，拾波和保持阶段驱动电流的大小则通过输出信号S-IN控制喷油器低压电源的通断来实现，如图3-22所示。

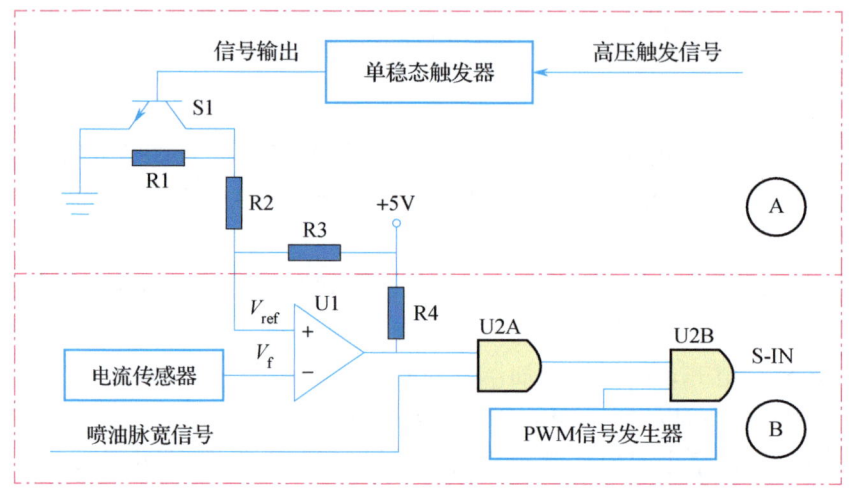

图3-22 电流分段控制线路

工作原理是：当V_{ref}大于V_f时，U1输出高电平，与喷油脉宽信号和PWM信号相与后，S-IN输出一个PWM信号，控制低压电源对喷油器供电，使电流不断上升，电流传感器反馈电压V_f也随着上升；当V_f大于V_{ref}时，U1输出低电平，与喷油脉宽信号和PWM信号相与后，S-IN输出低电平，低压电源停止对喷油器供电，使电流下降，直到V_f小于V_{ref}。不断重复上述动作，实现电流的反馈控制。

通过电流反馈和基准电压的共同作用实现了电流的分段控制。

如图3-23所示，迈腾B8轿车采用的是缸内高压直喷控制系统，为了达到规定的、可再现的燃油喷射过程，必须对具有复杂流动过程的高压喷油器进行控制。为此，发动机电控单元的CPU输出一个数字信号，J623内部专用的组件根据此信号产生一个HDEV（高压喷油器）控制信号控制喷油器的工作。

2. 点火系统

发动机采用独立点火方式，即每个气缸都有一个单独的点火线圈，四个点火线圈共用正极电源和接地，J623分别控制每个气缸点火线圈的工作，使各缸的性能达到最佳。

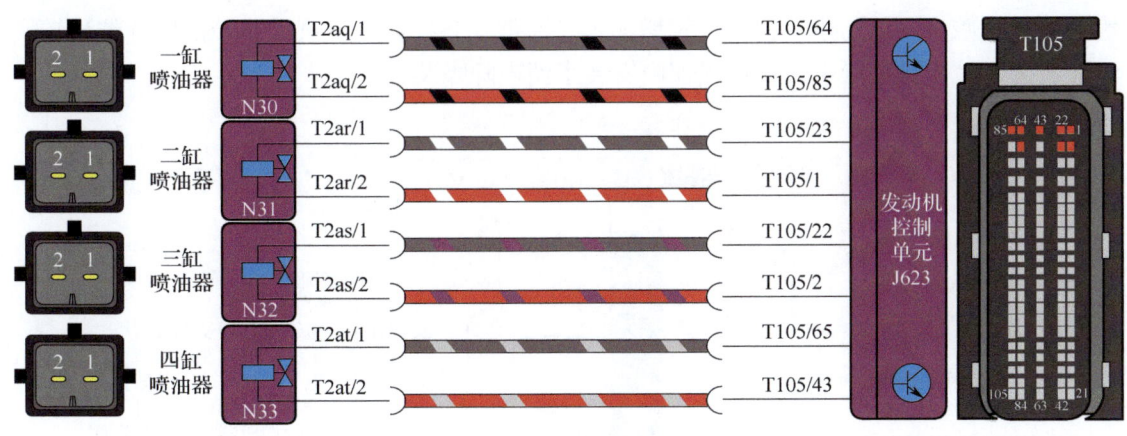

图 3-23 高压喷油器工作线路图

发动机根据输入的曲轴以及凸轮轴位置确定点火时间，并将此点火信号转化为占空比信号传输至独立点火线圈内的大功率管，大功率管断开初级绕组至发动机缸体上的接地线路，并在断开初级绕组瞬间，在次级绕组上产生感应电动势，感应电动势通过火花塞电极在气缸内放电，点燃气缸内的混合气，推动活塞往复运行，通过曲轴转化为圆周运动。图 3-24 所示为发动机点火系统线路图。

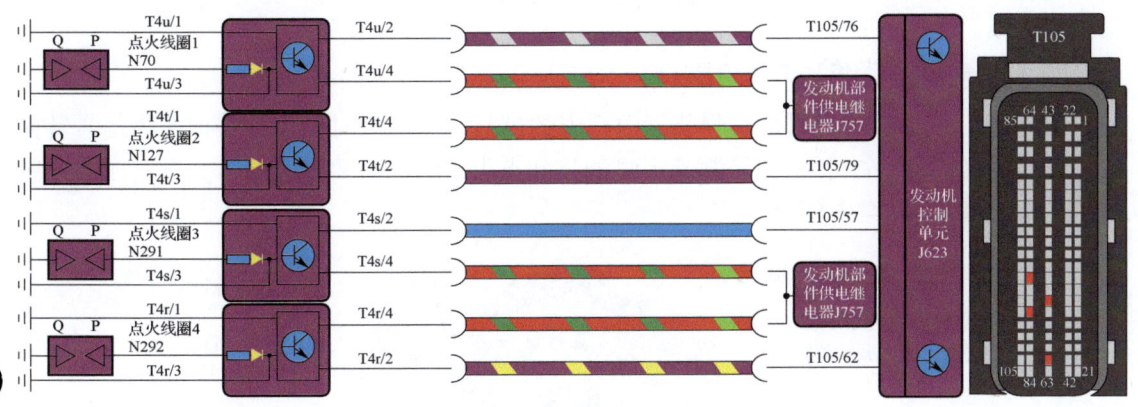

图 3-24 发动机点火系统线路图

3. 进、排气系统

发动机进气系统是把空气或混合气导入发动机气缸的零部件集合体，其作用是测量和控制进入发动机的空气质量。为提高进气量，发动机采用涡轮增压技术、进气通道面积可变技术、气门升程控制技术。为实现对进入气缸的空气进行精准测量，系统安装了空气流量传感器、进气歧管压力传感器、节气门位置传感器、进气温度传感器；为监测涡轮增压器的增压效果，系统安装了增压压力传感器；为控制进入发动机内部的空气质量，系统安装了节气门、进气歧管翻板、废气旁通阀、涡轮增压器排气再循环阀。进气系统结构图如图 3-25 所示。

汽车排气系统主要是排放发动机工作所产生的废气，同时使排出的废气污染减小，噪声减小。为减少废气污染，在排气管增加了三元催化转换器、氮氧催化转换器等催化转换装置；为了减少排放噪声，在排气管内安装了消声降噪装置。

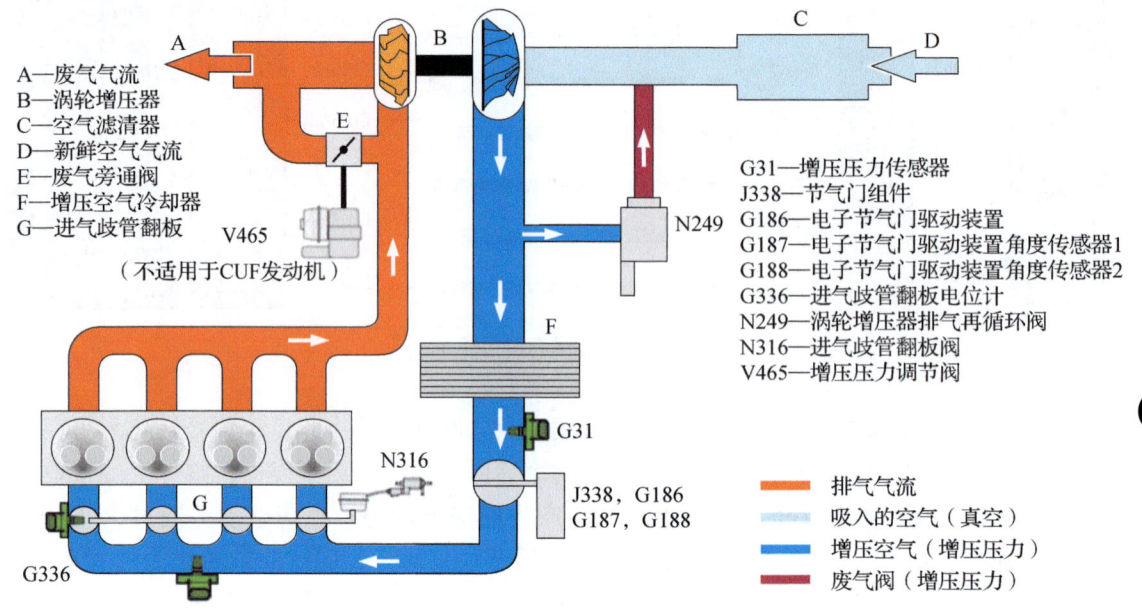

图 3-25 进气系统结构图

（1）进气歧管/温度压力传感器

进气压力传感器的作用是检测节气门后方的进气歧管的绝对压力，并把压力信号转换成电压信号传送至 J623，作为控制基本喷油量和点火正时的重要参考信号。进气压力传感器的安装位置如图 3-26 所示。

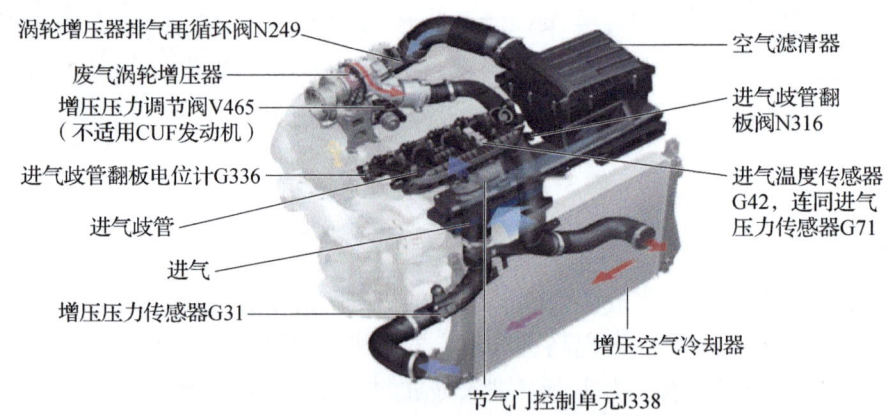

图 3-26 发动机进气压力/温度传感器安装位置

进气温度传感器的作用是检测进气温度，并把温度信号转变成电子信号传送至 J623，作为计算空气密度的依据，对喷油量进行修正。图 3-27 所示为进气歧管压力/温度传感器与 J623 之间的连接线路。

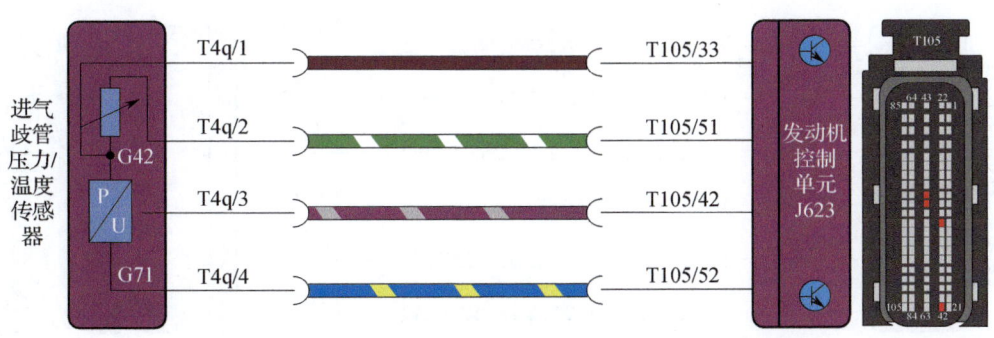

图 3-27 进气歧管压力/温度传感器与 J623 之间的连接线路

（2）增压压力传感器

从图 3-25 可以看出，空气通过滤清器、经涡轮加压后进入增压空气冷却器和节气门前，增压压力传感器将增压后的空气压力转换为电信号传递给 J623，如图 3-28 所示。J623 根据当前工况，通过 PWM 信号调节涡轮增压器排气再循环阀的开度，使增压后的空气压力（流量）符合当前工况需求，调节和冷却后的空气通过节气门进入进气歧管。同时，增压压力传感器中的进气温度传感器可以检测进气温度，把温度信号转变成电信号后提供给 J623，作为增压冷却效果的监测。

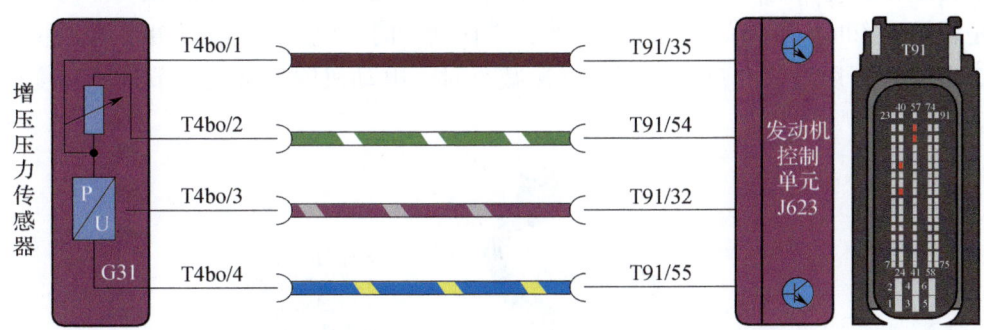

图 3-28 增压压力传感器与 J623 之间的连接线路

（3）加速踏板位置传感器

驾驶员操纵加速踏板，加速踏板位置传感器产生相应的电压信号输入 J623，控制单元根据当前的工作模式、踏板移动量和变化率解析驾驶员意图，计算出对发动机转矩的基本需求，得到相应的节气门转角的基本期望值。然后再经过 CAN 总线和整车控制模块进行通信，获取其他工况信息以及各种传感器信号，如发动机转速、档位、节气门位置、空调能耗等，由此计算出整车所需求的全部转矩，对节气门转角期望值进行补偿，得到节气门的最佳开度期望值，并把相应的电压信号发送到驱动线路模块，驱动控制电动机使节气门达到最佳的开度位置。节气门位置传感器则把节气门的开度信号反馈给节气门控制单元，形成闭环控制。图 3-29 所示为发动机加速踏板位置传感器线路图。

加速踏板位置传感器实际上是两个位置传感器同时工作，当其中一个传感器失效时，定速巡航等功能失效；如果有一个传感器信号在急速位置能保持一段时间，车辆还可以继

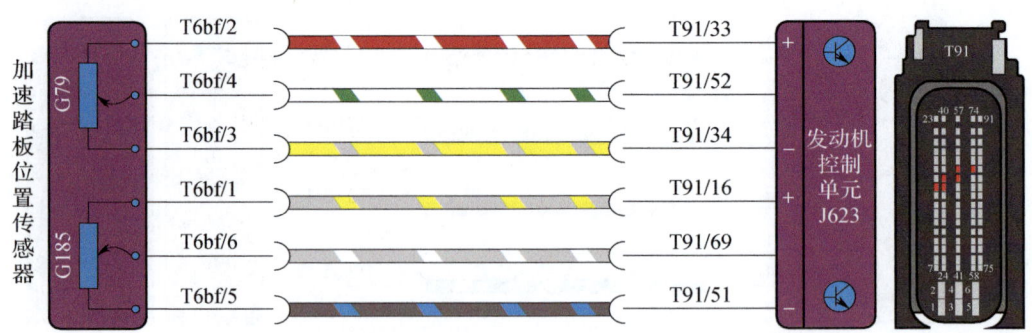

图 3-29　发动机加速踏板位置传感器与 J623 之间的连接线路

续驾驶，但加速会很慢；如果两个传感器均失效，发动机会处于高怠速（1000r/min 左右）状态运行，此时踩加速踏板，发动机无反应。

（4）节气门体

发动机节气门体由两个位置传感器和一个直流电动机组成，直流电动机采用脉冲宽度调制（PWM）技术进行控制，如图 3-30 所示。控制单元通过调节脉宽调制信号的占空比来控制直流电动机转角的大小，电动机方向则是由和节气门相连的回位弹簧控制的。电动机输出转矩和脉宽调制信号的占空比成正比。当占空比一定，电动机输出转矩与回位弹簧阻力矩保持平衡时，节气门开度不变；当占空比增大时，电动机驱动力矩克服回位弹簧阻力矩，节气门开度增大；反之，当占空比减小时，电动机输出转矩和节气门开度也随之减小。

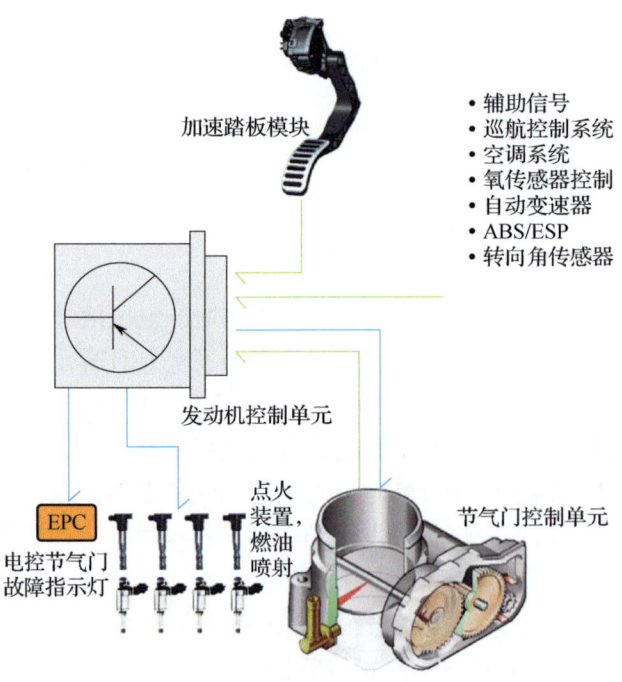

图 3-30　节气门体的结构和工作原理示意图

(5)进气歧管翻板控制电磁阀

进气歧管翻板在大多数情况下保持关闭（封住下进气道）。J623 根据转矩和负荷变化，确定需要对进气模式进行转换时，就会接通进气歧管翻板电磁阀控制线路，使阀门动作，接通真空源，通过真空膜盒和机械机构使翻板角度改变（接通下进气道），从而改变进气道面积，增大进气量。同时进气歧管翻板电位计将翻板位置和角度反馈给 J623，作为闭环控制的依据信号。图 3-31 所示为发动机进气歧管翻板位置图，图 3-32 所示为进气歧管翻板控制电磁阀与控制单元之间的连接电路图，图 3-33 所示为进气歧管翻板电位计与 J623 之间的连接线路。

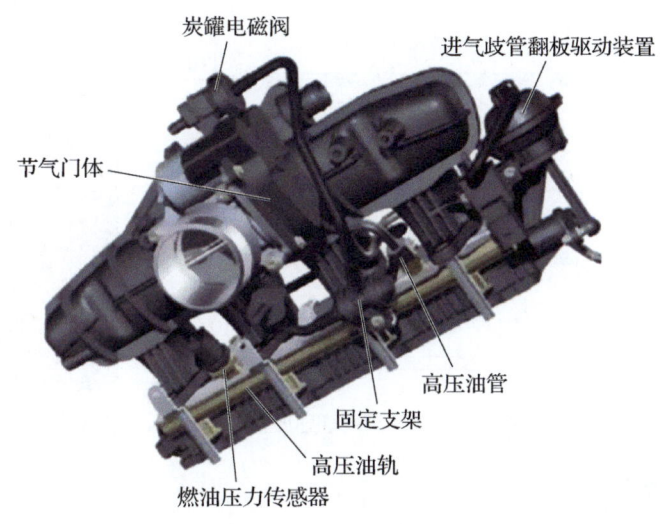

图 3-31　发动机进气歧管翻板位置图

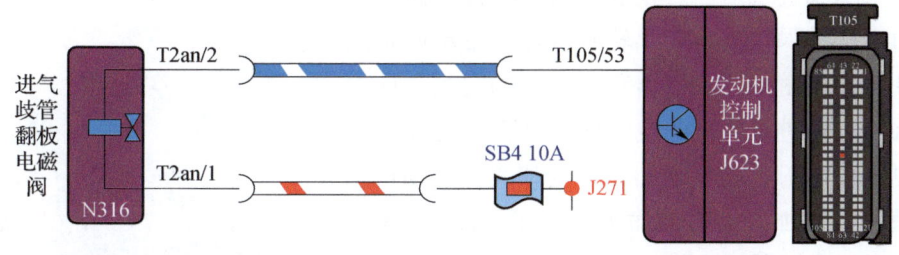

图 3-32　进气歧管翻板控制电磁阀与 J623 之间的连接线路

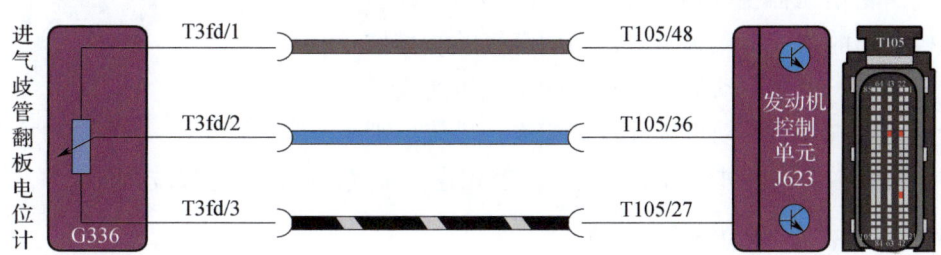

图 3-33　进气歧管翻板电位计与 J623 之间的连接线路

(6) 涡轮增压器排气再循环阀

涡轮增压器排气再循环阀的作用是在松开加速踏板的时候，使增压后的部分空气返回到增压器前方，防止中冷器因增压的空气太多而损坏，即让增压后的气体继续循环。图 3-34 所示为涡轮增压器排气再循环阀与 J623 之间的连接线路。

(7) 增压压力限制电磁阀

增压压力限制电磁阀的作用是控制流经涡轮的废气量，进而控制增压压力。当阀门关闭时，有更多的空气流过增压器，增压效果就会明显，发动机的进气量就会增大。图 3-34 所示为增压压力限制电磁阀与 J623 之间的连接线路。

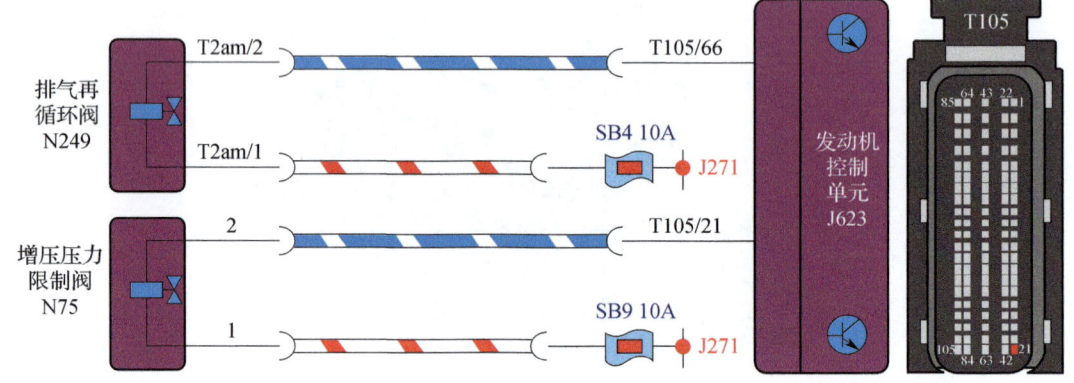

图 3-34　涡轮增压器排气再循环阀及增压压力限制阀与 J623 之间的连接线路

(8) 废气涡轮增压器

废气涡轮增压器实际上是一种空气压缩机，通过压缩空气来增加进气量。它是利用发动机排出的废气惯性冲力来推动涡轮室内的涡轮，涡轮又带动同轴的叶轮，叶轮压缩由空气滤清器管道送来的空气，使之增压进入气缸。进入气缸的空气压力和密度增大，可以燃烧更多的燃料，相应增加燃料量和调整发动机的转速，就可以增加发动机的输出功率了。图 3-35 所示为废气涡轮增压器剖视图。

废气涡轮增压器主要由涡轮机和压气机等构成。将发动机排出的废气引入涡轮机，利用废气的能量推动涡轮机旋转，由此驱动与涡轮同轴的压气机实现增压。涡轮机进气口与发动机排气歧管相连，排气口则接在排气管上；压气机进气口与空气滤清器相连，排气口则接在进气歧管上。

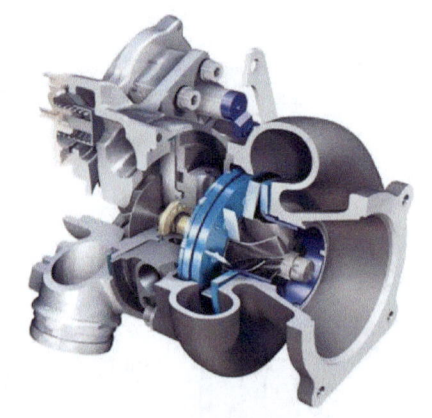

图 3-35　废气涡轮增压器剖视图

(9) 电子气门升程切换（AVS）

通过排气凸轮轴上的电子气门升程切换（AVS）技术，可以实现对每个气缸气体交换的优化控制。

1）较低发动机转速范围内的调节，如图3-36所示。

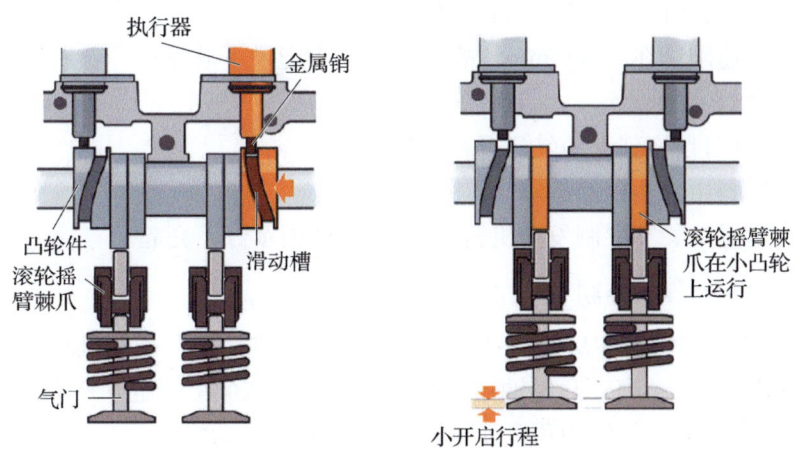

图3-36 发动机低转速

为了使低速小负载范围内的气体交换性能更佳，一方面，发动机管理系统通过凸轮轴调节器将进气凸轮轴提前、将排气凸轮轴延迟；另一方面，随着凸轮轴的转动，右侧执行器金属销伸出，接合滑动槽，将凸轮件向左移至小凸轮轮廓，这时，气门升程就切换至更小的排气凸轮轮廓，气门沿着较小的气门轮廓上下移动，从而可在低转速范围达到较高的增压压力。

2）加速时的调节，如图3-37所示。

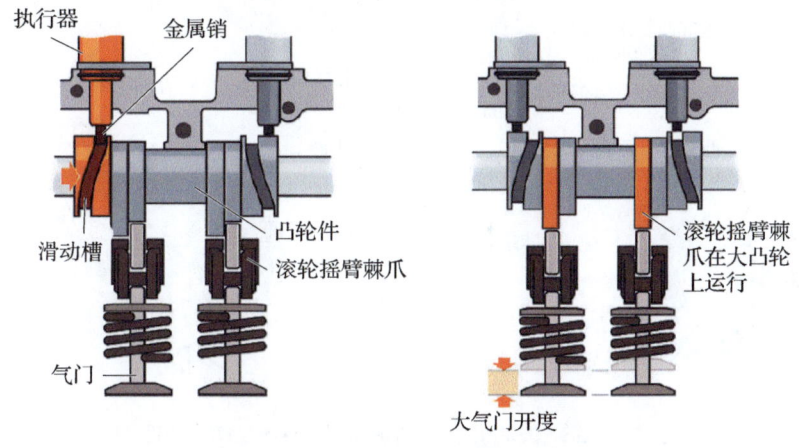

图3-37 发动机部分负载和全负载

为了使加速时气缸内的气体交换适应更高的性能需求，一方面，发动机管理系统通过凸轮轴调节器将进气凸轮轴提前、将排气凸轮轴延迟；另一方面，为达到最佳的气缸填充性能，排气门需要最大的气门升程，以提高排气压力。为了实现此目的，左执行器被起动，凸轮件向右移动，切换至大凸轮轮廓。此时，排气门以最大的升程打开和关闭。

如果一个执行器发生故障，则无法再执行气门升程切换功能。在这种情况下，发动机管理系统会尝试将所有气缸切换为最近成功的一次气门升程。

如果所有气缸可切换至小的气门升程位置：

1）发动机转速限制在 4000r/min，故障存储器中记录下故障。

2）EPC 警告灯亮起。

如果所有气缸可切换到大的气门升程位置：

1）故障存储器中也会存储故障。

2）在这种情况下，不限制发动机转速，且 EPC 指示灯不亮起。

（10）INA 凸轮轴调节控制

J623 通过脉宽调制（PWM）信号控制电磁线圈，进而操作凸轮轴位置执行器进油和排油。脉宽调制占空比越高，凸轮轴正时的改变越大，施加于固定叶片提前侧的机油压力越大，凸轮轴顺时针方向旋转的角度就越大，如图 3-38 所示。

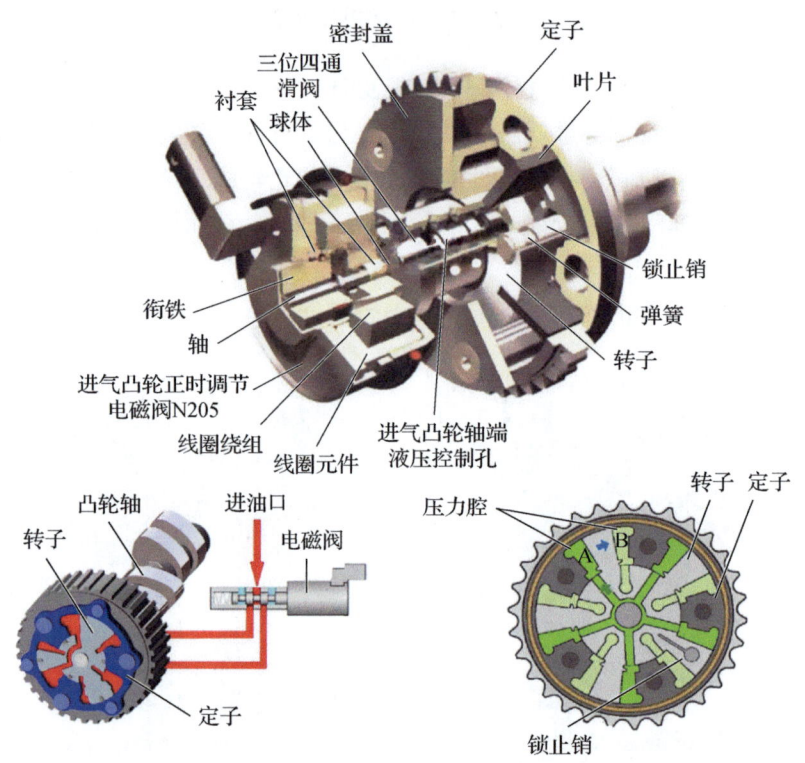

图 3-38　发动机 INA 凸轮轴调节系统结构和原理

图 3-39 所示为发动机 INA 凸轮轴调节过程，凸轮轴最大调节量：

1）进气凸轮轴为 52° 曲轴转角。

2）排气凸轮轴为 42° 曲轴转角。

表 3-2 提供了常规行驶条件下的凸轮轴相位指令。

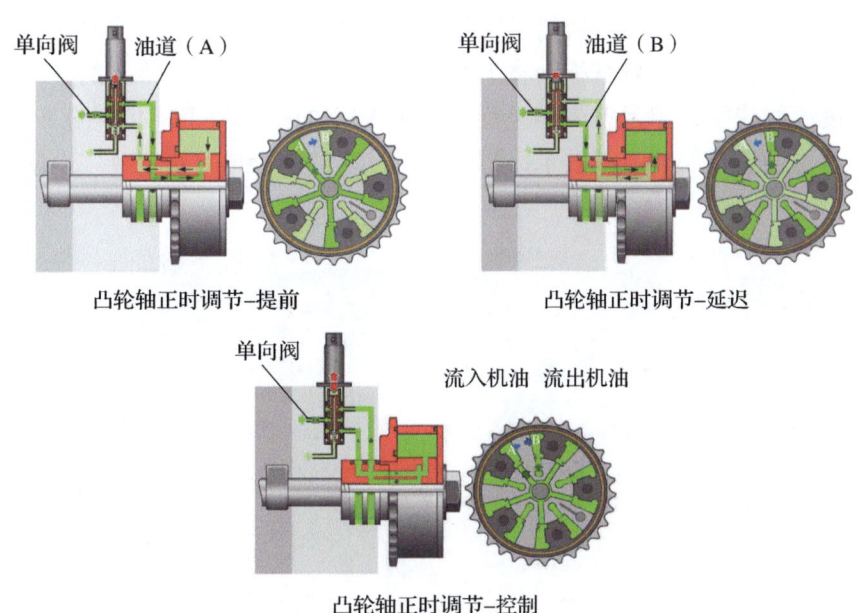

图 3-39 发动机 INA 凸轮轴调节过程

表 3-2 常规行驶条件下的凸轮轴相位指令

行驶条件	凸轮轴位置	目标	结果
急速	不更改	将气门重叠角降至最小	急速转速稳定
发动机轻载	延迟气门正时	减少气门重叠角	发动机输出稳定
发动机中等负荷	提前气门正时	增加气门重叠角	燃油经济性提高、排放降低
重载高转速	延迟气门正时	延迟气门关闭	发动机输出提高

4. 发动机进气、燃烧模式

FSI 发动机采用的是类似柴油机的工作方式,将高压汽油直接喷入气缸爆发燃烧以获得动力。相对于传统的汽油发动机而言,采用这种工作方式后由于汽油直接喷入每一个气缸,结合稀薄燃烧技术,使汽油直喷发动机在部分负荷范围内采用专门的充气模式工作成为现实。

目前 FSI 发动机具有三种工作方式:分层充气模式、均质稀混合气模式、均质混合气模式。在不同的工况下采用不同的空燃比。

FSI 发动机按照发动机负荷工况,可以自动选择在低负荷时为分层稀薄燃烧,在高负荷时则为均质理论空燃比(14.6~14.7)燃烧。在中间负荷状态时,采用均质稀混合气模式。在三种运行模式中,燃料的喷射时间有所不同,真空作用的开关阀通过开启/关闭来控制进气气流的形态。

(1)分层充气模式

在这种工作模式中空燃比为 1.6~3。在分层充气模式下,空气经过接近全开的节气门

（节气门不能完全打开，因为总是得保持一定的真空用于活性炭罐装置和排气再循环装置）引入燃烧室。此时，进气歧管翻板会将下部进气道完全关闭，这样吸入的空气在上部进气道流动的速度就加快了，于是空气会呈旋涡状流入气缸内，如图3-40、图3-41所示。活塞上的凹坑会增强这种涡旋流动效果，与此同时，节气门会进一步打开，以便尽量减小节流损失。

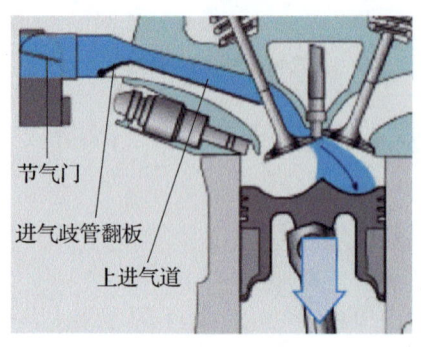 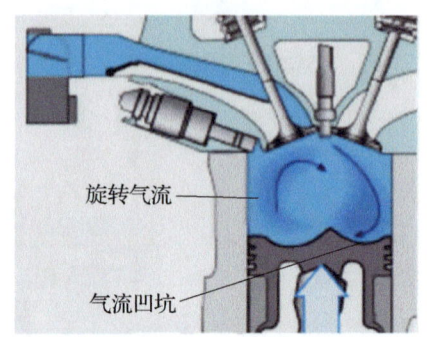

图3-40 进气状态　　　　　　　图3-41 气流流动方式

在压缩行程上止点前约60°时，高压燃油以50~110bar的压力喷入到火花塞附近，如图3-42、图3-43所示。燃油的喷射时刻对混合气的形成有很大的影响，混合气形成只发生在40°~50°曲轴转角之间，如果曲轴转角小于这个范围就无法点燃混合气，如果曲轴转角大于这个范围混合气就变成均质充气了，如此稀薄的均质混合气是无法点燃的。

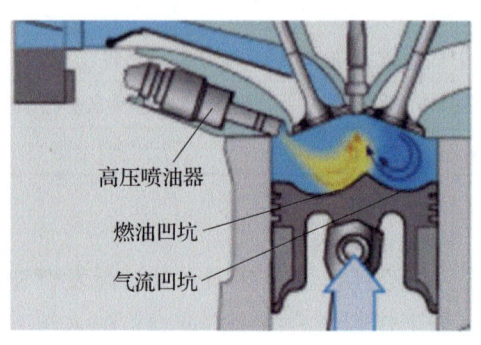 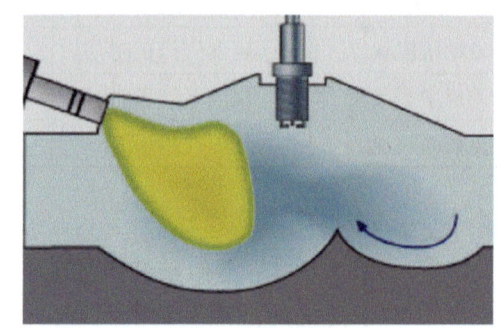

图3-42 喷射时间　　　　　　　图3-43 喷射位置

由于燃油喷射角非常小，所以燃油雾气实际并不与活塞顶接触，即所谓的"空气引入"方式。并且只在火花塞附近聚集了具有良好点火性能的混合气，这些混合气在压缩行程中被点燃，如图3-44所示。

另外在燃烧后，被点燃的混合气与气缸壁之间会出现一个隔离用的空气层，如图3-45所示，它的作用是降低通过发动机缸体散发掉的热量，提高了热效率。

分层充气模式并不是在整个特性曲线范围内都能实现的。这是因为当负荷增大时，需要使用较浓的混合气，燃油消耗方面的优势也就随之下降了。另外当过量空气系数小于1.4时，燃烧稳定性就变差了，这是因为转速升高后，混合气准备时间就不足了，且空气的涡旋流动也会对燃烧稳定性产生不利的影响。

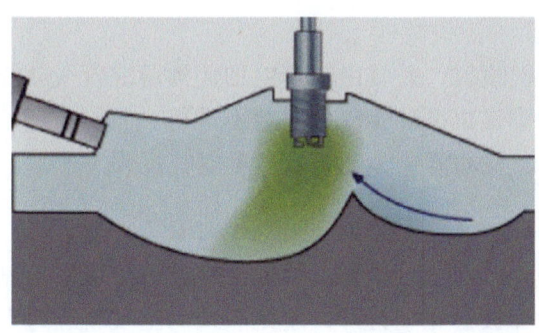
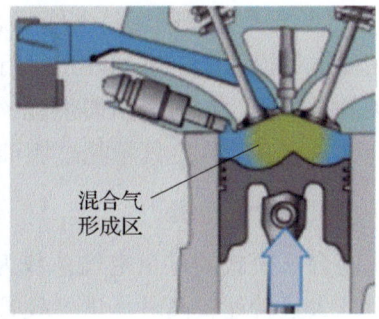

图 3-44　混合气形成

（2）均质稀混合气模式

这种工作模式的过量空气系数为 1.55 左右。在这种工作模式下，和分层充气一样，节气门开度较大，进气歧管关闭，如图 3-46 所示。

只不过是在点火上止点前 300° 左右时喷入燃油，形成混合气的时间比较长，有利于形成均匀的稀混合气，如图 3-47 所示。

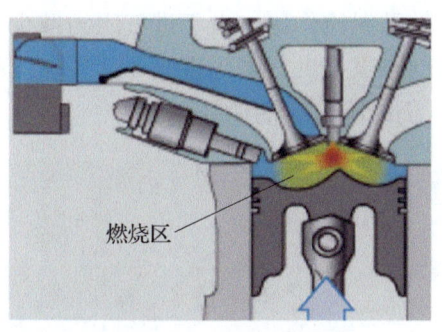
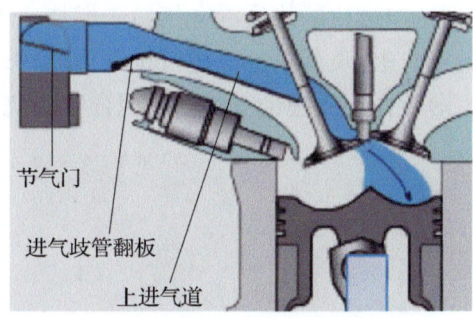

图 3-45　混合气燃烧　　　　　　　图 3-46　进气状态

均质稀混合气模式是一种特殊的工作模式，像分层充气模式一样也只能在一定的转速范围内正常工作，如图 3-48 所示，并且还需要满足下列条件。

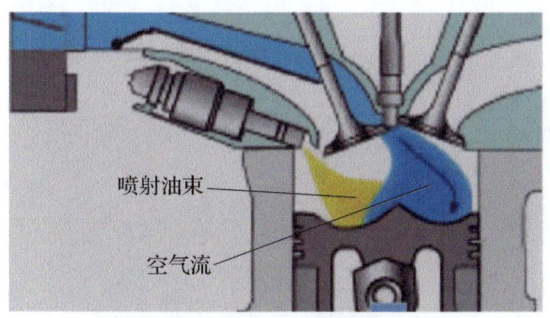
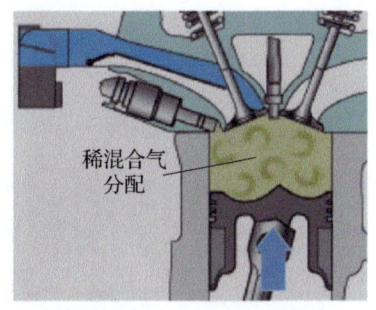

图 3-47　喷油时间　　　　　　　　图 3-48　稀混合气形成

1）没有与排放系统有关的故障。
2）冷却液温度必须超过 50℃。
3）氮氧化物催化转换器的温度在 250~500℃ 范围内。

4)进气歧管翻板必须保持关闭状态。

在这种运行模式中,燃油在进气行程喷射,并且由于产生加速稀薄混合气燃烧的纵涡流,开关阀被关闭。这时,阻碍燃烧的排气再循环(EGR)暂不进行。与均质理论空燃比燃烧不同的是,其吸入空气量超过燃油燃烧的需要,此时的过量空气系数大于1。

(3)均质混合气模式

均质混合气模式的过量空气系数为1。节气门开度按照加速踏板的位置来控制,在发动机负荷较大且转速较高时,进气歧管翻板会完全打开,于是吸入的空气就经过上、下进气道进入气缸,如图3-49所示。

燃油喷射并不是像分层充气模式那样在压缩行程时发生,而是发生在进气行程中,这样燃油和空气就有了更充足的时间来混合,并且可以利用空气流动产生的旋转涡流来击碎燃油颗粒,使之混合更加充分,如图3-50所示。

均质模式的优点在于燃油直接喷入燃烧室内,而吸入的空气可带走一部分燃油汽化时所产生的热量。这种内部冷却可以降低爆燃趋势,因此可以提高发动机的压缩比和热效率,如图3-51所示。在高负荷所进行的均质理论空燃比燃烧中,燃油则是在进气行程中喷射。理论空燃比的均质混合气易于燃烧,不必借助涡流作用,由于进气阻力减少,开关阀打开。而在全负荷以外,进行排气再循环,限制泵吸损失,采用直喷可使压缩比提高到12∶1,即使在均质理论空燃烧比混合气燃烧中,仍能降低燃油消耗。

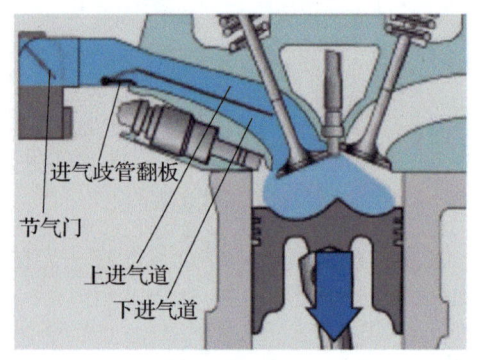

图3-49 进气状态

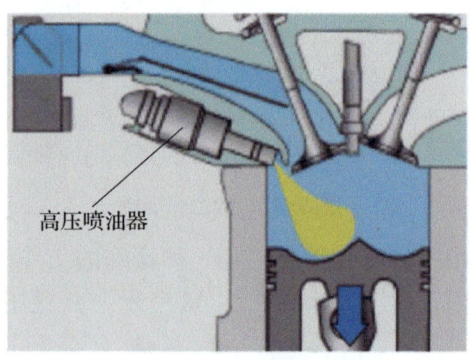

图3-50 喷油状态

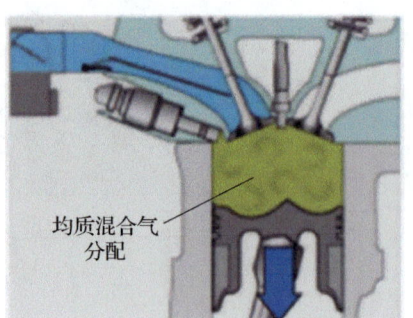

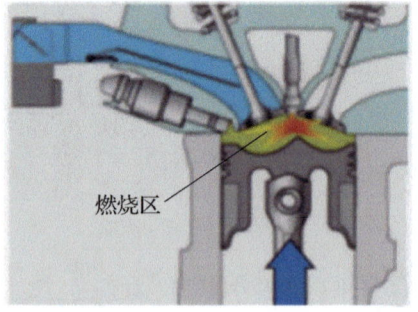

图3-51 均质混合气形成与燃烧

3.2 发动机燃烧系统的测试与诊断

1. 初步分析

1)在发动机运转过程中,观察仪表上发动机故障指示灯、EPC指示灯是否一直点亮,如图3-52所示。

图3-52 EPC指示灯点亮

① 如果仪表上发动机故障指示灯持续点亮,说明发动机排放控制系统工作异常。

② 如果仪表上EPC指示灯持续点亮,说明发动机EPC系统工作异常。

2)清除故障码,然后起动发动机,运行1~2min,在此期间踩踏加速踏板两三次,使发动机转速增加至2500r/min左右,最后关闭发动机,再次起动,观察仪表上发动机故障指示灯、EPC指示灯是否点亮。如果发动机故障指示灯、EPC指示灯点亮,则首先需要对发动机电控系统或EPC系统进行诊断维修。

3)起动发动机,让发动机怠速运转,观察发动机运转是否平稳,转速是否偏高或偏低。如果发动机的抖动与发动机的转速同步,说明是发动机缺缸造成的抖动;如果发动机的转速在一定的范围内上下"忽悠",说明怠速空气控制系统存在控制偏差故障;如果发动机转速低并且伴随轻微的抖动,则说明怠速时发动机动力性不足,这与进气量、点火正时、点火能量、喷油正时、喷油量、换气效率、气缸压力等都有很密切的关系;如果发动机怠速转速过高,则与进气量、点火正时、喷油量等都有很密切的关系。

4)起动发动机,踩加速踏板,观察发动机转速是否能达到规定的空载最高转速。

现在很多车辆空载时都会对发动机的最高转速有所限制,一般都是通过断油实施控制;如果踩加速踏板时,发动机转速能上升到最高设计转速,说明发动机加速性能良好;如果在加速过程中,在某个转速就出现无法提高转速的问题,则说明发动机存在故障,导致发动机功率无法提升。

结合故障现象发动机转速不提升或提升缓慢,急加速时还伴有喘振,排气管发出"突突"声,而这些现象一般还伴有怠速抖动的现象,因此分析时还应考虑怠速异常的原因。

2. DTC分析

现代汽车一般都具有自诊断功能,即使通过故障现象可以明确故障范围,但也最好首先读取故障记忆,因为这有利于快速发现故障。如果有故障码,应清楚故障码的定义和生成的条件，并基于此展开诊断和故障检修；如果没有故障码，则基于系统的结构和工作原理进行系统诊断。

3. 无码分析

如果没有故障码显示，那就需要技术人员结合故障现象，分析系统线路图，列举故障可能，并按照正确的流程、利用合适的测试设备进行正确的测量，从而发现故障所在。

如果发动机运行异常（怠速抖动、加速不良），可以围绕运行时对混合气、点火的要求，即进排气、燃油系统、点火系统三大方面着手进行分析。如果这几个方面出现故障，将导致混合气燃烧不良，造成各气缸功率难以平衡，使发动机出现怠速抖动、加速不良。

电控燃油喷射式发动机的控制系统比化油器式发动机的控制系统要复杂得多，而缸内直喷 +AVS 发动机比一般电控燃油喷射式发动机控制更复杂。发动机接收所有传感器信号以及执行器的反馈信号，在此基础上再由发动机 ECU 结合转矩、负荷对这些信息进行运算，选择最佳的控制目标，指令执行机构完成，使发动机运行在最佳状态。

结合以上信息，如果没有故障码显示，就应从以下几点进行分析。

（1）进、排气系统

如图 3-25 所示，发动机进、排气系统出现故障，会造成混合气过浓、过稀，使发动机燃烧不正常，具体的原因有：

1）进气管卡箍松动或者进气总管胶管破裂。
2）进气管衬垫漏气。
3）真空管接头破裂。
4）PCV 阀故障。
5）排气管堵塞。
6）进气管堵塞。
7）进、排气系统积炭。

（2）点火系统

图 3-53 所示为发动机点火系统结构图。从中可以看出，如果点火系统出现故障，将造成一个气缸或多个气缸点火能量减低或丧失，导致发动机各缸之间功率失去平衡，进而造成发动机怠速抖动甚至加速不良，主要表现在以下几点。

1）点火线圈在发动机缸盖中安装，一直处于高温状态，随着时间的推移，点火线圈外部橡胶绝缘将受到影响，导致高压漏电，造成点火功率降低，影响发动机气缸燃烧。如果是个别点火线圈故障，将造成发动机抖动；如果是多个气缸点火线圈故障，将造成发动机抖动、加速不良、运转无力。

2）火花塞寿命超过 3 万 ~ 4 万 km 后点火效率明显降低，点火电极间隙增大，影响点火能量。如果是个别火花塞故障，将造成发动机抖动；如果是多个气缸火花塞故障，将造成发动机抖动、加速不良、运转无力。

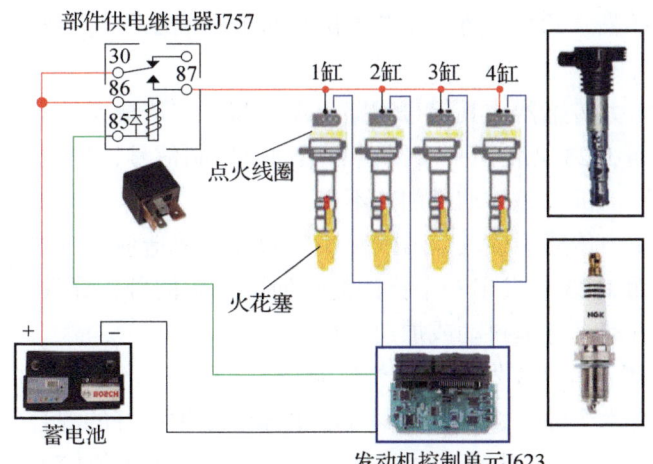

图 3-53　发动机点火系统结构图

3）点火线圈供电、控制线路故障，将造成点火线圈和火花塞不能正常工作。如果是个别点火线圈供电、控制线路故障，将造成发动机抖动；如果是多个点火线圈供电、控制线路故障，将造成发动机抖动、加速不良、运转无力。

（3）燃油系统

燃油系统任意一部件工作不正常，都将导致发动机混合气异常，致使发动机怠速抖动、加速无力。所以需要对燃油压力进行检测并确认，图 3-3 所示为发动机燃油系统结构图。

1）低压部分。

①燃油泵。如果燃油泵驱动电压出现故障，将使油压过低或过高，可能造成高压燃油喷射系统和低压燃油喷射系统同时出现故障，导致发动机怠速抖动甚至加速不良。而造成燃油泵工作不正常的原因有：

a. 燃油泵或其线路故障。

b. 燃油泵控制单元或其电源线路故障。

c. 燃油泵控制单元信号输入故障。

②燃油滤清器。燃油滤清器串联在燃油泵和高压燃油泵进油口之间的管路上。如果滤清器堵塞，会造成低压燃油系统压力下降，或者滤清器的限压阀出现故障将导致低压系统油压过高或过低，从而影响发动机喷油量的精准度。

2）高压部分。

①高压燃油泵。如果高压燃油泵柱塞磨损、密封不严，将会降低泵油量和压力，从而影响发动机控制高压喷油器喷油量的精准度，进而影响高压喷油器工作时发动机的性能，例如起动、冷怠速、加速、大负荷下会出现动力性、经济性下降和排放故障，但不会影响低压燃油喷射系统的性能，所以在低压喷油器工作时，发动机工作正常。

②高压燃油泵的驱动。如果高压燃油泵凸轮、顶杆磨损，将造成驱动行程减少，降低泵油量和压力，从而影响发动机控制高压喷油器喷油量的精准度。

③燃油压力传感器。迈腾汽车 B8 发动机有两个燃油压力传感器，分别监测高压燃油系统和低压燃油系统的压力。

如果高压燃油压力传感器或其信号线路出现故障，将造成系统对高压系统的燃油压力检测出现错误，因而 J623 会发出一个错误的燃油压控制信号，导致 J623 基于油压的喷油量调节失准，造成发动机怠速抖动或加速不良。

如果低压燃油压力传感器或其信号线路出现故障，将造成系统对低压系统的燃油压力检测出现错误，因而 J623 会发出一个错误的燃油泵控制信号，导致 J623 基于油压的喷油量调节失准，造成发动机怠速抖动或加速不良。

④喷油器。迈腾汽车 B8 发动机每个气缸分别安装一个高压喷油器和一个低压喷油器，高压喷油器带有六个喷口，相比针阀式喷油器能提供更好的混合气。此喷油器为低阻型（2Ω 左右）喷油器，驱动电流大，电压高。低压喷油器阻值较大。一般喷油器出现故障后，会引起发动机怠速抖动和加速不良。

a. 如果喷油器线圈电阻不符合要求，将导致喷油器开启的速度以及时间发生改变，造成喷油量失准。

b. 积炭造成喷油孔堵塞或孔径变化，使喷油量失准。图 3-54 所示为喷油器异常情况。

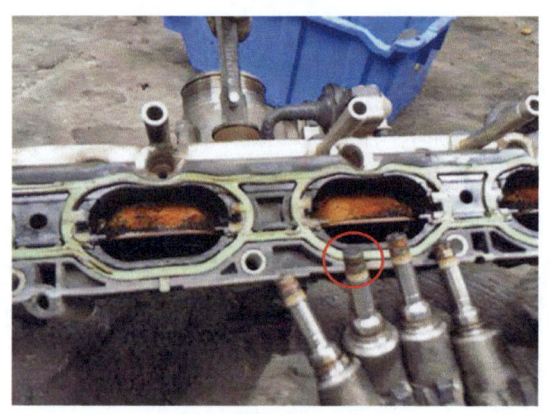

图 3-54　喷油器表现异常

（4）电气系统

J623 监控所有传感器、执行器的工作状态，如果传感器、执行器的电源、接地、信号出现短路、断路故障，有些情况下，J623 会根据检测到的信号状态产生一个相对应的故障码，分析故障码就可以基本确定故障部位。但有些情况下，不会产生故障码，需要根据现象进行分析，从而确定故障所在。

4. 诊断流程

发动机运行过程中所发生的各种故障，诊断及处理失误将给企业和个人造成相当大的损失。正确的诊断及处理，不可能来自于盲目的主观臆断，而应该建立在获取与故障有关信息的基础上，依据电控系统的结构及工作原理，运用科学的分析方法，按照合理的步骤进行综合分析，去伪存真，排除故障可能原因，找出故障"肇事者"，这才是提高故障诊断准确性的关键所在。为了便于分析,不至于被众多杂乱无章的信息扰乱思路,需要结合线路图,遵从以下流程进行诊断维修,见表 3-3。

表 3-3 发动机运行异常诊断流程

流程	操作	结果		备注
1	确认 +B 是否符合要求	正常转 2	不正常给蓄电池充电或更换蓄电池	确保蓄电池正负极插头连接牢靠,不脏污
2	打开 E378,检查仪表显示是否正常点亮、J623 EPC 指示灯是否点亮后熄灭、发动机故障指示灯是否没有点亮	正常转 3	如果仪表显示不正常,结合线路图、维修手册检修仪表显示异常的故障;EPC 指示灯、故障指示灯异常转 3	先排除仪表显示异常故障,再排除 EPC 指示灯异常故障
3	连接故障诊断仪器,读取故障码	有故障码转 4	无故障码转 6	
4	清除故障码,起动发动机,运行 1~2min,在此期间踩踏加速踏板两三次,发动机转速至 2500r/min 左右,最后关闭发动机,再次起动,观察仪表上 EPC 指示灯、发动机故障指示灯是否异常,再次读取故障码	有故障码转 5	无故障码转 6	
5	根据故障码的内容进行诊断、维修	检修后转 7		
6	检查发动机进气系统	正常转 7	根据故障现象和尾气分析结果判定故障所在,然后对相关系统依次进行检测和维修后转 7	包括进气歧管真空度和排气管背压的检测
	检查发动机点火系统			包括点火能量和点火正时的检测
	检查发动机燃油系统			检测燃油压力和喷油是否符合要求
	电气系统检测			电源、接地、信号以及线路的波形、电压、通断测量
	机械系统检测			包括气缸压力的检测
7	故障检验	正常转 8	不正常转 2	
8	维修完成			

5. 实施维修

（1）根据故障码提示进行维修

利用解码器读取故障码，按照针对每个故障码制定的诊断流程进行故障诊断。

（2）线路检测

根据系统的结构原理，对节气门位置传感器、进气（增压）压力传感器、加速踏板位置传感器、燃油压力传感器、燃油泵控制、燃油压力调节阀、点火线圈、喷油器、节气门电动机等线路进行检测，检测方法参照本书的相关内容。

（3）部件检测

根据系统的结构原理，对节气门位置传感器、进气（增压）压力传感器、加速踏板位置传感器、燃油压力传感器、燃油泵控制、燃油压力调节阀、点火线圈、喷油器、节气门电动机等元器件进行检测，检测方法参照本书的相关内容。

6. 总结拓展

技术报告：参照高职大赛工作页完成诊断报告，教师应根据需要设置好故障点，也可根据本课件中提供的实际案例制定标准答案。

计划与实施

教师可在表 3-4 中的电路或元器件上设置故障点，经仔细验证后，安排学生完成工作页的所有内容。

表 3-4　故障设置建议表

故障元件	故障位置	故障类型
燃油压力传感器 G247	N274 信号线路	断路、虚接 1000Ω 电阻、对地短路
	N274-5V 线路	断路、虚接 1000Ω 电阻
	N274-0V 线路	断路、虚接 1000Ω 电阻
燃油压力调节阀 N276	N290 正极线路	断路、虚接 3Ω 电阻
	N290 负极线路	断路、虚接 3Ω 电阻
节气门电动机 G186	G186 正极线路	断路、虚接 500Ω 电阻
	G186 负极线路	断路、虚接 500Ω 电阻
	G186 正极与负极线路	反接
节气门位置传感器 J338	G187 信号线路	断路、虚接 1000Ω 电阻、对地短路
	G188 信号线路	断路、虚接 1000Ω 电阻、对地短路
	J338-5V 线路	断路、虚接 1000Ω 电阻
	J338-0V 线路	断路、虚接 1000Ω 电阻
	G188 与 G187 信号线路	互短、互虚、反接

（续）

故障元件	故障位置	故障类型
加速踏板位置传感器 GX2	G185 信号线路	断路、虚接 1000Ω 电阻、对地短路
	G185–5V 线路	断路、虚接 1000Ω 电阻
	G185–0V 线路	断路、虚接 1000Ω 电阻
	G179 信号线路	断路、虚接 1000Ω 电阻、对地短路
	G179–5V 线路	断路、虚接 1000Ω 电阻
	G179–0V 线路	断路、虚接 1000Ω 电阻
	G185 与 G179 信号线路	互短、互虚、反接
进气歧管翻板电位计 G336	N274 信号线路	断路、虚接 1000Ω 电阻、对地短路
	N274–5V 线路	断路、虚接 1000Ω 电阻
	N274–0V 线路	断路、虚接 1000Ω 电阻
进气歧管风门电磁阀 N180	N180 正极供电线路（SB4）	断路、虚接 100Ω 电阻
	N180 负极控制线路	断路、虚接 100Ω 电阻
进气歧管风门电磁阀真空管路	真空管路输入、输出	管路反接
喷油器	正极线路	断路、虚接 5Ω 电阻、对地短路
	负极线路	断路、虚接 5Ω 电阻
	正极与负极线路	互短、互虚 10Ω 电阻
点火线圈	点火线圈	自身故障
	点火线圈正极线路	断路、虚接 500Ω 电阻
	点火线圈负极线路	断路、虚接 500Ω 电阻
	点火线圈信号线路	断路、虚接 1000Ω 电阻
火花塞	火花塞	自身故障

工作页

一、领取任务

服务顾问将车辆开至待修区，将车辆钥匙、《汽车维修服务接车单》（见附录任务单1）交给车间主管并交待作业内容、说明交车时间、要求及其他须注意事项。车间主管根据各班组的技术能力及工作状况，向班组派工，班组领取任务。

二、确认任务

1）班组接到任务后，根据《汽车维修服务接车单》对车辆进行验收。
2）确认故障现象，必要时试车。
3）根据《汽车维修服务接车单》上的工作内容，进行维修或诊断。
4）维修技师凭《汽车维修服务接车单》领料，并在出库单上签字。

注意事项：
1）非工作需要不得进入车内且不能开动顾客车上的电器设备。
2）对于顾客留在车内的物品，维修技师应小心地加以保护，非工作需要严禁触动，因工作需要触动时应通知服务顾问以征得顾客的同意。

三、借助原厂维修手册、参考教材完成以下知识准备

（一）描述迈腾汽车发动机怠速控制系统的作用。

_____
_____
_____

（二）用框图的形式画出迈腾汽车发动机怠速控制系统的组成，并写出该车怠速控制系统的特点。

_____
_____
_____
_____

（三）简要说明节气门直动式怠速空气控制系统的工作过程。

_____
_____
_____

（四）结合原厂维修手册，画出用万用表检测节气门体各端子电压的连接线路，并在下列表格中写出节气门体各端子的定义和电压特性。

端子号	端子定义	电压特性

（五）结合原厂维修手册，画出进气压力传感器与发动机控制单元之间的连接电路，并在台架上完成以下测试，注意测量条件是在发动机以正常温度怠速运行过程中。可以通过数据流测试节气门和进气量的变化情况，也可以通过万用表或示波器测试传感器的输出信号。

测试条件	节气门开度变化	进气量变化	点火正时变化	喷油脉冲宽度变化
打开空调系统				
转动方向盘				
踩制动踏板挂档				

通过测试说明，当发动机怠速运行时，如果负荷发生变化，那么发动机的进气量、点火正时、喷油脉宽都要适当地有所调整。通过理论分析可知，（　　　　）调整的速度最慢，（　　　　）调整的力度最大。如果在打开空调系统、转动方向盘、踩下制动踏板挂档后，发动机的进气量、点火正时、喷油脉宽都没有发生相应的变化，说明故障最有可能在（　　　　）；如果只是在转动方向盘的时候发动机的进气量、点火正时、喷油脉宽没有出现相应的变化，发动机出现抖动，说明故障最有可能在（　　　　）；如果在打开空调系统、转动方向盘、踩下制动踏板挂档后，单单只是进气量没有出现相应的变化，且发动机运转依然平稳，说明故障最有可能在（　　　　）；如果在打开空调系统、转动方向盘、踩下制动踏板挂档后，单单只是进气量没有出现相应的变化，同时发动机运转抖动，说明故障最有可能在（　　　　）。

（六）简要说明加速踏板位置传感器的作用。

_____
_____
_____

（七）如下图所示为霍尔式加速踏板位置传感器的结构示意图，简要说明其工作过程。

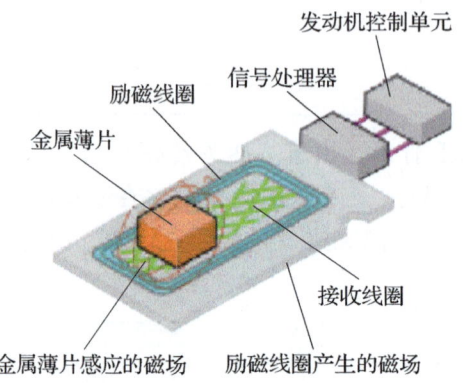

_____
_____
_____

（八）结合原厂维修手册，画出油轨压力传感器与发动机控制单元之间的连接电路，并在下列表格中写出各端子的定义和电压特性。

| |
| |

端子号	端子定义	电压特性

（九）结合原厂维修手册，在台架上测量油轨压力传感器各端子的电压值，注意测试条件，并完成下表。

端子号	测试条件	测量值	判断结论
			是（　）否（　）异常
			是（　）否（　）异常
			是（　）否（　）异常

（十）简述迈腾汽车发动机冷却系统的作用。

_____
_____
_____

（十一）简述迈腾汽车发动机冷却液温度传感器的作用。

_____
_____
_____

（十二）结合原厂维修手册，简要说明迈腾汽车发动机冷却系统与传统发动机冷却系统的区别有哪些。

_____
_____
_____

（十三）根据原厂维修资料，画出冷却风扇的控制电路原理图，包括信号输入、信号输出、控制模块及电源等，并简单描述冷却风扇的控制过程。

电路原理图：

控制过程：

（十四）结合原厂维修手册和电路图，在下列表格中写出冷却液温度传感器各端子的定义和电压特性。

端子号	端子定义	电压特性

（十五）迈腾汽车发动机尾气排放控制系统的作用是什么？

_____

_____

_____

（十六）简要说明三元催化转换器的工作原理。

_____

_____

_____

（十七）简要说明迈腾汽车上常用的尾气排放控制措施有哪些。

_____

_____

_____

（十八）借助原厂维修手册，使用尾气分析仪测试三元催化转换器上游和下游的尾气含量，在下列表格中记录测量数值，判断三元催化转换器是否失效。

转换器上游	测量数值	转换器下游	测量数值	结论
NO_x		NO_x		
CO		CO		
HC		HC		
O_2		O_2		
CO_2		CO_2		

四、制定计划

分组讨论、制定具体操作步骤。

提示：通过对上面相关理论知识的了解，维修人员根据维修规范要求和维修经验制定相关维修方案。

（一）制定人员分工：

组长 _____

组号 _____

组员 _____

（二）需要使用的检测、维修设备、工具：

_____

_____

_____

_____

（三）发动机性能不良的故障排除分析：

1）请按照故障树的方式整理出此故障的诊断流程（见附录任务单 2）。

2）实施诊断并填写诊断报告（见附录任务单 3）。

3）填写完工单（见附录任务单 4）。

提示：

1）结合迈腾汽车发动机点火系统、燃油供给系统、进排气系统需检查、诊断、拆卸、测量、清洗、维修、安装、检验的项目多少和顺序填写。

2）结合车辆诊断仪数据填写。

3）在有关流程步骤中注意蓄电池、点火开关状态。

4）注意专用仪器、量具、工具的使用。

5）注意安全防范、安全操作。

评价与反馈

一、学习效果评价

1. 填空题

1）为很好地解决尾气排放问题，迈腾汽车 B8 发动机采用双喷射系统，它主要由进气歧管＿＿＿＿＿＿＿＿＿＿、＿＿＿＿＿＿＿＿＿＿组成。

2）迈腾汽车 SRE 喷射系统的喷油器将燃油喷入＿＿＿＿＿＿＿＿＿＿，高压喷射系统汽油被直接喷入＿＿＿＿＿＿＿＿＿＿。

3）迈腾汽车发动机控制单元 J623 内部有＿＿＿＿＿＿＿＿＿＿模块，将 12V 蓄电池电压转换成＿＿＿＿＿＿＿V，来驱动高压喷油器。

4）迈腾汽车 B8 发动机采用独立点火方式，即每个气缸都有一个单独的＿＿＿＿＿＿＿＿＿＿，发动机根据输入的＿＿＿＿＿＿＿＿＿＿以及＿＿＿＿＿＿＿＿＿＿位置信号确定点火时间，并将此点火信号转化为＿＿＿＿＿＿＿＿＿＿信号传输至独立点火线圈内的大功率管，大功率管断开＿＿＿＿＿＿＿＿＿＿至发动机缸体上的接地线路，在＿＿＿＿＿＿＿＿＿＿上产生感应电动势，高压电动势通过火花塞电极在气缸内放电，点燃气缸内混合气。

5）涡轮增压器空气再循环阀的作用是在松开加速踏板的时候，使＿＿＿＿＿＿＿＿＿＿返回到增压器前方，防止＿＿＿＿＿＿＿＿＿＿太多而损坏，即让增压后的＿＿＿＿＿＿＿＿＿＿继续循环。

6）废气涡轮增压器实际上是一种空气压缩机，通过压缩空气来增加进气量。它利用发动机排出的废气＿＿＿＿＿＿＿＿＿＿来推动涡轮室内的＿＿＿＿＿＿＿＿＿＿，涡轮又带动同轴的＿＿＿＿＿＿＿＿＿＿，叶轮压送由空气滤清器管道送来的＿＿＿＿＿＿＿＿＿＿，使之增压进入＿＿＿＿＿＿＿＿＿＿。进入气缸的空气压力和密度＿＿＿＿＿＿＿＿＿＿，可以燃烧更多的燃料，从而增加发动机的＿＿＿＿＿＿＿＿＿＿。

7）FSI 发动机按照发动机负荷工况，基本可以自动选择在低负荷时为＿＿＿＿＿＿＿＿＿＿燃烧，在高负荷时则为＿＿＿＿＿＿＿＿＿＿燃烧，在中间负荷状态时，采用＿＿＿＿＿＿＿＿＿＿模式。

2. 选择题

1）迈腾汽车 B8 发动机起动时，在压缩循环中通过（ ）喷射系统进行（ ）重直喷。

    A. 低压、二   B. 低压、三   C. 高压、二   D. 高压、三

2）迈腾汽车 FSI 燃油系统组成中，（ ）安装在高压系统中。

    A. 电动燃油泵   B. 滤清器   C. 油压调节器   D. 怠速控制阀

3）迈腾汽车发动机采用（ ）点火方式，使各缸的性能达到最佳。

    A. 触点点火   B. 晶体管   C. 独立   D. 同时

4）在讨论迈腾汽车 B8 发动机喷油器时，技术人员甲说发动机每个气缸分别安装一个高压喷油器和一个低压喷油器；技术人员乙说高压喷油器带有六个喷口，此喷油器为高阻型喷油器。请问谁的说法是正确的？（ ）

    A. 只有甲正确   B. 只有乙正确

C. 两人均正确　　　　　　　　　　D. 两人均不正确

5）在讨论加速踏板传感器时，技术人员甲说当其中一个传感器失效时，定速巡航等失效；技术人员乙说如果两个传感器均失效，发动机会处于高怠速（1000r/min 左右）运行，此时踩加速踏板，发动机无反应。请问谁的说法是正确的？（　　　）

　　A. 只有甲正确　　　　　　　　　　B. 只有乙正确
　　C. 两人均正确　　　　　　　　　　D. 两人均不正确

二、学习过程评价

项目	评价内容	评价等级		
		A	B	C
关键能力考核项目	遵守纪律，遵守学习场所管理规定，服从安排			
	具有安全意识、责任意识、5S 管理意识，注重节约、节能与环保			
	学习态度积极主动，能参加实习安排的活动			
	具有团队合作意识，注重沟通，能自主学习及相互合作			
	仪容仪表符合活动要求			
专业能力考核项目	按时按要求独立完成工作页、任务			
	工具、设备选择得当，使用符合技术要求			
	操作规范，符合要求			
	学习准备充分、齐全			
	注重工作效率与工作质量			
	技能点 1：使用诊断仪读取和分析数据流，并判断部件工作状态			
	技能点 2：使用示波器连接、测量和分析部件的波形，并判断部件工作状态			
小组评语及建议		组长签名： 年　月　日		
老师评语及建议		老师签名： 年　月　日		

能力与拓展

案例1 一缸喷油器正负极之间虚接10Ω电阻故障检修

故障现象：

发动机起动正常，但怠速抖动，同时发动机故障指示灯点亮；故障码：P10B100 气缸一喷射阀监控，识别到故障或者类似的信息。

现象分析：

根据故障现象，无法确定故障具体部位。而根据故障码，可能的故障原因为：

1）喷油器自身故障。
2）喷油器线路故障。
3）J623 局部故障。

诊断过程：

喷油器控制电路如图 3-23 所示。

1）起动发动机并维持怠速运转，用示波器测量一缸喷油器两个端子之间的信号波形，实测发现测试点之间线路阻值变小，如图 3-55 所示。

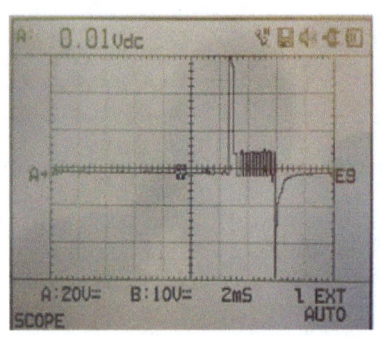 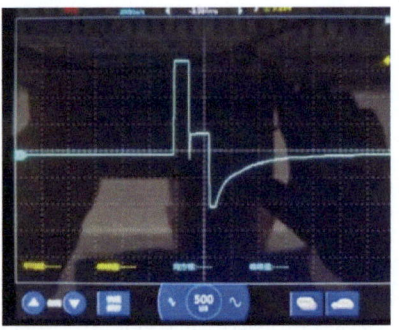

a）正常波形　　　　　　　　　　b）实测波形

图 3-55　喷油器正常波形及实测波形 1

2）关闭 E378，拆下蓄电池负极接线，拔掉 J623 插接器，测量 J623 线束端一缸喷油器对应两个端子之间的电阻，发现阻值明显减小。

3）拔掉喷油器插接器，测量喷油器电阻，发现阻值正常。

4）测量喷油器线束间电阻，发现阻值为 20Ω。

5）排除一缸喷油器线束之间虚接故障，系统恢复正常。

故障机理

一缸喷油器线束之间虚接，导致喷油器无法正常打开，所以在起动后，一缸不能正常工作，发动机抖动。

案例 2 一缸喷油器线路故障检修

故障点 1：一缸喷油器正极线路虚接 5Ω 电阻。
故障点 2：一缸喷油器正极线路断路。
故障点 3：一缸喷油器负极线路断路。
故障点 4：一缸喷油器负极线路虚接 5Ω 电阻。

故障现象：

发动机起动正常，但怠速抖动，同时发动机故障指示灯点亮；故障码：P02EE00 第一缸喷油器不可信信号。

现象分析：

根据故障现象，无法确定故障具体部位。而根据故障码，可能的故障原因为：
1）喷油器自身故障。
2）喷油器线路故障。
3）J623 局部故障。

故障点 1 一缸喷油器正极线路虚接 5Ω 电阻

喷油器控制电路如图 3-23 所示。

1）起动发动机并怠速运转，用示波器测量一缸喷油器端两个端子之间的信号波形，实测波形异常，如图 3-56 所示，说明喷油器端的工作电压明显减小。

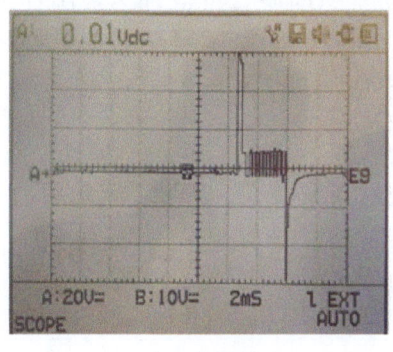 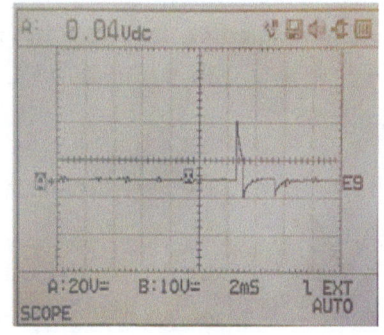

a）正常波形　　　　　　　　b）实测波形

图 3-56　喷油器正常波形及实测波形 2

2）起动发动机并怠速运转，用示波器测量 J623 端一缸喷油器两个端子之间的信号波形，实测波形基本正常，结合上一步测试结果，说明一缸喷油器线路存在虚接。

3）关闭 E378，拆下蓄电池负极接线，断开一缸喷油器、J623 的插头，用万用表测量一缸喷油器到 J623 的线束阻值，正常均为 0Ω，实测发现正极线路电阻值为 5Ω。

4）排除一缸喷油器正极供电线路虚接故障，系统恢复正常。

故障机理

一缸喷油器正极供电线路虚接，导致喷油器无法正常打开，所以在起动后，一缸不能正常工作，发动机抖动。

故障点2　一缸喷油器正极线路断路

1）起动发动机并怠速运转，用示波器测量一缸喷油器端两个端子之间的信号波形，实测波形为一条0V直线，异常，如图3-57所示，说明测试点与J623之间线路存在断路或者J623自身存在故障。

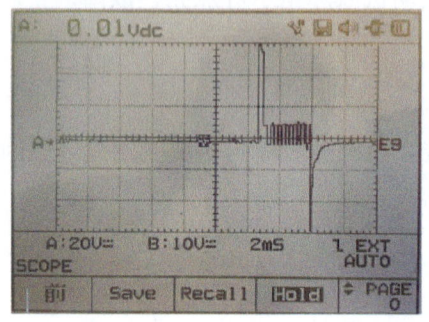
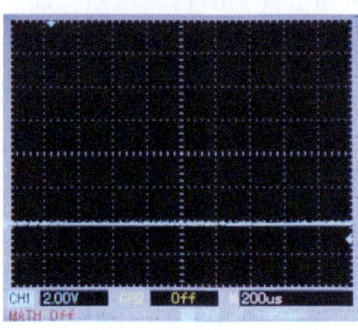

a）正常波形　　　　　　　　　　b）实测波形

图3-57　喷油器正常波形及实测波形3

2）起动发动机并怠速运转，用示波器测量J623端一缸喷油器两个端子之间的信号波形，实测波形基本正常，说明J623与一缸喷油器之间线路存在断路。

3）关闭E378，拆下蓄电池负极接线，断开喷油器、J623插头，用万用表测量J623与一缸喷油器之间线路阻值，正常均为0Ω，实测发现喷油器正极接线电阻值为无穷大。

4）排除一缸喷油器正极线路断路故障，系统恢复正常。

故障机理

一缸喷油器正极线路断路，导致喷油器无法正常打开，所以在起动后，一缸不能正常工作，发动机抖动。

故障点3　一缸喷油器负极线路断路

1）起动发动机并怠速运转，用示波器测量一缸喷油器端两个端子之间的信号波形，实测波形为一条0V直线，异常，如图3-58所示，说明测试点与J623之间线路存在断路或者J623自身存在故障。

2）起动发动机并怠速运转，用示波器测量J623端一缸喷油器两个端子之间的信号波形，实测波形基本正常，说明J623与一缸喷油器之间线路存在断路。

3）关闭E378，拆下蓄电池负极接线，断开喷油器、J623插头，用万用表测量J623与一缸喷油器之间线路阻值，正常均为0Ω，实测发现喷油器负极接线电阻值为无穷大。

4）排除一缸喷油器负极线路断路故障，系统恢复正常。

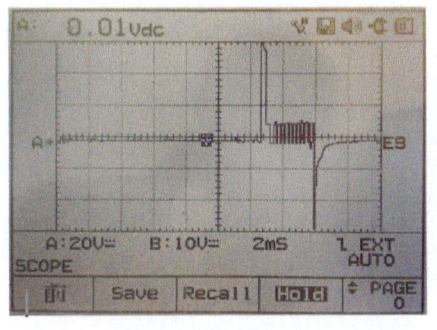 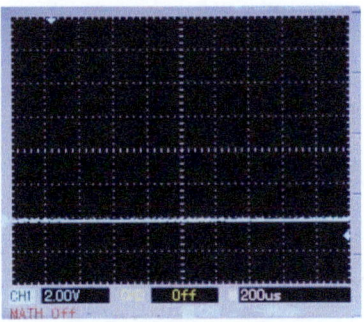

a）正常波形　　　　　　　　　　b）实测波形

图 3-58　喷油器正常波形及实测波形 4

故障机理

一缸喷油器负极线路断路，导致喷油器无法正常打开，所以在起动后，一缸不能正常工作，发动机抖动。

故障点 4　一缸喷油器负极线路虚接 5Ω 电阻

1）起动发动机并怠速运转，用示波器测量一缸喷油器端两个端子之间的信号波形，实测波形异常，如图 3-59 所示，说明喷油器端的工作电压明显减小。

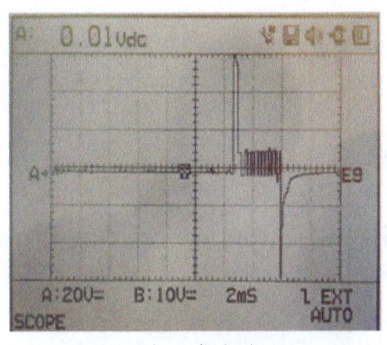 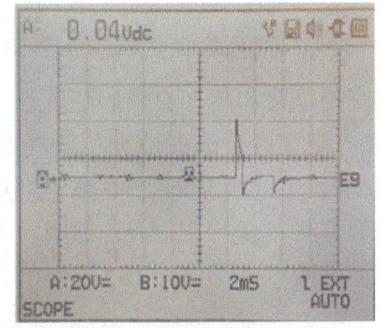

a）正常波形　　　　　　　　　　b）实测波形

图 3-59　喷油器正常波形及实测波形 5

2）起动发动机并怠速运转，用示波器测量 J623 端一缸喷油器两个端子之间的信号波形，实测波形基本正常，结合上一步测试结果，说明一缸喷油器线路存在虚接。

3）关闭 E378，拆下蓄电池负极接线，断开一缸喷油器、J623 的插头，用万用表测量一缸喷油器到 J623 的线束阻值，正常均为 0Ω，实测发现负极线路电阻值为 5Ω。

4）排除一缸喷油器负极线路虚接故障，系统恢复正常。

故障机理

一缸喷油器负极线路虚接，导致喷油器无法正常打开，所以在起动后，一缸不能正常工作，发动机抖动。

案例 3 一缸失火故障检修

故障点 1：一缸点火线圈信号线路虚接 1000Ω 电阻。
故障点 2：一缸点火线圈信号线路断路。
故障点 3：一缸点火线圈信号线路对地短路。
故障点 4：一缸点火线圈信号线路对地虚接 100Ω 电阻。
故障点 5：一缸火花塞损坏。
故障点 6：一缸点火线圈损坏。

故障现象：

发动机起动正常，但怠速抖动，同时发动机故障指示灯点亮；读取故障码：一缸失火。

现象分析：

根据故障现象，无法确定故障具体部位。而根据故障码，可能的故障原因为：
1）一缸点火系统故障。
2）一缸喷油系统故障。
3）一缸机械故障。

故障点 1 一缸点火线圈信号线路虚接 1000Ω 电阻

点火线圈控制电路如图 3-24 所示。
1）对一缸火花塞进行试火检查，发现不点火。
2）起动发动机后怠速运转，检查一缸点火线圈各个端子的电压信号，发现一缸点火线圈控制信号异常（高电平过低），如图 3-60 所示，说明 J623 自身可能存在故障或者信号线路可能存在虚接。

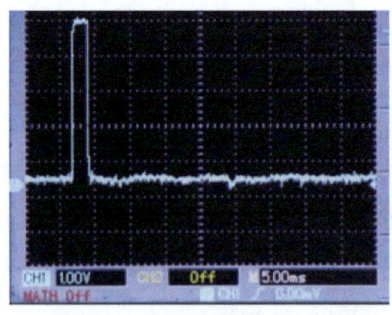 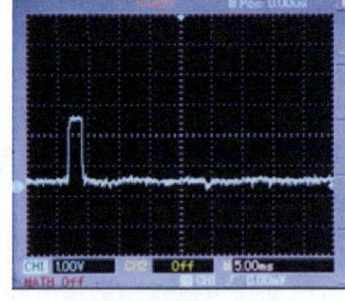

a）正常波形　　　　　　　　　b）实测波形

图 3-60　点火线圈控制信号正常波形及实测波形 1

3）起动发动机后怠速运转，检查 J623 端一缸点火线圈控制信号，发现正常，说明信号线路存在虚接。
4）关闭 E378，断掉蓄电池负极接线，拔掉 J623、一缸点火线圈插接器，测量 J623、一缸点火线圈之间信号线阻值，正常近乎为零，实测为 1000Ω。

5）排除一缸点火线圈信号线路虚接故障，系统恢复正常。

故障机理

一缸点火线圈信号线路虚接，导致一缸点火线圈无法正常工作，所以起动后，一缸不能正常点火，发动机抖动。

故障点 2 一缸点火线圈信号线路断路

1）对一缸火花塞进行试火检查，发现不点火。

2）起动发动机后怠速运转，检查一缸点火线圈各个端子的电压信号，发现一缸点火线圈控制信号异常（0V），如图 3-61 所示，说明 J623 自身可能存在故障、信号线路可能存在断路或者对地短路。

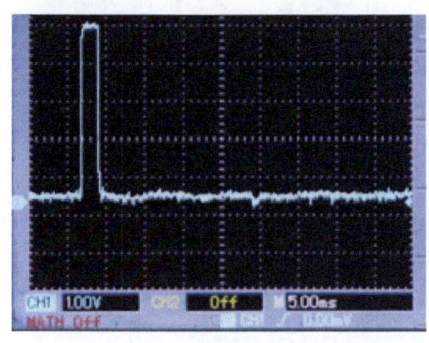 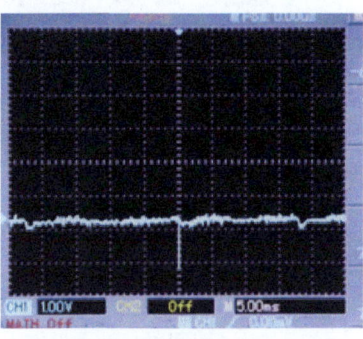

a）正常波形　　　　　　　　　　　　b）实测波形

图 3-61　点火线圈控制信号正常波形及实测波形 2

3）起动发动机后怠速运转，检查 J623 端一缸点火线圈控制信号，发现正常，说明信号线路存在断路。

4）关闭 E378，断掉蓄电池负极接线，拔掉 J623、一缸点火线圈插接器，测量 J623、一缸点火线圈之间信号线阻值，正常近乎为零，实测为无穷大。

5）排除一缸点火线圈信号线路断路故障，系统恢复正常。

故障机理

一缸点火线圈信号线路断路，导致一缸点火线圈无法正常工作，所以起动后，一缸不能正常点火，发动机抖动。

故障点 3 一缸点火线圈信号线路对地短路

1）对一缸火花塞进行试火检查，发现不点火。

2）起动发动机后怠速运转，检查一缸点火线圈各个端子的电压信号，发现一缸点火线圈控制信号异常（0V），如图 3-62 所示，说明 J623 自身可能存在故障、信号线路可能存在断路或者对地短路。

3）起动发动机后怠速运转，检查 J623 端一缸点火线圈控制信号，实测波形为 0V，异常。

4）关闭 E378，断掉蓄电池负极接线，拔掉 J623、一缸点火线圈插接器，测量 J623、一缸点火线圈之间信号线对地电阻值，正常为无穷大，实测为 0Ω，说明信号线路对地短路。

5）排除一缸点火线圈信号线路对地短路故障，系统恢复正常。

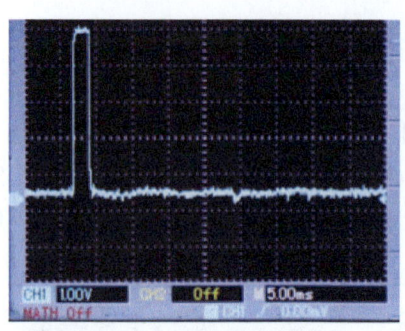 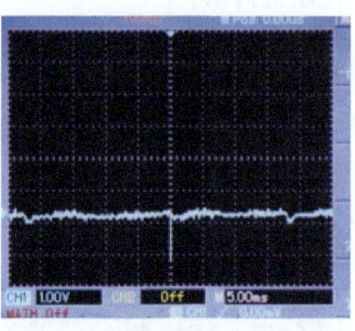

a）正常波形　　　　　　　b）实测波形

图 3-62　点火线圈控制信号正常波形及实测波形 3

故障机理

一缸点火线圈信号线路对地短路，导致一缸点火线圈无法正常工作，所以起动后，一缸不能正常点火，发动机抖动。

故障点 4　一缸点火线圈信号线路对地虚接 100Ω 电阻

1）对一缸火花塞进行试火检查，发现不点火。

2）起动发动机后怠速运转，检查一缸点火线圈各个端子的电压信号，发现一缸点火线圈控制信号异常（信号电压明显偏低），如图 3-63 所示，说明 J623 自身可能存在故障、信号线路可能存在虚接或者对地虚接。

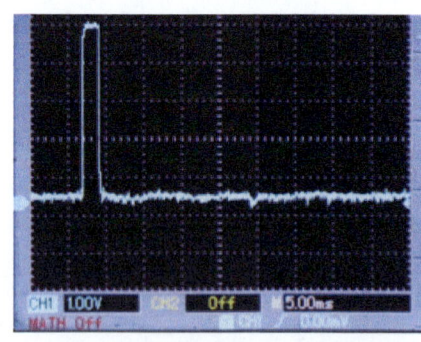 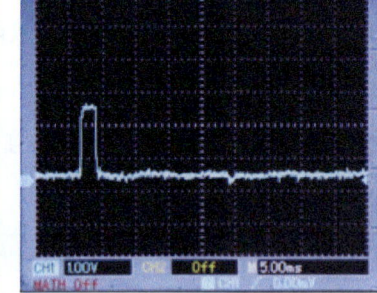

a）正常波形　　　　　　　b）实测波形

图 3-63　点火线圈控制信号正常波形及实测波形 4

3）起动发动机后怠速运转，检查 J623 端一缸点火线圈控制信号，实测波形相同，异常。

4）关闭 E378，断掉蓄电池负极接线，拔掉 J623、一缸点火线圈插接器，测量 J623、一缸点火线圈之间信号线对地电阻值，正常为无穷大，实测为 100Ω，说明信号线路对地虚接。

5）排除一缸点火线圈信号线路对地虚接故障，系统恢复正常。

故障机理

一缸点火线圈信号线路对地虚接，导致一缸点火线圈无法正常工作，所以起动后，一缸不能正常点火，发动机抖动。

故障点 5 一缸火花塞损坏

1）对一缸火花塞进行试火检查，发现不点火，同时发现一缸火花塞损坏。
2）更换火花塞，系统恢复正常。

故障机理

一缸火花塞损坏，导致一缸不能点火，所以在起动后，一缸不能正常工作，发动机抖动。

故障点 6 一缸点火线圈损坏

1）对一缸火花塞进行试火检查，发现不点火。
2）检查 J623 端一缸点火线圈各个端子的电压信号，发现均正常。
3）更换一缸点火线圈后，系统恢复正常。

故障机理

一缸点火线圈损坏，导致一缸不能点火，所以在起动后，一缸不能正常工作，发动机抖动。

| 案例 4 | 节气门位置传感器信号线路反接故障检修

故障现象：

1）发动机起动正常，怠速运转平稳；但加速不良，最高转速被限制在 2000r/min 以内，发动机排放警告灯点亮。

2）读取故障码：P012200 节气门/加速踏板位置传感器 A 电路 – 低输入；P022200 节气门/加速踏板位置传感器 B 电路 – 低输入；P154500 节气门阀控制系统故障。

现象分析：

发动机怠速基本正常，而在加速时转速不能超过 2000r/min，说明在加速过程中发动机功率不能跟进，这与加速时的混合气的质或量以及燃烧效果不合要求有关，但根据故障现象无法确定故障原因，需要借助诊断仪进行辅助诊断，诊断后发现节气门位置传感器信号异常。节气门位置传感器电路如图 3-64 所示。

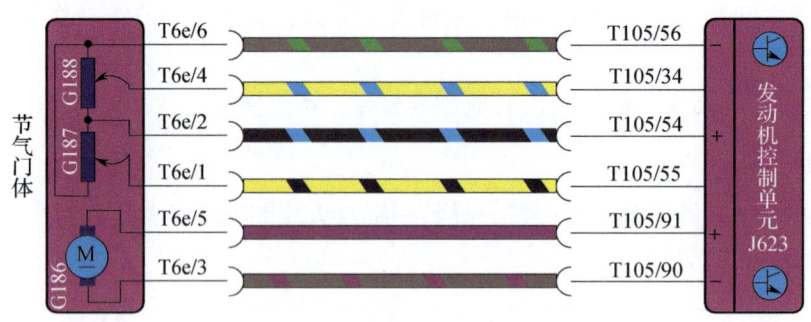

图 3-64 节气门位置传感器电路

诊断过程：

1）打开 E378，慢慢踩下加速踏板，用解码器读取 GX3 数据流，发现节气门位置绝对值为 83.1% 不变，说明位置 1 异常；节气门位置 2 保持 83.1% 不变，说明位置 2 异常。

2）打开 E378，慢慢踩下加速踏板到最大深度，用示波器分别测量 J623 的 T105/34、T105/55 对地电压信号，T105/55 对地电压正常为 4.2V，T105/34 对地电压正常为 0.9V，实测发现信号电压和标准数据正好相反，可能存在信号线路反接。

3）打开 E378，慢慢踩下加速踏板到最大深度，用示波器分别测量 G188 的 T6e/4、G187 的 T6e/1 对地波形，T6e/1 对地波形正常为 4.2V，T6e/4 对地波形正常为 0.9V，实测正常，说明确实存在反接。

4）关闭 E378，断掉蓄电池负极接线，断开两端插接器，测量线路的导通性，发现线束相互交叉（反接）。

5）排除节气门位置传感器信号线路反接故障，系统恢复正常。

故障机理

节气门位置传感器信号线路反接，导致 J623 没有收到正确的节气门位置信号，进而不能正确控制节气门电动机的工作，所以在加速时最高转速被限制在 2000r/min 以内。

案例 5　节气门位置传感器 5V 线路断路故障检修

故障现象：

1）发动机起动正常，怠速运转平稳；但加速不良，最高转速被限制在 2000r/min 以内，发动机排放警告灯点亮。

2）读取故障码：P012200 节气门/加速踏板位置传感器 A 电路-低输入；P022200 节气门/加速踏板位置传感器 B 电路-低输入；P012100 节气门/加速踏板位置传感器 A 电路-范围/性能故障；P022100 节气门/加速踏板位置传感器/开关 B 电路-范围/性能故障。

现象分析：

发动机怠速基本正常，而在加速时转速不能超过 2000r/min，说明在加速过程中发动机功率不能跟进，这与加速时的混合气的质或量以及燃烧效果不合要求有关，但根据故障现象无法确定故障原因，需要借助诊断仪进行辅助诊断，诊断后发现节气门位置传感器信号异常。

诊断过程：

1）打开 E378，慢慢踩下加速踏板，用解码器读取并观察节气门控制单元 GX3 数据流，实测发现节气门位置 1 保持 0.0% 不变；节气门位置 2 保持 99.6% 不变，说明位置 1 和位置 2 均异常。

2）打开 E378，慢慢踩下加速踏板，用示波器测量 J623 的 T105/55、T105/34 信号波形，发现均为 0.1V 直线，说明测试点与传感器的 +5V 电源之间线路断路或对地短路。

3）打开 E378，用万用表测量 GX3 的 T6e/2 对地电压，电压值正常为 5V，实测为 0.1V，异常。

4）打开 E378，用万用表测量 J623 的 T105/54 对地电压，电压值正常为 5V，实测正常，结合上一步测试结果，说明线路存在断路。

5）关闭 E378，断掉蓄电池负极接线，拔掉 J623、GX3 插接器，测量 GX3 的 T6e/2 与 J623 的 T105/54 之间线路的导通性，发现电阻值为无穷大。

6）排除节气门位置传感器 +5V 线路断路故障，系统恢复正常。

故障机理

节气门位置传感器 +5V 线路断路，导致 J623 没有收到正确的节气门位置信号，进而不能正确控制节气门电动机的工作，所以在加速时最高转速被限制在 2000r/min 以内。

扫一扫

节气门位置传感器 5V 线路断路故障

| 案例 6 | 节气门位置传感器信号线路故障检修

故障点 1：节气门位置传感器信号线路同时断路。
故障点 2：节气门位置传感器信号线路同时对地短路。

故障现象：

1）发动机起动正常，怠速运转平稳；但加速不良，最高转速被限制在 2000r/min 以内，发动机排放警告灯点亮。

2）读取故障码：P022200 节气门/加速踏板位置传感器 B 电路－低输入；P063800 节气门执行器控制（缸组 1）范围/性能不良。

现象分析：

发动机怠速基本正常，而在加速时转速不能超过 2000r/min，说明在加速过程中发动机功率不能跟进，这与加速时的混合气的质或量以及燃烧效果不合要求有关，但根据故障现象无法确定故障原因，需要借助诊断仪进行辅助诊断，诊断后发现节气门位置传感器信号异常。节气门位置传感器电路如图 3-64 所示。

故障点 1　节气门位置传感器信号线路同时断路

1）打开 E378，慢慢踩下加速踏板，用解码器读取并观察节气门控制单元 GX3 数据流，发现节气门位置绝对值保持 0.0% 不变；节气门位置 2 保持 99.6% 不变。

2）打开 E378，慢慢踩下加速踏板，用示波器测量 J623 的 T105/54、T105/34 信号波形，发现信号电压均为 0.1V。

3）打开 E378，慢慢踩下加速踏板，用示波器测量 GX3 的 T6e/1、T6e/4 信号波形，发现 T6e/1 信号波形为 4.3V、T6e/4 信号波形为 0.9V，异常，结合上一步测试结果，说明两根信号线路均存在断路。

4）关闭 E378，断掉蓄电池负极接线，断开 J623、GX3 的插接器，测量 G187 的 T6e/1 与 J623 的 T105/55、G188 的 T6e/4 与 J623 的 T105/34 之间线路的导通性，发现电阻值均为无穷大。

5）排除节气门位置传感器线路断路故障，系统恢复正常。

> **故障机理**
>
> 节气门位置传感器信号线路同时断路，导致 J623 没有收到正确的节气门位置信号，进而不能正确控制节气门电动机的工作，所以在加速时最高转速被限制在 2000r/min 以内。

故障点 2　节气门位置传感器信号线路同时对地短路

1）打开 E378，慢慢踩下加速踏板，用解码器读取并观察节气门控制单元 GX3 数据流，发现节气门位置绝对值保持 0.0% 不变；节气门位置 2 保持 99.6% 不变。

2）打开 E378，慢慢踩下加速踏板，用示波器分别测量 J623 的 T105/55、T105/34 信号波形，发现信号电压均为 0V，说明测试点与 +5V 电源之间线路断路或对地短路。

3）打开 E378，用万用表测量 GX3 的 T6e/2 对地电压，电压值正常为 5V，实测正常，说明信号线路可能存在对地短路。

4）关闭 E378，断掉蓄电池负极接线，拔掉 J623、GX3 的插接器，用万用表测量 G187 的 T6e/1 与 J623 的 T105/55、G188 的 T6e/4 与 J623 的 T105/34 之间线路对地电阻值，正常为无穷大，实测发现电阻值均为 0Ω。

5）排除节气门位置传感器信号线路同时对地短路故障，系统恢复正常。

> **故障机理**
>
> 节气门位置传感器信号线路同时对地短路，导致 J623 没有收到正确的节气门位置信号，进而不能正确控制节气门电动机的工作，所以在加速时最高转速被限制在 2000r/min 以内。

案例 7 节气门位置传感器供电线路故障检修

故障点 1：节气门位置传感器 +5V 线路虚接 500Ω 电阻。
故障点 2：节气门位置传感器接地线路虚接 500Ω 电阻。

故障现象：

1）发动机起动正常，怠速运转平稳；但加速不良，最高转速被限制在 2000r/min 以内，发动机排放警告灯点亮。

2）读取故障码：P012100 节气门/加速踏板位置传感器 A 电路 – 范围/性能故障；P022100 节气门/加速踏板位置传感器/开关 B 电路 – 范围/性能故障。

现象分析：

发动机怠速基本正常，而在加速时转速不能超过 2000r/min，说明在加速过程中发动机功率不能跟进，这与加速时的混合气的质或量以及燃烧效果不合要求有关，但根据故障现象无法确定故障原因，需要借助诊断仪进行辅助诊断，发现节气门位置传感器信号异常。节气门位置传感器电路如图 3-64 所示。

故障点 1 节气门位置传感器 +5V 线路虚接 500Ω 电阻

1）打开 E378，慢慢踩下加速踏板，用解码器读取并观察节气门控制单元 GX3 数据流，发现节气门位置绝对值保持 8.6% 不变；节气门位置 2 保持 91.0% 不变。

2）打开 E378，慢慢踩下加速踏板，用示波器分别测量 J623 的 T105/55、T105/34 信号波形，发现信号电压均保持 0.5V，异常。

3）打开 E378，用万用表分别测量 GX3 的 T6e/2、T6e/6 对地电压，发现电压值分别为 3V、1.1V，说明传感器供电电压过低。

4）打开 E378，用万用表测量 J623 的 T105/54 对地电压，发现电压值为 5V，正常，结合上一步测试结果，说明线路存在虚接。

5）关闭 E378，断掉蓄电池负极接线，拔掉 J623、GX3 的插接器，测量 J623 的 T105/54 与 GX3 的 T6e/2 之间线路的导通性，电阻值正常应近乎为零，实测发现电阻值为 500Ω。

6）排除节气门位置传感器 +5V 线路虚接故障，系统恢复正常。

故障机理

节气门位置传感器 +5V 线路虚接，导致 J623 没有收到正确的节气门位置信号，进而不能正确控制节气门电动机的工作，所以在加速时最高转速被限制在 2000r/min 以内。

故障点 2 节气门位置传感器接地线路虚接 500Ω 电阻

1）打开 E378，慢慢踩下加速踏板，用解码器读取并观察节气门控制单元 GX3 数据流，发现节气门位置绝对值保持 87.5% 不变；节气门位置 2 保持 11.6% 不变。

2）打开 E378，慢慢踩下加速踏板，用示波器分别测量 J623 的 T105/55、T105/34 信号波形，发现信号电压均为 4.5V，说明测试点与传感器接地之间电阻值过大或者 J623 自身存在故障。

3）打开 E378，用万用表分别测量 GX3 的 T6e/2、T6e/6 对地电压，电压值正常分别为 5V、0V，实测分别为 5V、4.1V，说明接地异常。

4）打开 E378，用万用表测量 J623 的 T105/56 对地电压，电压值正常应小于 0.1V，实测发现正常，结合上一步测试结果，说明 J623 的 T105/56 与 GX3 的 T6e/6 之间线路存在虚接。

5）关闭 E378，断掉蓄电池负极接线，拔掉 J623、GX3 的插接器，测量 J623 的 T105/56 与 GX3 的 T6e/6 之间线路的导通性，发现电阻值为 500Ω。

6）排除节气门位置传感器接地线路虚接故障，系统恢复正常。

故障机理

节气门位置传感器接地线路虚接，导致 J623 没有收到正确的节气门位置信号，进而不能正确控制节气门电动机的工作，所以在加速时最高转速被限制在 2000r/min 以内。

案例 8 节气门位置传感器 0V 线路断路故障检修

故障现象：

1）发动机起动正常，怠速运转平稳；但加速不良，最高转速被限制在 2000r/min 以内，发动机排放警告灯点亮。

2）读取故障码：P012300 节气门/加速踏板位置传感器 A 电路-高输入；P022300 节气门/加速踏板位置传感器 B 电路-高输入。

现象分析：

发动机怠速基本正常，而在加速时转速不能超过 2000r/min，说明在加速过程中发动机功率不能跟进，这与加速时的混合气的质或量以及燃烧效果不合要求有关，但根据故障现象无法确定故障原因，需要借助诊断仪进行辅助诊断，诊断后发现节气门位置传感器信号异常。

诊断过程：

1）打开 E378，慢慢踩下加速踏板，用解码器读取并观察节气门控制单元 GX3 数据流，发现节气门位置绝对值保持 98.0% 不变；节气门位置 2 保持 1.6% 不变。

2）打开 E378，慢慢踩下加速踏板，用示波器分别测量 J623 的 T105/55、T105/34 信号波形，发现信号电压均保持 5V 直线，说明测试点与传感器接地之间线路断路。

3）打开 E378，用万用表测量 GX3 的 T6e/6 对地电压，电压值正常应小于 0.1V，实测为 5V，说明接地异常。

4）打开 E378，用万用表测量 J623 的 T105/56 对地电压，电压值正常应小于 0.1V，实测正常，结合上一步测试结果，说明 J623 的 T105/56 与 GX3 的 T6e/6 之间线路存在断路。

5）关闭 E378，断掉蓄电池负极接线，拔掉 J623、GX3 的插接器，测量 J623 的 T105/56 与 GX3 的 T6e/6 之间线路的导通性，发现电阻值为无穷大。

6）排除节气门位置传感器 0V 线路断路故障，系统恢复正常。

故障机理

节气门位置传感器 0V 线路断路，导致 J623 没有收到正确的节气门位置信号，进而不能正确控制节气门电动机的工作，所以在加速时最高转速被限制在 2000r/min 以内。

| 案例 9 | 节气门电动机控制线路故障检修

故障点 1：节气门电动机控制 5# 端子线路断路。
故障点 2：节气门电动机控制 5# 端子线路虚接 200Ω 电阻。
故障点 3：节气门电动机控制 3# 端子线路断路。
故障点 4：节气门电动机控制 3# 端子线路虚接 200Ω 电阻。

故障现象：

1）发动机起动正常，怠速运转平稳；但加速不良，最高转速被限制在 2000r/min 以内，同时发动机排放警告灯点亮。

2）读取故障码：

① 05445 节气门控制：功能失效。

② 05464 EPV 节气门驱动 –G186 线路电气故障。

③ 08454 节气门控制单元 –J338：由于系统故障功率受限。

现象分析：

发动机怠速基本正常，而在加速时转速不能超过 2000r/min，说明在加速过程中发动机功率不能跟进，这与加速时的混合气的质或量以及燃烧效果不合要求有关，但根据故障现象无法确定故障原因，需要借助诊断仪进行辅助诊断，根据故障码的提示，说明 J623 无法控制节气门驱动电动机的转运，控制电路如图 3-64 所示。

故障点 1 节气门电动机控制 5# 端子线路断路

1）打开 E378，慢慢踩下加速踏板，用解码器读取并观察节气门控制单元 GX3 数据流，发现位置 1 和位置 2 均没有变化。

2）打开 E378 瞬间，用示波器测量 GX3 的 T6e/3、T6e/5 之间的相对信号波形，正常为 0V → +B 的方波，实测为 0V 直线，异常（注意：如果节气门模块存在故障，打开 E378 后节气门会进入保护模式，J623 不再驱动节气门电动机工作，所以需在打开 E378 后的 3s 内捕捉节气门电动机的自检波形），如图 3-65 所示。

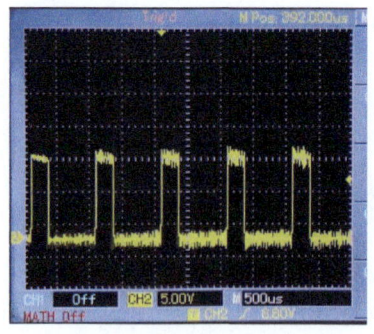 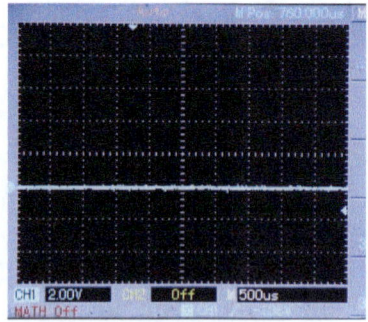

a）正常波形　　　　　　　　　b）实测波形

图 3-65　节气门电动机电压信号正常波形与实测波形 1

3）打开 E378 瞬间，用万用表测量 J623 的 T105/90、T105/91 相对波形，正常，说明 J623 与 GX3 之间线路存在断路。

4）打开 E378 瞬间，用示波器分别测量 GX3 的 T6e/3、T6e/5 对地波形，发现 T6e/5 对应线路断路。

5）关闭 E378，断掉蓄电池负极接线，拔掉 J623、GX3 的插接器，测量 J623 的 T105/91 与 GX3 的 T6e/5 之间线路的导通性，电阻值正常应近乎为零，实测发现电阻值为无穷大。

6）排除节气门电动机控制线路断路故障，系统恢复正常。

故障机理

节气门电动机控制线路断路，导致 J623 不能控制节气门工作，所以在加速时最高转速被限制在 2000r/min 以内。

故障点 2　节气门电动机控制 5# 端子线路虚接 200Ω 电阻

1）打开 E378，慢慢踩下加速踏板，用解码器读取并观察节气门控制单元 GX3 数据流，发现位置 1 和位置 2 均没有变化。

2）打开 E378 瞬间，用示波器测量 GX3 的 T6e/3、T6e/5 之间的相对信号波形，正常为 0V → +B 的方波，实测为图 3-66b 波形，异常，说明线路可能存在虚接（注意：如果节气门模块存在故障，打开 E378 后节气门会进入保护模式，J623 不再驱动节气门电动机工作，所以需在打开 E378 后的 3s 内捕捉节气门电动机的自检波形）。

3）打开 E378 瞬间，用万用表测量 J623 的 T105/90、T105/91 相对波形，正常，说明 J623 与 GX3 之间线路存在虚接。

4）打开 E378 瞬间，用示波器分别测量 GX3 的 T6e/3、T6e/5 对地波形，发现 T6e/5 对应线路虚接。

5）关闭 E378，断掉蓄电池负极接线，拔掉 J623、GX3 的插接器，测量 J623 的 T105/91 与 GX3 的 T6e/5 之间线路的导通性，电阻值正常应近乎为零，实测发现电阻值为 200Ω。

6）排除节气门电动机控制线路虚接故障，系统恢复正常。

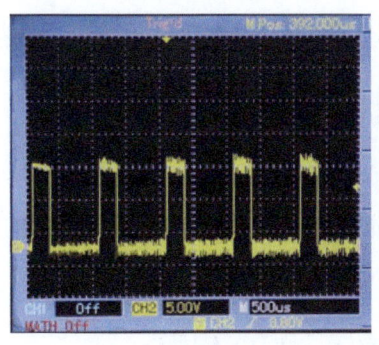
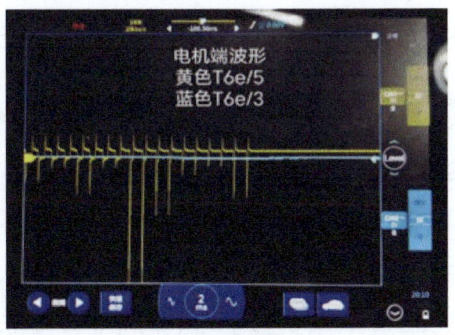

a）正常波形　　　　　　　　　　　b）实测波形

图 3-66　节气门电动机电压信号正常波形与实测波形 2

▎**故障机理**

节气门电动机控制线路虚接，导致 J623 不能控制节气门工作，所以在加速时最高转速被限制在 2000r/min 以内。

▎**故障点 3**　节气门电动机控制 3# 端子线路断路

1）打开 E378，慢慢踩下加速踏板，用解码器读取并观察节气门控制单元 GX3 数据流，发现位置 1 和位置 2 均没有变化。

2）打开 E378 瞬间，用示波器测量 GX3 的 T6e/3、T6e/5 之间的相对信号波形，正常为 0V → +B 的方波，实测为 0V 直线，如图 3-67b 所示，异常（注意：如果节气门模块存在故障，打开 E378 后节气门会进入保护模式，J623 不再驱动节气门电动机工作，所以需在打开 E378 后的 3s 内捕捉节气门电动机的自检波形）。

3）打开 E378 瞬间，用万用表测量 J623 的 T105/90、T105/91 相对波形，正常，说明 J623 与 GX3 之间线路存在断路。

4）打开 E378 瞬间，用示波器分别测量 GX3 的 T6e/3、T6e/5 对地波形，发现 T6e/3 对应线路断路。

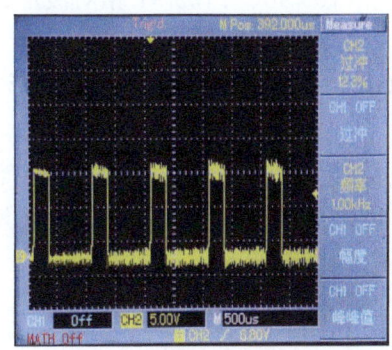
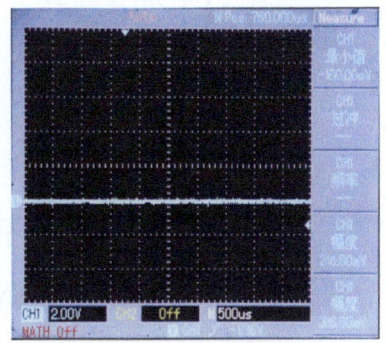

a）正常波形　　　　　　　　　　　b）实测波形

图 3-67　节气门电动机电压信号正常波形与实测波形 3

5）关闭 E378，断掉蓄电池负极接线，拔掉 J623、GX3 的插接器，测量 J623 的

T105/90 与 GX3 的 T6e/3 之间线路的导通性，电阻值正常应近乎为零，实测发现电阻值为无穷大。

6）排除节气门电动机控制线路断路故障，系统恢复正常。

> 故障机理

节气门电动机控制线路断路，导致 J623 不能控制节气门工作，所以在加速时最高转速被限制在 2000r/min 以内。

故障点 4 节气门电动机控制 3# 端子线路虚接 200Ω 电阻

1）打开 E378，慢慢踩下加速踏板，用解码器读取并观察节气门控制单元 GX3 数据流，发现位置 1 和位置 2 均没有变化。

2）打开 E378 瞬间，用示波器测量 GX3 的 T6e/3、T6e/5 之间的相对信号波形，正常为 0V → +B 的方波，实测为图 3-68b 波形，异常，说明线路可能存在虚接（注意：如果节气门模块存在故障，打开 E378 后节气门会进入保护模式，J623 不再驱动节气门电动机工作，所以需在打开 E378 后的 3s 内捕捉节气门电动机的自检波形）。

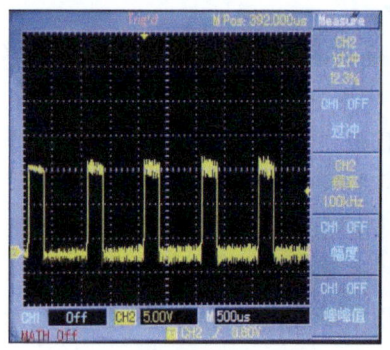 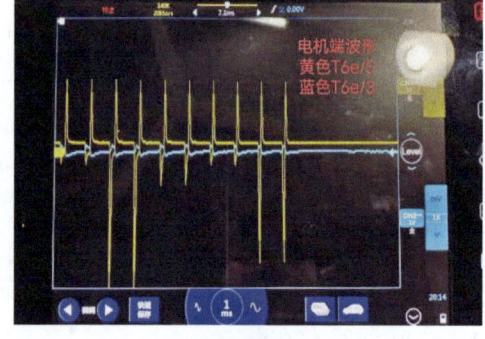

a）正常波形　　　　　　　　b）实测波形

图 3-68　节气门电动机电压信号正常波形与实测波形 4

3）打开 E378 瞬间，用万用表测量 J623 的 T105/90、T105/91 相对波形，正常，说明 J623 与 GX3 之间线路存在虚接。

4）打开 E378 瞬间，用示波器分别测量 GX3 的 T6e/3、T6e/5 对地波形，发现 T6e/3 对应线路虚接。

5）关闭 E378，断掉蓄电池负极接线，拔掉 J623、GX3 的插接器，测量 J623 的 T105/90 与 GX3 的 T6e/3 之间线路的导通性，电阻值正常应近乎为零，实测发现电阻值为 200Ω。

6）排除节气门电动机控制线路虚接故障，系统恢复正常。

> 故障机理

节气门电动机控制线路虚接，导致 J623 不能控制节气门工作，所以在加速时最高转速被限制在 2000r/min 以内。

| 案例 10 | 燃油压力传感器线路故障检修

故障点 1：燃油压力传感器 0V 线路断路。
故障点 2：燃油压力传感器 5V 线路断路。
故障点 3：燃油压力传感器信号线路断路。
故障点 4：燃油压力传感器信号线路对地短路。

故障现象：

起动发动机并怠速运转，EPC 指示灯和发动机排放故障指示灯点亮（需多次试验）；读取故障码：P019000 油轨压力传感器 A 电路 – 主动 / 静态。

现象分析：

根据故障现象无法确定故障部位，只能借助诊断仪进行辅助诊断，根据故障码提示，可能的故障原因为燃油压力传感器 G247 自身及其相关线路故障。燃油压力传感器 G247 电路如图 3-16 所示。

故障点 1 燃油压力传感器 0V 线路断路

1）起动发动机，用诊断仪读取 G247 数据流，显示 31470kPa 不变，异常。

2）关闭后再打开 E378，用万用表测量 J623 的 T105/49 对地电压，电压值正常为 0.5~1.5V，实测为 5.1V，说明测试点与传感器之间线路断路、传感器或其电源线路存在故障。

3）打开 E378，用万用表测量 G247 的 T3n/2 对地电压，电压值正常为 0.5~1.5V，实测为 5.1V，异常。

4）打开 E378，用万用表测量 G247 的 T3n/3 相对于 T3n/1 的电压，电压值正常为 5V，实测为 0V，异常。

5）打开 E378，用万用表测量 G247 的 T3n/3 对地电压，电压值正常为 5V，实测为 5V，说明 T3n/1 电压异常。

6）打开 E378，用万用表测量 J623 的 T105/11 对地电压，电压值正常应小于 0.1V，实测为 0V，正常，结合上一步测试结果，说明 G247 的 T3n/1 与 J623 的 T105/11 之间线路断路。

7）关闭 E378，拆下蓄电池负极接线，断开 J623、G247 的插接器，用万用表测量 J623 的 T105/11 与 G247 的 T3n/1 之间线束的阻值，正常近乎为零，实测为无穷大。

8）排除燃油压力传感器 0V 线路断路故障，系统恢复正常。

故障机理

燃油压力传感器 0V 线路断路，导致 J623 没有接收到正确的燃油压力信号，所以起动后，EPC 指示灯和发动机排放故障指示灯点亮。

故障点 2 燃油压力传感器 5V 线路断路

1）起动发动机，用诊断仪读取 G247 数据流，显示 31470kPa 不变，异常。

2）关闭后再打开 E378，用万用表测量 J623 的 T105/49 对地电压，电压值正常为 0.5~1.5V，实测为 5.4V，说明测试点与传感器之间线路断路、传感器或其电源线路存在故障。

3）打开 E378，用万用表测量 G247 的 T3n/2 对地电压，电压值正常为 0.5~1.5V，实测为 5.4V，异常。

4）打开 E378，用万用表测量 G247 的 T3n/3 相对于 T3n/1 的电压，电压值正常为 5V，实测为 0V，异常。

5）打开 E378，用万用表测量 G247 的 T3n/3 对地电压，电压值正常为 5V，实测为 0.4V，说明 T3n/3 电压异常。

6）打开 E378，用万用表测量 J623 的 T105/68 对地电压，电压值正常为 5V，实测为 5V，正常，结合上一步测试结果，说明 G247 的 T3n/3 与 J623 的 T105/68 之间线路断路。

7）关闭 E378，拆下蓄电池负极接线，断开 J623、G247 的插接器，用万用表测量 J623 的 T105/68 与 G247 的 T3n/3 之间线束的阻值，正常近乎为零，实测为无穷大。

8）排除燃油压力传感器 +5V 线路断路故障，系统恢复正常。

故障机理

燃油压力传感器 +5V 线路断路，导致 J623 没有接收到正确的燃油压力信号，所以起动后，EPC 指示灯和发动机排放故障指示灯点亮。

故障点 3 燃油压力传感器信号线路断路

1）起动发动机，用诊断仪读取 G247 数据流，显示 31470kPa 不变，异常。

2）关闭后再打开 E378，用万用表测量 J623 的 T105/49 对地电压，电压值正常为 0.5~1.5V，实测为 5.4V，说明测试点与传感器之间线路断路、传感器或其电源线路存在故障。

3）打开 E378，用万用表测量 G247 的 T3n/2 对地电压，电压值正常为 0.5~1.5V，实测为 2.4V，异常，结合上一步测试结果，说明 G247 的 T3n/2 与 J623 的 T105/49 之间线路断路。

4）关闭 E378，拆下蓄电池负极接线，断开 J623、G247 的插接器，用万用表测量 J623 的 T105/49 与 G247 的 T3n/2 之间线束的阻值，正常近乎为零，实测为无穷大。

5）排除燃油压力传感器信号线路断路故障，系统恢复正常。

故障机理

燃油压力传感器信号线路断路，导致 J623 没有接收到正确的燃油压力信号，所以起动后，EPC 指示灯和发动机排放故障指示灯点亮。

故障点 4 燃油压力传感器信号线路对地短路

1）起动发动机，用诊断仪读取 G247 数据流，显示为 0kPa，异常。

2）关闭后再打开 E378，用万用表测量 J623 的 T105/49 对地电压，电压值正常为 0.5~1.5V，实测为 0V，说明测试点与 J623 之间线路存在故障或对地短路。

3）关闭 E378，拆下蓄电池负极接线，用万用表测量 J623 的 T105/49 与接地之间的阻值，正常为无穷大，实测为 0Ω，说明信号线路与地之间短路。

4）排除燃油压力传感器信号线路对地短路故障，系统恢复正常。

故障机理

燃油压力传感器信号线路对地短路，导致 J623 没有接收到正确的燃油压力信号，所以起动后，EPC 指示灯和发动机排放故障指示灯点亮。

| 案例 11 | 燃油压力调节阀线路故障检修

故障点 1：燃油压力调节阀 1# 线路断路。
故障点 2：燃油压力调节阀 2# 线路断路。
故障点 3：燃油压力调节阀 2# 线路虚接 3Ω 电阻。
故障点 4：燃油压力调节阀 1# 线路虚接 3Ω 电阻。

故障现象：

起动发动机，发现起动时间过长，急速时发动机偶尔抖动，加速时转速不能超过 3000r/min；读取故障码：08852，燃油压力调节阀断路。

现象分析：

燃油压力调节阀电路如图 3-12 所示。发动机急速时偶尔抖动，加速不良，说明发动机动力不足，与混合气的状态有关系，但无法确定故障所在。根据故障码的提示，说明燃油压力调节阀存在故障，而燃油压力不正常会影响到混合气的浓度。所以可能的故障原因：

1）燃油压力调节阀 N276 自身故障。

2）N276 线路故障。

3）J623 局部故障。

故障点 1 燃油压力调节阀 1# 线路断路

1）起动发动机并急速运转，用示波器测量 N276 两端的工作波形，如图 3-69 所示，异常。

2）起动发动机并急速运转，用示波器分别测量 N276 两端的对地波形，见表 3-5，说明 N276 没有接地信号。

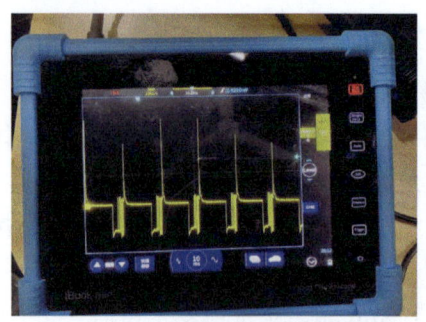
a）正常波形

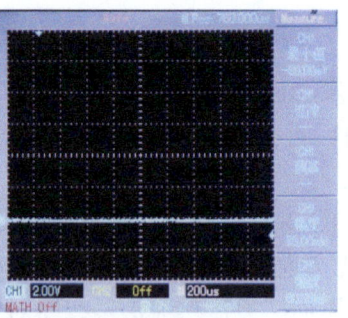
b）实测波形

图 3-69　N276 两端正常波形与实测波形 1

表 3-5　N276 端子对地正常波形与实测波形 1

端子	T2f/1	T2f/2
正常波形		
实测波形		

3）起动发动机并怠速运转，用示波器测量 J623 的 T105/93 对地波形，如图 3-70 所示，异常，结合上一步测试结果，说明 N276 的 T2f/1 与 J623 的 T105/93 之间线路断路。

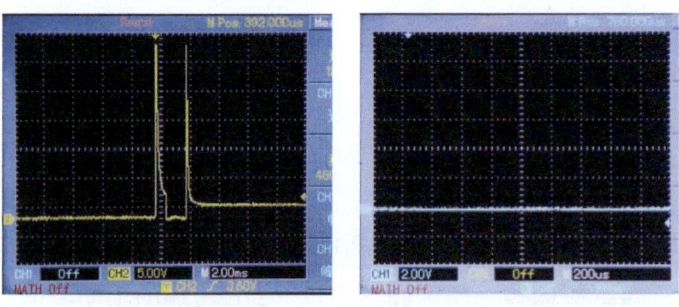

a）正常波形　　　　　　　　b）实测波形

图 3-70　J623 的 T105/93 对地正常波形与实测波形 1

4）关闭 E378，拆下蓄电池负极接线，断开 J623、N276 插头，用万用表测量 N276

的 T2f/1 与 J623 的 T105/93 之间线路阻值，正常为 0Ω，实测为无穷大。

5）排除 N276 的 T2f/1 与 J623 的 T105/93 之间线路断路故障，系统恢复正常。

> **故障机理**

N276 的 T2f/1 与 J623 的 T105/93 之间线路断路，导致 N276 无法正常工作，燃油系统没有建立正常的油压，所以起动后加速不良。

故障点 2　燃油压力调节阀 2# 线路断路

1）起动发动机并怠速运转，用示波器测量 N276 两端的波形，如图 3-71 所示，异常。

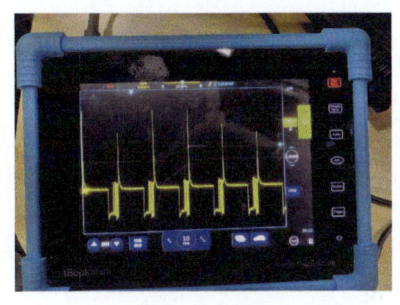
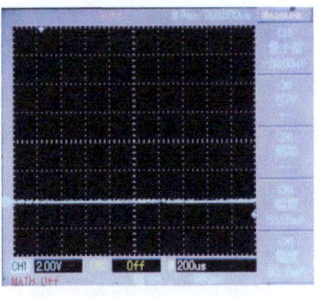

a）正常波形　　　　b）实测波形

图 3-71　N276 两端正常波形与实测波形 2

2）起动发动机并怠速运转，用示波器分别测量 N276 两端的对地波形，见表 3-6，说明 N276 没有正极信号。

表 3-6　N276 端子对地正常波形与实测波形 2

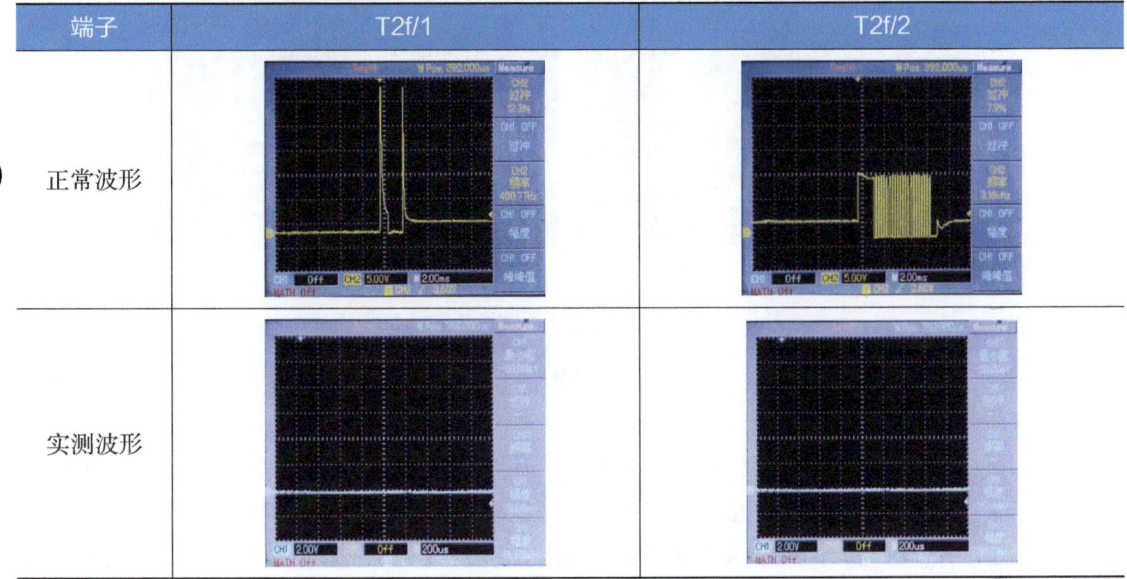

3）起动发动机并怠速运转，用示波器测量 J623 的 T105/92 对地波形，如图 3-72 所示，结合上一步测试结果，说明 N276 的 T2f/2 与 J623 的 T105/92 之间线路断路。

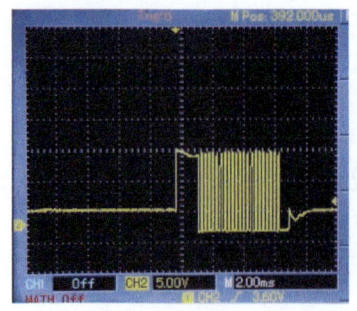 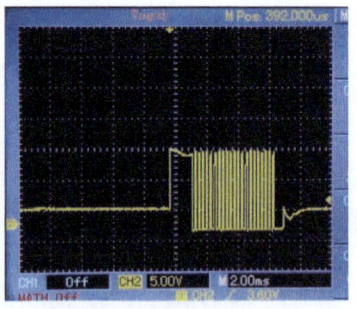

a）正常波形　　　　　　　　　b）实测波形

图 3-72　J623 的 T105/92 对地正常波形与实测波形 1

4）关闭 E378，拆下蓄电池负极接线，断开 J623、N276 插头，用万用表测量 N276 的 T2f/2 与 J623 的 T105/92 之间线路阻值，正常为 0Ω，实测为无穷大。

5）排除 N276 的 T2f/2 与 J623 的 T105/92 之间线路断路故障，系统恢复正常。

故障机理

N276 的 T2f/2 与 J623 的 T105/92 之间线路断路，导致 N276 无法正常工作，燃油系统没有建立正常的油压，所以起动后加速不良。

故障点 3　燃油压力调节阀 2# 线路虚接 3Ω 电阻

1）起动发动机并怠速运转，用示波器测量 N276 两端的工作波形，如图 3-73 所示，异常，说明电磁阀两端电压减小。

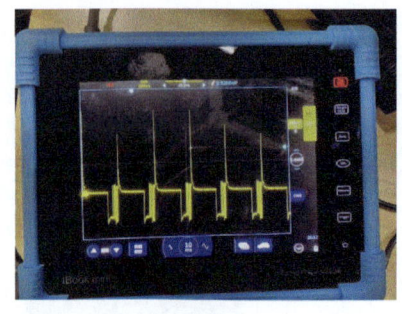 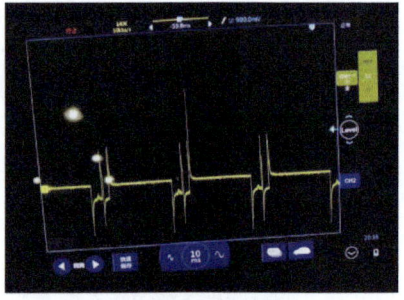

a）正常波形　　　　　　　　　b）实测波形

图 3-73　N276 两端正常波形与实测波形 3

2）起动发动机并怠速运转，用示波器分别测量 N276 两端的对地波形，发现 N276 正极信号电压降低。

3）踩住制动踏板，按住 E378，用示波器测量 J623 的 T105/92 对地波形，如图 3-74 所示，结合上一步测试结果，说明 N276 的 T2f/2 与 J623 的 T105/92 之间线路虚接。

4）关闭 E378，拆下蓄电池负极接线，断开 J623、N276 插头，用万用表测量 N276 的 T2f/2 与 J623 的 T105/92 之间线路阻值，正常为 0Ω，实测为 3Ω。

5）排除 N276 的 T2f/2 与 J623 的 T105/92 之间线路虚接故障，系统恢复正常。

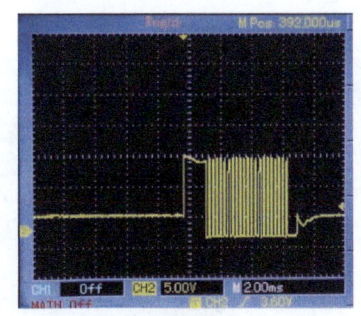
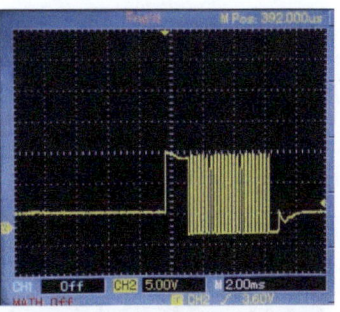

a）正常波形　　　　　　　　　b）实测波形

图 3-74　J623 的 T105/92 对地正常波形与实测波形 2

> **故障机理**

N276 的 T2f/2 与 J623 的 T105/92 之间线路虚接，导致 N276 无法正常工作，燃油系统没有建立正常的油压，所以起动后加速不良。

> **故障点 4**　燃油压力调节阀 1# 线路虚接 3Ω 电阻

1）起动发动机并怠速运转，用示波器测量 N276 两端的工作波形，如图 3-75 所示，异常，说明电磁阀两端电压减小。

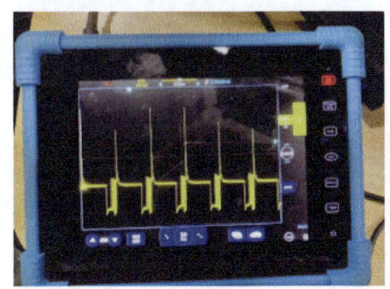

a）正常波形　　　　　　　　　b）实测波形

图 3-75　N276 两端正常波形与实测波形 4

2）起动发动机并怠速运转，用示波器分别测量 N276 两端的对地波形，见表 3-7，说明 N276 接地信号电压变小。

表 3-7　N276 端子对地正常波形与实测波形 3

端子	T2f/1	T2f/2
正常波形		

（续）

端子	T2f/1	T2f/2
实测波形		

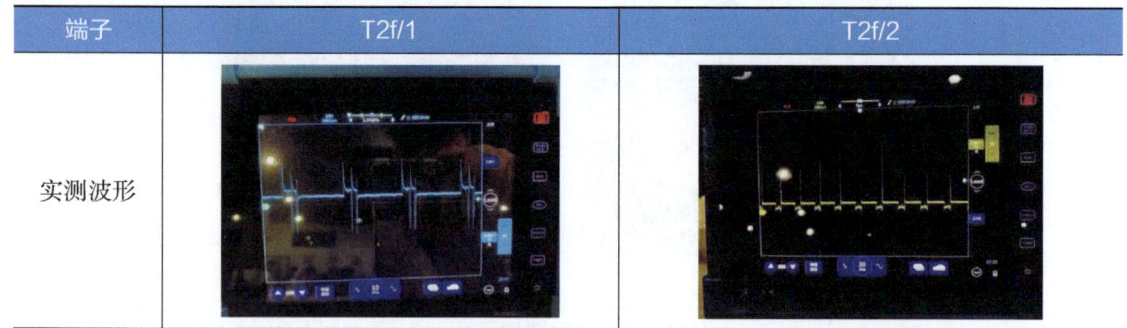

3）起动发动机并怠速运转，用示波器测量 J623 的 T105/93 对地波形，如图 3-76 所示，结合上一步测试结果，说明 N276 的 T2f/1 与 J623 的 T105/93 之间线路虚接。

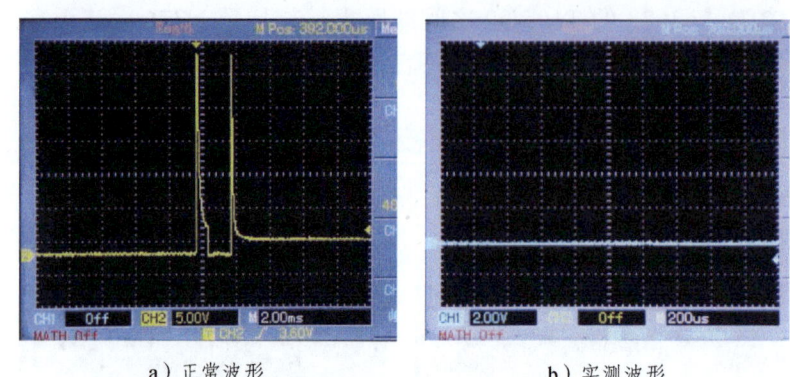

a）正常波形　　　　　　　　b）实测波形

图 3-76　J623 的 T105/93 对地正常波形与实测波形 2

4）关闭 E378，拆下蓄电池负极接线，断开 J623、N276 插头，用万用表测量 N276 的 T2f/1 与 J623 的 T105/93 之间线路阻值，正常为 0Ω，实测为 3Ω。

5）排除 N276 的 T2f/1 与 J623 的 T105/93 之间线路虚接故障，系统恢复正常。

故障机理

N276 的 T2f/1 与 J623 的 T105/93 之间线路虚接，导致 N276 无法正常工作，燃油系统没有建立正常的油压，所以起动后加速不良。

案例 12　加速踏板位置传感器信号线路短路故障检修

故障现象：

1）起动发动机，怠速运转正常；仪表上的 EPC 指示灯点亮；踩加速踏板，发动机转速未见异常。

2）读取故障码：15224 节气门/加速踏板位置传感器 1/2 G79+G185，不可信信号，主动/静态；15220 节气门/加速踏板位置传感器 2，过大信号，主动/静态。

现象分析：

结合故障现象和故障码，说明加速踏板位置传感器信号可能异常，加速踏板位置传感器电路如图 3-29 所示。可能的故障原因为加速踏板自身及相关线路故障、J623 自身故障。

诊断过程：

1）打开 E378，反复踩下及松开加速踏板，读取诊断数据流，加速踏板位置：14% → 79%；加速踏板位置传感器电压 1：0.718V → 3.945V；加速踏板位置传感器电压 2：0.718V → 3.945V。两个传感器的信号完全相同，异常。

2）打开 E378，反复踩下及松开加速踏板，用示波器测量 J623 的 T91/69 与 T91/52 对地信号波形，如图 3-77 所示，两个传感器的信号完全相同，异常。

3）关闭 E378，拆下蓄电池负极接线，断开 J623、加速踏板模块 GX2 插头，用万用表测量 J623 的 T91/69 与 T91/52 之间线路的阻值，正常为无穷大，实测为 0Ω，说明信号线路短路。

4）排除加速踏板位置传感器信号线路短路故障，系统恢复正常。

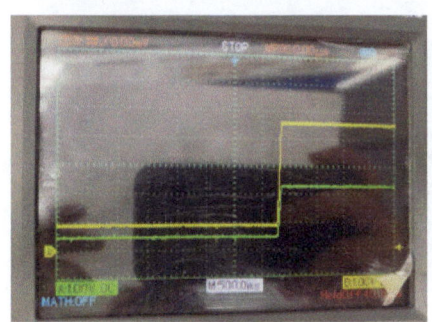 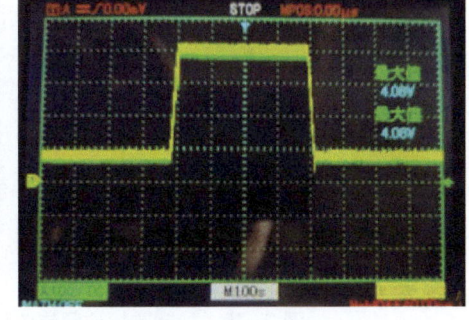

a）正常波形　　　　　　　　　　　b）实测波形

图 3-77　加速踏板位置传感器信号正常波形与实测波形 1

故障机理

加速踏板位置传感器信号线路间短路，导致 J623 接收到错误的加速踏板信号，所以在起动后，踩踏加速踏板，发动机无法正常加速。

案例 13　加速踏板位置传感器信号线路反接故障检修

故障现象：

1）起动发动机，怠速运转正常；第一次踩加速踏板，发动机转速偶尔达到 2000r/min，第二次踩踏时发动机转速没有变化，但仪表上的 EPC 指示灯点亮。

2）读取故障码：P212800 节气门/加速踏板位置传感器/开关 E 电路 – 高输入；P212200 节气门/加速踏板位置传感器/开关 D 电路 – 低输入；P213800 节气门/加速踏

板位置传感器/开关 D/E 电压关系。

现象分析：

结合故障现象和故障码，说明加速踏板位置传感器信号可能异常，加速踏板位置传感器电路如图 3-29 所示。可能的故障原因为：

1）加速踏板位置传感器自身故障。
2）加速踏板位置传感器线路故障。
3）J623 局部故障。

诊断过程：

1）打开 E378，反复踩下及松开加速踏板，读取诊断数据流，发现加速踏板的位置从 7.1% 变为 39.6%，异常。

2）打开 E378，反复踩下及松开加速踏板，用示波器分别测量 J623 端的 T91/69 与 T91/52 对地波形，实测发现两个传感器的信号对调，如图 3-78 所示。

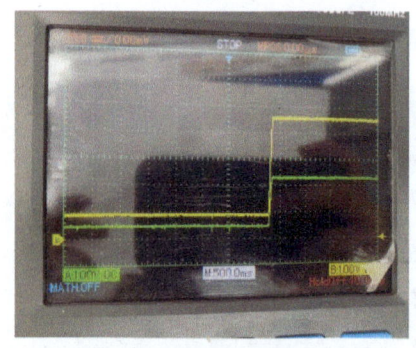

a）正常波形　　　　　　　　b）实测波形

图 3-78　加速踏板位置传感器信号正常波形与实测波形 2

3）打开 E378，反复踩下及松开加速踏板，用示波器分别测量加速踏板模块 GX2 端 T6bf/6 和 T6bf/4 对地波形，实测波形正常，结合上一步测试结果，确认信号线路对调。

4）关闭点火开关，拆下蓄电池负极接线，断开 J623、GX2 插头，用万用表测量 J623 端的 T91/69 与 GX2 端的 T6bf/6、J623 端的 T91/52 与 GX2 端的 T6bf/4 之间线路的导通性，说明 J623 的 T91/69 与 GX2 的 T6bf/6、J623 的 T91/52 与 GX2 的 T6bf/4 之间线路交叉（反接）。

5）排除加速踏板位置传感器信号线路反接故障，系统恢复正常。

故障机理

加速踏板位置传感器信号线路反接，导致 J623 接收到无法识别的加速踏板信号，所以在起动后，踩踏加速踏板，发动机无法加速。

案例 14　加速踏板位置传感器信号线路故障检修

故障点 1：加速踏板位置传感器信号线路同时对地短路。
故障点 2：加速踏板位置传感器信号线路同时断路。

故障现象：

1）起动发动机，怠速运转正常；仪表上的 EPC 指示灯点亮；踩踏加速踏板，发动机转速没有变化。

2）读取故障码：15224 节气门/加速踏板位置传感器 1/2 G79+G185，不可信信号，主动/静态；15220 节气门/加速踏板位置传感器 2，过小信号，主动/静态。

现象分析：

结合故障现象和故障码，说明加速踏板位置传感器信号可能异常，加速踏板位置传感器电路如图 3-29 所示。可能的故障原因为：

1）加速踏板位置传感器自身故障。
2）加速踏板位置传感器线路故障。
3）J623 局部故障。

故障点 1　加速踏板位置传感器信号线路同时对地短路

1）打开 E378，反复踩下及松开加速踏板，读取诊断数据流，正常情况下显示 14% → 79%；实测为 0%，异常。

2）打开 E378，反复踩下及松开加速踏板，用示波器测量 J623 的 T91/69 与 T91/52 信号波形，均为 0V 直线，如图 3-79 所示，说明测试点对地可能存在短路、两传感器或其电源线路可能存在故障。

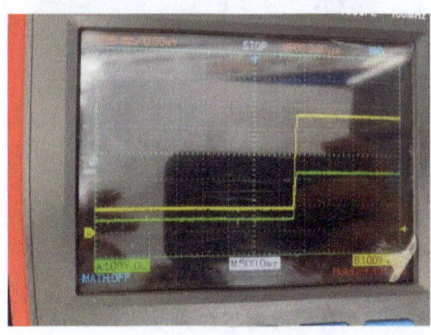
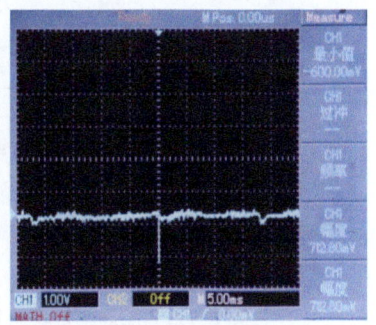

a）正常波形　　　　　　　b）实测波形

图 3-79　加速踏板位置传感器信号正常波形与实测波形 3

3）打开 E378，反复踩下及松开加速踏板，用示波器测量 GX2 的 T6bf/4、T6bf/6 信号波形，均为 0V 直线。

4）打开 E378，用万用表检查加速踏板位置传感器其他线路电压，均正常，说明信号线路存在对地短路。

5）关闭 E378，拆下蓄电池负极接线，断开 J623、GX2 插头，用万用表测量 J623 线束端的 T91/69 与 T91/52 对地阻值，正常为无穷大，实测为 0Ω，说明信号线路对地短路。

6）排除加速踏板位置传感器信号线路对地短路故障，系统恢复正常。

> 故障机理

加速踏板位置传感器信号线路对地短路，导致 J623 接收到错误的加速踏板信号，所以在起动后，踩踏加速踏板，发动机无法正常加速。

故障点 2 ▶ 加速踏板位置传感器信号线路同时断路

1）打开 E378，反复踩下及松开加速踏板，读取诊断数据流，正常情况下显示 14% → 79%；加速踏板位置传感器电压 1：0.718V → 3.945V；加速踏板位置传感器电压 2：0.718V → 3.945V，实测加速踏板位置始终为 0.0%；两个传感器的信号电压均为 0V 不变。

2）打开 E378，反复踩下及松开加速踏板，用示波器分别测量 J623 端的 T91/69 与 T91/52 对地波形，均为 0.1V，如图 3-80 所示。

3）打开 E378，反复踩下及松开加速踏板，用示波器测量 GX2 的 T6bf/4、T6bf/6 对地信号波形，均正常，结合上一步测试结果，说明信号线路断路。

4）关闭点火开关，拆下蓄电池负极接线，断开 J623、GX2 插头，用万用表测量 J623 端的 T91/69 与 GX2 端的 T6bf/6、J623 端的 T91/52 与 GX2 端的 T6bf/4 之间线路的导通性，说明 J623 的 T91/69 与 GX2 的 T6bf/6、J623 的 T91/52 与 GX2 的 T6bf/4 之间线路断路。

5）排除加速踏板位置传感器信号线路断路故障，系统恢复正常。

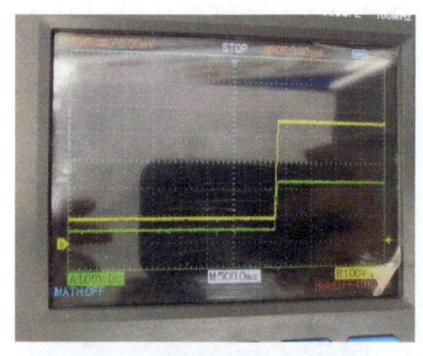 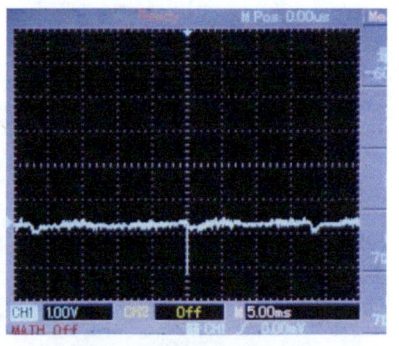

a）正常波形　　　　　　　　　　b）实测波形

图 3-80　加速踏板位置传感器信号正常波形与实测波形 4

> 故障机理

加速踏板位置传感器信号线路断路，导致 J623 接收到错误的加速踏板信号，所以在起动后，踩踏加速踏板，发动机无法正常加速。

案例 15　进气歧管风门电磁阀 N180 控制线路故障检修

故障点 1：进气歧管风门电磁阀 N180 控制线路断路。
故障点 2：进气歧管风门电磁阀 N180 控制线路虚接 100Ω 电阻。

故障现象：

1）发动机起动正常，但仪表上的发动机故障指示灯点亮。
2）读取故障码：P200800 进气管流道控制（IMRC），电气故障。

现象分析：

进气歧管风门电磁阀 N180 控制电路如图 3-81 所示，根据故障现象，无法确定故障所在，只能借助诊断仪进行辅助诊断，结合故障码，可能的故障原因为：

1）N180 线路故障。
2）N180 自身故障。
3）J623 局部故障。

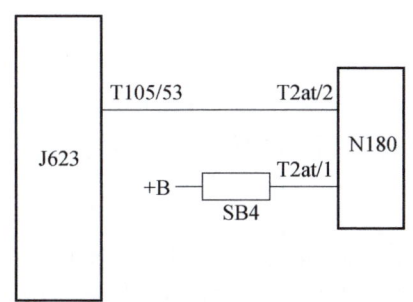

图 3-81　进气歧管风门电磁阀 N180 控制电路

故障点 1　进气歧管风门电磁阀 N180 控制线路断路

1）起动发动机并怠速运转，然后急加速，用示波器测量 N180 的 T2at/2 对地波形，实测为 +B 直线，说明 J623 自身存在故障或者信号线路对 +B 短路。
2）起动发动机并怠速运转，然后急加速，用示波器测量 J623 的 T105/53 端子对地波形，实测为 0V 直线，说明信号线路断路。
3）关闭 E378，拆下蓄电池负极接线，断开 J623、N180 插头，用万用表测量 J623 的 T105/53 与 N180 的 T2at/2 之间线路的阻值，正常应为 0Ω，实测为无穷大。
4）排除 N180 的控制线路断路故障，系统恢复正常。

故障机理

N180 的控制线路断路，导致 J623 不能正常控制 N180 工作，所以起动后发动机故障指示灯点亮。

故障点 2 进气歧管风门电磁阀 N180 控制线路虚接 100Ω 电阻

1）起动发动机并怠速运转，然后急加速，用示波器测量 N180 的 T2at/2 对地波形，实测为低电平被抬高，说明测试点与 J623 之间线路虚接。

2）起动发动机并怠速运转，然后急加速，用示波器测量 J623 的 T105/53 端子对地波形，实测正常，结合上一步测试结果，说明信号线路虚接。

3）关闭 E378，拆下蓄电池负极接线，断开 J623、N180 插头，用万用表测量 J623 的 T105/53 与 N180 的 T2at/2 之间线路的阻值，正常应为 0Ω，实测为 100Ω。

4）排除 N180 的控制线路虚接故障，系统恢复正常。

故障机理

N180 的控制线路虚接，导致 J623 不能正常控制 N180 工作，所以起动后发动机故障指示灯点亮。

案例 16　进气歧管风门电磁阀 N180 真空管路反接故障检修

故障现象：

1）起动发动机并怠速运转，发动机偶发性抖动。

2）读取故障码：P208213 进气管风门位置不可信信号。

现象分析：

根据故障现象，无法确定故障所在，只能借助诊断仪进行辅助诊断，结合故障码分析，J623 可能收到不符合逻辑的位置信号。可能的故障原因：

1）N180 自身及真空管路故障。

2）G336 位置传感器故障。

3）J623 局部故障。

诊断过程：

1）起动发动机并怠速运转，然后持续加速，读取相关数据流，发现进气歧管切换翻板打开后不能回到初始位置。

2）检查翻板的驱动装置，发现真空管路反接。

故障机理

N180 的真空管路反接，导致翻板打开后不能回到初始位置，所以起动后发动机偶发性抖动。

附录

任务单 1　汽车维修服务接车单

来店时间：_____年___月___日___时___分　　交车时间：_____年___月___日___时___分

顾客姓名		车牌号		车型		车辆颜色	
顾客电话		行驶里程		VIN			
维修项目							
_____km 常规保养□　一般维修□　事故车□　洗车□　其他□							
维修项目	配件	工时	合计	维修项目	配件	工时	合计
1.				7.			
2.				8.			
3.				9.			
4.				10.			
5.				11.			
6.				合计			
故障描述及初步诊断结果							

保养项目		旧件	环车检查
机油		带走□　不带走□	外观检查（有损坏处○出）
机油滤清器			
空气滤清器		油量显示（用→标记）	
汽油滤清器			
空调滤清器			
火花塞			
变速器油			
转向油			
冷却液			
制动油			
全车传动带			
润滑清洗			
进气燃油			
空调杀菌			
灯光检测			
轮胎检测		制动检测	底盘检测
接车人签字：			顾客签字：

注：1. 此单据中预计费用是预估费用，实际费用以结算单中最终费用为准。
　　2. 将车辆交给我店检修时，已提示将车内贵重物品自行收起并妥善保管。如有遗失本店恕不负责。

任务单 2　故障树

任务单 3　诊断报告

第一步：准确描述故障现象，并列举故障原因	得分
故障现象描述：	
与本页内容相关的控制原理图，不用者不填	
初步分析测试结果，必要时简单修复，并做进一步诊断（或验证），不用者不填	
故障可能范围，分析到第一层即可，不用者不填	
针对下一步诊断的思路说明，不用者不填	

第二步：故障确诊过程，请在对应的选项后划"√"，或填写对应的内容		得分
1. 利用汽车专用诊断仪读取故障码，结果：		
（1）诊断仪与本系统控制模块的通信情况：异常（　　）/ 正常（　　）		
①诊断仪与其他控制模块的通信情况：异常（　　）/ 正常（　　）		
②从其他控制模块读取的相关故障码信息，不用者不填		
③分析测试结果，不用者不填		
④导致汽车专用诊断仪通信不正常的故障原因，不用者不填		
	原理图，来源（　　），不用者不填	
（2）本系统控制模块与诊断仪正常通信时读取的故障信息，不用者不填		
无故障码（　　）/ 有故障码（　　）		
①基于无故障码的诊断信息，分析可能的故障原因，不用者不填		

注：本页根据需要选择使用。

②基于有故障码的诊断信息				得分
故障码	定义	是否始终记忆	与故障是否相关	
		是（ ）/ 否（ ）	是（ ）/ 否（ ）	
		是（ ）/ 否（ ）	是（ ）/ 否（ ）	
		是（ ）/ 否（ ）	是（ ）/ 否（ ）	
		是（ ）/ 否（ ）	是（ ）/ 否（ ）	
		是（ ）/ 否（ ）	是（ ）/ 否（ ）	
		是（ ）/ 否（ ）	是（ ）/ 否（ ）	
		是（ ）/ 否（ ）	是（ ）/ 否（ ）	
		是（ ）/ 否（ ）	是（ ）/ 否（ ）	
		是（ ）/ 否（ ）	是（ ）/ 否（ ）	

③分析测试结果，不用者不填

④基于相关故障码的诊断信息，分析可能的故障原因，不用者不填		
	与本页内容相关的控制原理图，不用者不填	
实施下一步诊断的思路说明，不用者不填		

注：本页根据需要选择使用。

2. 基于以上诊断结论，实施诊断，确定故障范围			得分
测试对象			
测试条件		使用设备	
电路电压、数据流、执行元件诊断结果或尾气排放数值测试结果，不用者不填			
测试参数			
标准描述			
测试结果			
是否正常			
波形测试结果，不用者不填			
波形名称	标准波形（注意单位）	实测波形（请圈出异常位置）	
分析测试结果，必要时简单修复，并做进一步诊断（或验证），不用者不填			
诊断结论：引起故障的可能原因，不用者不填			
	与本页内容相关的控制原理图，不用者不填		
实施下一步诊断的思路说明，不用者不填			

注：本页根据需要选择使用，可多次重复使用。

3.基于以上诊断结论,实施诊断,确定故障范围				得分
测试对象				
测试条件		使用设备		
电路电压、数据流、执行元件诊断结果或尾气排放数值测试结果,不用者不填				
测试参数				
标准描述				
测试结果				
是否正常				
波形测试结果,不用者不填				
波形名称	标准波形(注意单位)		实测波形(请圈出异常位置)	
分析测试结果,必要时简单修复,并做进一步诊断(或验证),不用者不填				
第三步:得出最终诊断结论,描述引起故障的可能原因				
第四步:分析故障机理,提出维修建议				

注:本页必用。

任务单 4　完工单

请留下您宝贵的意见！ 以便我们为您提供更好的服务			尊敬的车主阁下： 我中心已遵照您的意见，将您的座驾□修理□保养□检验完毕，经检查发现您的座驾还有以下问题，敬请您早作处理，以确保您旅途愉快！		完工检验
质量	技术	□好　　□一般　　□差	检查结果：	处理意见：	检验结果： 处理意见： 备注： 班组签名： 检验员签名：
	设备	□先进　□落后			
	操作	□规范　□一般　　□不规范			
工期	待工	□长　　□一般			
	待料	□长　　□一般			
价格	工价	□满意　□能接受　□不能接受			
	料价	□满意　□能接受　□不能接受			
服务	态度	□热情　□一般　　□冷淡			
	环境	□整洁　□一般　　□脏乱			
	秩序	□有序　□一般　　□混乱			
	手续	□烦琐　□简便			
抱怨处理情况		□ 能得到有效处理 □ 不能得到有效处理	检验员签名：　　技术主管签名：		
其他建议：			出厂检验： 1. 确认油、水及所有安全项目均已检查过 2. 检查工单是否填写完整 3. 旧件的处理同车主的交涉 4. 确认车辆内外的清洁是否做过 5. 清点随车工具和其他物品 6. 确认维修过的地方没有弄脏或弄坏 7. 确认实际维修换件项目和费用是否与报修单相符		接车员签名：